校勘標點

退溪全書
5

특수고전협동번역사업 2차 연도 사업 연구진

연구책임 :　송재소(宋載卲)
책임교열 :　이상하(李相夏)
연 구 원 :　이관성(李灌成), 강지희(姜志喜), 김성훈(金成勳)
　　　　　서사봉(徐士奉), 조창록(曺蒼錄), 오보라(吳寶羅)
연구보조원 : 장연수(張硯洙)

이 책은 2021년도 정부(교육부)의 재원으로 한국고전번역원의 지원을 받아 수행된 특수고전협동번역사업(난해서) 2차 연도 사업의 결과물임.

This work was supported by Institute for the Translation of Korean Classics - Grant funded by the Korean Government.

校勘標點

退溪全書
5

李滉 著

書
卷15下 ～ 卷18

凡例

1. 本書는 社團法人 退溪學硏究院에서 간행한 《定本 退溪全書》의 校勘·標點을 따르되, 필요에 따라 수정하였다.
2. 일반적인 이체자 및 관행적인 혼용자는 바로 代表字로 수정하고, 代表字 여부 판정은 韓國古典飜譯院 異體字 檢索 시스템을 準據로 하였다. 《定本 退溪全書》의 분명한 오류를 수정한 경우, 중요한 자구에 차이가 있는 경우, 오류가 의심되는 경우에는 교감기에 그 내용을 밝혔다.
3. 本書에 사용된 標點 符號는 《定本 退溪全書》를 따랐다.

   。 　疑問文과 感歎文을 제외한 文章의 끝에 쓴다.
   ? 　疑問文의 끝에 쓴다.
   ! 　感歎文이나 感歎詞의 끝, 강한 어조의 命令文·請誘文·反語文의 끝에 쓴다.
   , 　한 文章 안에서 일반적으로 句의 구분이 필요한 곳에 쓴다.
   、 　한 句 안에서 竝列된 단어 사이에 쓴다.
   ; 　複文 안에서 구조상 분명하게 竝列된 語句 사이에 쓴다.
   : 　완전한 引用文의 경우 引用符號와 함께 쓰거나 話題 혹은 小標題語로서 文章을 이끄는 語句 뒤에 쓴다.
   " " ' ' 　직접 引用된 말이나 強調해야 하는 말을 나타내는 데 쓰되, 1차 引用에는 " "를, 2차 引用에는 ' '를, 3차 引用에는 「 」를 쓴다.
   【 】 　원문의 注를 나타내는 데 쓴다.
   · 　書名號(《 》) 안에서 書名과 篇名 등을 구분하는 데 쓴다.
   《 》 　書名을 나타내는 데 쓴다.
   〈 〉 　篇名, 樂曲名, 書畫名 등을 나타내는 데 쓴다.
   (( )) 　癸卯校正本과 續集에서 산절된 것을 樊南本에 의거해 복원한 경우에 쓴다.
   ── 　人名, 地名, 國名, 民族名, 建物名, 年號 등의 固有名詞를 나타내는 데 쓴다.
   □ 　缺落字 자리에 쓴다.
   ▨ 　毀損字 자리에 쓴다.
   { } 　보충할 글자를 나타내는 데 쓴다.

目次

凡例·4

退溪先生文集 卷十五下

答李大成【文樑】… 25

重答李大成 … 28

答李大成 … 28

答李大成【壬子】… 29

答李大成 … 30

答李大成 … 30

與李大成 … 31

再與李大成【甲寅】… 31

答李大成 … 32

答李大成【乙卯】… 33

答李大成 … 33

與李大成暨諸昆季【乙卯】… 34

答李大成 … 35

與李大成諸昆季 … 36

答李大成諸昆季 … 37

答李大成【戊午】… 38

與李大成 … 38

答李大成 … 39

答李大成 … 40

答李大成 … 40

答李大成【壬戌】… 40

與李大成 … 41

與李大成 … 42

答李大成【辛酉】… 43

答李大成 … 44

與李大成 … 44

答李大成 … 45

答李大成 … 45

答李大成 … 46

答李大成 … 46

答李大成【辛酉】… 47

答李大成 … 47

答李大成 … 48

答李大成 … 48

答李大成 … 49

答李大成 … 49

答李大成 … 50

答李大成 … 50

與李大成 … 51

答李大成 … 51

答李大成 … 52

答李大成 … 52

與李大成 … 52

答李大成 … 53

答李大成 … 54

答李大成 … 54

與李大成 … 55

答李大成 … 56

答李大成 … 56

答李大成 … 57

與李大成 … 57

答李大成 … 58

答李大成 … 58

答李大成 … 59

答李大成 … 59

答李大成 … 60

與李大成 … 61

答李大成 … 61

答李大成 … 62

答李大成 … 62

答李大成 … 62

與李大成 … 63

答李大成 … 63

答李大成 … 64

答李大成 … 64

答李大成 … 65

答李大成 … 65

答李大成 … 66

與李大成 … 67

答李大成【乙丑】… 67

與李大成 … 68

答李大成 … 68

答李大成 … 69

與李大成 … 69

與李大成 … 70

答李大成 … 70

與李大成【乙丑】… 71

與李大成 … 71

與李大成 … 72

答李大成 … 72

答李大成 … 73

答李大成 … 73

答李大成 … 74

答李大成 … 74

答李大成 … 75

答李大成 … 75

答李大成 … 76

答李大成 … 77

與李大成 … 77

答李大成 … 78

答李大成 … 78

答李大成 … 78

答李大成 … 79

答李大成 … 79

答李大成【丙寅】… 80

答李大成 … 80

答李大成 … 81

答李大成 … 82

與李大成【丁卯】… 82

答李大成 … 83

與李大成 … 83

答李大成 … 84

答李大成 … 84

答李大成 … 85

答李大成 … 85

答李大成 … 86

答李大成 … 86

答李大成 … 86

答李大成 … 87

答李大成 … 87

答李大成 … 88

答李大成 … 88

答李大成 … 89

答李大成 … 89

答李大成 … 90

答李大成 … 90

答李大成 … 91

與李大成【戊辰】… 92

答李大成 … 92

答李大成 … 93

答李大成 … 93

答李大成 … 94

答李大成 … 94

與李大成 … 95

答李大成 … 96

答李大成 … 96

答李大成 … 97

答李大成 … 97

答李大成 … 98

答李大成 … 98

與李大成 … 99

答李大成 … 99

答李大成 … 100

與李大成 … 100

答李大成 … 100

答李大成 … 101

答李大成 … 102

答李大成 … 102

答李大成 … 103

答李大成 … 103

答李大成 … 104

答李大成 … 104

答李大成【戊辰】… 105

答李公幹【乙卯】… 106

答李公幹 … 106

與李公幹【丁巳】… 108

答李公幹【仲樑○戊申】… 108

與李公幹【戊午】… 109

答李公幹 … 110

與李公幹 … 111

與李公幹【己未】… 111

答李公幹【己未】… 112

答李公幹 … 113

與李公幹 … 114

與李公幹暨諸兄弟 … 115

答李公幹【庚申】… 115

答李公幹 … 116

答李公幹 … 116

答李公幹 … 117

答李公幹 … 118

與李公幹【辛酉】… 118

答李公幹 … 119

答李公幹 … 120

與李公幹 … 120

答李公幹 … 121

答李公幹 … 122

答李公幹【庚申】… 123

答李公幹 … 123

答李公幹【壬戌○淸和望前二日, 時爲商山牧。】… 125

答李公幹【壬戌】… 125

與李公幹【癸亥 ○重陽前一日, 時爲鷄林尹。】… 126

與李公幹 … 126

答李公幹 … 127

答李公幹【甲子】… 128

與李公幹 … 128

答李公幹 … 129

答李公幹 … 130

與李公幹【乙丑】… 130

答李公幹【丙寅】… 131

答李公幹 … 131

答李公幹 … 132

答李公幹 … 133

答李公幹 … 133

與李公幹【丁卯】… 134

答李公幹 … 134

答李公幹 … 135

答李公幹 … 135

答李公幹 … 136

答李公幹【戊辰】… 136

答李公幹 … 137

答李公幹 … 138

答李公幹 … 138

答李公幹 … 139

答李公幹 … 139

答李公幹 … 140

答李公幹【己巳】… 140

與李公幹 … 141

答李公幹 … 142

答李公幹 … 142

答李公幹 … 142

答李公幹【己巳】… 143

答李公幹 … 144

與李公幹 … 144

答李公幹 … 145

答安東府官【乙丑】… 145

答金季應【鸞祥。○壬戌以下，餠山後孫浩直家藏。】… 146

答金季應 … 147

與金季應【癸亥】… 148

答金季應【乙丑】… 148

答金季應【丙寅】… 149

答金季應【丙寅】… 150

答金季應 … 150

答金季應 … 151

答金季應【鸞祥。○丁卯】… 151

與金季應 … 152

答金季應 … 153

與金季應【丁卯】… 153

答金季應【鸞祥。○丁卯】… 154

與金季應【己巳。見《缾山集》。】… 155

答金季應【庚午】… 155

答金季應 … 156

答趙大宇【容，靜菴之子。】… 156

別紙 … 157

答趙大宇【戊辰】… 158

答朴子進【漸。○壬戌】… 159

答朴子進【癸亥】… 160

答金敬夫【宇宏。○丙寅】… 161

答金敬夫、肅夫【宇顒】… 162

答金敬夫、肅夫 … 164

別紙 … 165

答金敬夫、肅夫【庚午】… 167

與吳仁遠【彥毅。○庚子】… 169

答吳仁遠【乙巳】… 169

答吳仁遠【丁未】… 170

與吳仁遠【戊申】… 171

答吳仁遠 … 172

與吳仁遠【己酉】… 172

答吳仁遠【甲寅】… 173

與吳仁遠、申詣仲 … 175

與南上舍【弼文。○丁卯】… 175

與李景昭【文奎。○丁卯】… 176

答尹安東【復。○乙丑】… 177

與尹安東【復。○乙丑】… 177

答尹安東 … 178

答尹安東 … 178

答尹安東 … 179

答尹安東 … 180

答尹安東 … 180

與尹安東 … 181

答尹安東 … 181

答尹安東 … 182

答尹安東 … 182

答尹安東 … 183

答尹安東 … 183

答尹安東【丁卯】… 184

答尹安東 … 184

與尹安東 … 185

答尹安東 … 185

答尹安東 … 186

答尹安東 … 186

與尹安東 … 186

答尹安東 … 188

答尹安東 … 188

答尹安東 … 189

與尹安東【戊辰】… 189

答尹安東 … 189

答金季珍【彥琚】… 190

與金季珍【己未○九代孫野淳輯錄。】… 191

答金季珍 … 191

與禹益之【彥謙。○癸亥】… 192

答禹益之 … 193

答禹益之 … 193

與禹益之【彥謙。○癸亥】… 193

答禹益之【甲子】… 194

答禹益之 … 195

答禹益之 … 195

答禹益之 … 196

答禹益之 … 196

答禹益之 … 196

答禹益之【乙丑】… 197

答禹箴之 … 197

答禹箴之 … 198

與禹箴之 … 198

答禹箴之【丙寅】… 199

答禹箴之 … 199

答禹箴之 … 200

與禹箴之 … 200

答禹箴之【戊辰】… 201

答朴上舍【光前】、尹秀才【欽中。○丙寅】… 201

退溪先生文集 卷十六

與奇明彦【大升。○戊午】… 205

與奇明彦【大升。○己未】… 205

答奇明彦 … 207

別紙 … 212

答奇明彦【論四端七情第一書】… 213

附奇明彦非四端、七情分理氣辯 … 217

與奇明彦【庚申】… 219

答奇明彦 … 220

附奇存齋論四端七情第二書 … 227

附奇存齋論四端七情書 … 247

答奇明彦【論四端、七情第二書】… 248

改本 ⋯ 248

後論 ⋯ 264

別紙 ⋯ 269

與奇明彥 ⋯ 273

別紙 ⋯ 274

答奇明彥【辛酉】 ⋯ 275

退溪先生文集 卷十七

答奇明彥【辛酉】 ⋯ 279

與奇明彥【壬戌】 ⋯ 280

別紙 ⋯ 281

附奇明彥別紙 ⋯ 282

答奇明彥【論四端七情第三書○先生旣答第二書, 明彥又以書來辯, 先生不復答, 只就書中, 批示數段。今略節來書, 而錄其批語。】 ⋯ 283

附奇存齋答論四端七情書 ⋯ 294

答奇明彥【癸亥】 ⋯ 305

答奇明彥 ⋯ 306

答奇明彥 ⋯ 309

答奇明彥【甲子】 ⋯ 311

答奇明彥【甲子】 ⋯ 311

答奇明彥【乙丑】 ⋯ 313

別紙 ⋯ 314

答奇明彥 ⋯ 319

答奇明彥【丙寅】 … 320

答奇明彥 … 322

重答奇明彥 … 323

別紙 … 324

附奇明彥四端七情後說 … 326

附奇明彥四端七情總論 … 328

答友人論學書今奉寄明彥 … 329

與奇明彥【丁卯】 … 332

答奇明彥 … 333

答奇明彥 … 335

答奇明彥【丁卯九月二十一日】 … 336

與奇明彥 … 342

答奇明彥 … 342

答奇明彥 … 343

與奇明彥 … 343

與奇明彥 … 344

與奇明彥 … 344

答奇明彥 … 345

答奇明彥 … 345

別紙 … 346

附奇明彥別紙 … 347

答奇明彥 … 348

答奇明彥 … 349

與奇明彥 … 349

與奇明彥 … 350

與奇明彥 … 350

與奇明彥【戊辰】… 350

答奇明彥 … 351

退溪先生文集 卷十八

與奇明彥 … 355

與奇明彥 … 355

答奇明彥 … 356

答奇明彥 … 356

與奇明彥 … 357

答奇明彥 … 358

答奇明彥 … 358

答奇明彥 … 358

答奇明彥 … 359

與奇明彥 … 359

答奇明彥 … 360

答奇明彥 … 360

與奇明彥 … 360

答奇明彥 … 361

答奇明彥 … 361

答奇明彥 … 361

答奇明彦 … 362

與奇明彦 … 362

答奇明彦 … 362

答奇明彦 … 363

答奇明彦【己巳】… 363

別紙 … 364

與奇明彦 … 366

答奇明彦 … 367

再答奇明彦 … 367

與奇明彦 … 368

答奇明彦 … 369

答奇明彦 … 369

與奇明彦 … 370

與奇明彦 … 373

與奇明彦 … 375

答奇明彦 … 376

別紙 … 377

答奇明彦 … 380

別紙 … 382

別紙 … 383

別紙 … 383

碣文稟目 … 385

別紙 … 386

答奇明彦 … 386

答奇明彦別紙 … 387

別紙 … 388

答奇明彦【庚午】… 389

答奇明彦 … 390

答奇明彦 … 392

別紙 … 394

別紙 … 395

答奇明彦 … 397

別紙 … 398

答奇明彦 … 399

別紙 … 400

答奇明彦 … 402

答奇明彦論改〈心統性情圖〉… 403

答奇明彦 … 405

退溪先生文集

卷十五下

KNL0261(書-李文樑-1)(癸卷15:5左)(樊卷17:12左)

答李大成【文樑】[1]

《書來, 獲審侍養嘉慶, 欣賀曷喩? 僕自前月去泮宮之後, 幸無他除, 得保旅病贏骨。但今冬京師雪寒異甚, 凍臥冷堗, 屢被寒砭, 作苦多端, 艱以調攝, 益令人思山居之樂適耳。

來書責以不報前書, 及聞所與金伯榮書, 亦以是責滉云。然其實非不奉報, 但報之之略耳, 又初報書不達, 宜乎足下之怪且訶責也。滉如今善忘倍前, 不記初報書托誰而遣, 又不知因何滯傳而不達左右, 不敏之罪, 難以自解矣。且其前後兩書, 雖皆未及致詳, 而實則一意, 今復粗陳其未盡之意。》

竊觀來書, 近數百言, 而大要不過有二, 一則欲得名以慰親心, 而求滉之相助, 一則責滉以正士習排異敎, 如古人之義, 有以知足下於身則不免爲親之屈, 於友則欲盡責善之道, 可謂盛心矣。然而於此, 始知足下之於滉, 實有不相悉者多矣, 何

---

[1] 壬子年(明宗7, 1552년, 52세) 12월 서울에서 쓴 편지로 추정된다. 〔編輯考〕 퇴계가 李文樑에게 보낸 편지는 모두 143통으로서, 庚本에 22통이 수록되었고, 續集에 12통, 樊本에 109통이 추가로 수록되었다. 李文樑에게 보내고 답한 서간들은 연월일순으로 정리하지 못한 채 수집한 그대로 기록해 둔 것으로 보인다. 이중 작성 연대를 추정할 수 있는 서간들도 꽤 있고 이에 따라 편차를 바꾸어야 하는 경우도 있지만, 연도조차 밝힐 수 없는 서간이 적지 않으므로 여기서는 일단 모든 서간을 樊本의 편차대로 수록했다. 〔資料考〕 퇴계가 李文樑에게 보낸 편지 중 일부는 李文樑의 문집인 《碧梧集》에도 실려 있다. 해당하는 편지에 그 사실을 밝히고 對校本으로 활용하였다. 〔年代考〕 上本의 부전지에 "據'去泮'之語, 此書似在壬子十二月。"에 의거하여 연대를 추정했다. 初本과 擬本에는 〈答李大成〉으로 되어 있고, 庚本에는 〈答李大成【名文樑】〉으로 되어 있으며, 庚本(龜鶴亭本)에는 〈答李大成【文梁】〉으로 되어 있다. 鄭校에 "'梁', 寫本作'樑'■是。"라고 하였다.

耶？ 今夫勢利之門, 爭趨競進, 或以相壓, 或以相軋, 而不敢怨怒譏謗禍敗者, 以其人得時據要, 人不駭其所爲故也。足下視滉, 其於時世何如也？ 其初起滉於病棄之中, 只是當路一二名卿, 哀其窮滯而試湔祓之耳。 及其扶病西來, 望實落落, 人固有指點之者, 不意復有此超擢之命, 又講席未暇暖², 而已以病罷其任矣。然猶竊祿冒名, 僵臥逆旅, 其視得時據要之人, 其氣勢風焰何如也？ 如是, 乃欲爲足下群趨並進於執權之門, 以相壓相軋, 則其取譏謗, 固不可慮, 而怨怒禍敗, 保無駭機之發乎？ 此似不相悉者一事也。古之君子, 雖貴於得時行道, 然未有不得於己而能行於時者。其或學未實得, 而猶能奮於世者, 必其材分之可恃。

　　滉³自少多病, 爲學鹵莽, 妄得科第, 其行已處身, 最出凡庸之下, 人亦以是視之矣。及年齒衰暮, 幸因病閑, 始取古人之書而細讀之, 潛心玩索, 有以眞知秉彝之天不假⁴外求。欣然會心之味, 其樂無窮, 實有以是終焉之願。但以病深精耗, 躬行之功, 不能篤專, 故略無有得於心而見於行也。恒自愧嘆, 何圖復出此行於世？ 應事接物之際, 自覺與靜中之見掣肘矛盾, 其無得於己, 可知矣。人之視之, 其有異於昔時李某乎？ 以前日凡庸之李某, 言今日未躬行之古道, 人豈信之哉？ 於吾豈不可愧之甚乎？ 吾聞之, "不誠不能動天", 夫實得於己, 始可

---

2 未暇暖 : 初本에는 "未暖"으로 되어 있고, 樊本과 上本에는 "未暇"로 되어 있다.
3 滉 : 初本·中本·樊本·上本에는 없다. 中本의 부전지에 "疑有闕字如諱字。"라고 하였다.
4 假 : 初本·中本·樊本·上本에는 "暇"로 되어 있다. 中本의 추기에 "'暇'疑從'人'。"이라고 하였다.

謂之誠。以未可謂之誠, 而指陳得失, 其有能動天乎?

雖然, 居官者當言而不言, 其罪大矣。吾之有得與無得, 有時而不敢計矣。但彼時則所謂不當言之時也, 何者? 當時朝廷所爭, 非爭佛法之行不行, 乃就度僧中節目之尤害於國政者爭之耳。若其佛法之行, 固不能爭於前日, 今不可出而復爭矣。是時, 任成均之職者, 欲從朝廷而只爭度僧一事節[5], 則是反嫌於助佛教之行; 欲抗論佛教之非而欲去之, 則是非可乘之機。是以, 非徒滉不敢爲, 學生亦不敢爭也。未知足下之意以爲何如? 韓愈之〈論佛骨〉, 千古一快。然以僕今日之所學與材分, 又失其可言之機而欲效之, 則不可也。此又不相悉者二事也。

至於正士習一事, 一日坐皐比, 則一日有其責, 其敢忽乎? 只以無得於己, 故無感於人。又不久而將去之, 武陵、松岡, 其仕館也旣罕, 而至亦不甚以訓迪爲務, 斯亦滉也主教胄而無狀, 故二公難於致力而然也。旣不得言, 又不能效職, 此滉所以一日不安於職, 惶愧跼蹐之至, 幸天脫羈負, 稍爲得所矣。春來, 若得蒙退, 得尋古棲, 病攝之暇, 少復溫理舊書, 則幸之幸也。

滉復有一說, 古人悅親, 不必以官爵。尹和靖母所謂"吾知汝以善養, 不願汝以祿養", 此之謂也。故能無求於世, 甘與草木同腐。侯霸之妻, 猶不恨其子之蓬頭歷齒, 何況區區一命之霑乎?

滉恐足下不能釋然於此, 故未免上貽大相之念也。幸勿掛懷, 以待天命。判相雖牽勢未圖, 實未忘足下之事, 豈無諸日? 歸人夕來告辭, 夜燈草率, 殊未攄抱。

---

5 事節: 두주에 "'事節', 一本乙。"이라고 하였고, 定草本의 부전지에 "'節'字下恐脫'目'字, 當考次。"라고 하였다. 養校에 "'事節'一本乙。"이라고 하였다.

KNL0262(書-李文樑-2)(癸卷15:8左)(樊卷17:16右)

重答李大成[6]

《憶同等來自鄉,》拜領立春後二日書, 謹悉辱答前後書狂妄迂闊之語。 非徒不以爲罪, 而反自謂因有所感悟云, 其文義[7]風節, 皆有可尙。以如此材器, 而不早知自重之道, 及其晚困, 又不爲反求古人以益修補, 顧乃欲與衆人同其波, 不得則又不免鬱鬱而發傷時悼俗之言, 是其前後所爲, 豈不自相反耶? 此滉所以爲左右惜之者也。然己不能脫俗, 而如是云云, 眞可謂同浴[8]而譏裸裎也。

　滉欲辭退者, 千非他萬非他, 不材[9]故也, 多病故也。今不責以速退而勸之留, 尤非所望於知己也。自餘情緖, 縷縷非一, 不敢每披也。未間, 萬加珍愛。

BNL0263(書-李文樑-3)(樊卷17:17右)

答李大成[10]

周景遊公書送去, 領覽爲佳。且知公愛公, 莫如右公, 而見公陳情之書, 豈不欲一薦? 其於勢力不及何? 但如是嗟歎而已。

6　癸丑年(明宗8, 1553년, 53세) 1월 하순 서울에서 쓴 편지로 추정된다.
7　義 : 樊本과 上本에는 "儀"로 되어 있다.
8　浴 : 樊本에는 "欲"으로 되어 있고, 上本에는 "沐"으로 되어 있다.
9　材 : 初本·中本·樊本·上本에는 "才"로 되어 있다.
10　壬子年(明宗7, 1552년, 52세) 12월 서울에서 쓴 편지로 추정된다.

滉雖病深, 豈不欲一造銓相之門爲公開口乎? 但有大不可者, 無益於公, 而有妨於我, 所以不果也。若[11]邂逅相遇, 則未嘗不稱公, 而彼亦懇懇。觀其意實切, 而豈無望理?

滉前書欲望公勿急於求名, 其言甚迂, 然迂闊之中, 亦甚有理, 古人不言? 雖今人如曺植輩, 尙能不屑主簿之官而不就, 以公之人物風槪, 豈下於曺植乎?[12] 正緣公自處不重, 以至於此, 爲朋友之義, 安得不責以一言乎? 僕所以從前每譙公以不讀書也。幷照亮。

KNL0264(書-李文樑-4)(癸卷15:9右)(樊卷17:17左)

答李大成【壬子】[13]

《頃曾奉一書, 想已達矣。騫姪之來, 得承辱束, 感慰交集。》僕隨分汩沒, 已作塵埃人面目, 徒有失己之嘆, 每抱增病之憂, 奈何? 到今深悔作過冬之計。

今聞家鄕頗稔, 野興轉濃, 而名韁掣人, 使不得與君對菊英而倒稻香, 宜乎誇張於我也。然來書, 旣自云已作淸眞一老, 而猶有雲泥之嘆, 是恐未免疇曩心跡之尙餘也。《呵呵。餘具

---

11 若 : 初本·中本·樊本·上本에는 "然若"으로 되어 있다.

12 雖今人……曺植乎 : 中本에는 없다. 中本의 추기에 "此刪處, 當看《退陶先生集》中補入。"이라고 하였다. 〔今按〕中本의 추기에서 《退陶先生集》이라 한 것은 문집 初本을 가리키는 것으로 보인다.

13 壬子年(明宗7, 1552년, 52세) 8월 25일 서울에서 쓴 편지로 추정된다. 〔年代考〕上本의 부전지에 "以上三書, 有其辭旨■同是壬子。"라고 하였다. 初本에는 〈答李大成【壬子八月卄五夕】〉으로 되어 있다.

前書。惟祈自愛。謹復。》

BNL0265(書-李文樑-5)(樊卷17:18右)
答李大成[14]

臥病悄悄，承示憮然。僕非不知君之懷抱之鬱，豈不欲一躡侯門，以圖古人[15]之急？所以不能者，其間有大礙之意，此則君所不知也。僕三日之仕，峻發危證，更勉數日，則勢必摧殘以盡，故不得已今日爲始呈病于本府，其勢又難於出入。

　　昨日兵判相公，臨門留刺而去，惶恐之極，亦不得自詣，將代以迷兒拜謝。僕自不得住足於名場，可爲人出計耶？偶得壺酒[16]，無與對酌，可來一笑，以盡未盡之懷，如何？[17]

BNL0266(書-李文樑-6)(樊卷17:18左)
答李大成[18]

能以義命自處，善矣。然豈安於心乎？僕來此，埋頭於編摩考

---

14 甲寅年(明宗9, 1554년, 54세) 12월 서울에서 쓴 편지로 추정된다. 〔年代考〕 上本의 부전지에 "據呈病本府'之語, 此書似在甲寅十一月拜僉知時。"라고 하였다. 拾遺에는 〈答李大成【文樑】〉으로 되어 있다.

15 古人 : 上本의 부전지에 "'古人'之'古', 恐'故'之誤。"라고 하였다.

16 壺酒 : 初本・中本・拾遺・樊本・上本에는 "酒壺"로 되어 있다.

17 如何 : 拾遺에는 아래에 추신 "前送丹山《孤樹裒談》十冊, 領否?"가 있다.

索之役, 勢不能堪, 但只一同僚有故, 不能舍去。初八乃得入城, 幹之之行, 無乃遽出於其前乎？示之行期, 爲望。下鄕人則僕亦未聞。

BNL0267(書-李文樑-7)(樊卷17:19右)

與李大成[19]

前日伏承令諭, 欲賜俯臨之意, 以滉將有西行, 要有所親敎之事故然也。滉旣不西行, 伏想安輿亦必停臨矣。然猶未審何如, 滉欲躬進承敎, 昨夕聞從姪李沖妻凶訃。初聞服, 出入未安, 未果, 恨仰恨仰。然意伏惟照示。不宣。謹拜稟。

KNL0268(書-李文樑-8)(癸卷15:9左)(樊卷17:19右)

再與李大成【甲寅】[20]

昨日, 經筵又有啓云："李某命召, 甚美事, 人皆欽仰。但恐難於乘馬, 欲依中朝乘轎之例云云。"時未有發落事, 伯榮昨昏自

---

18 壬子年(1552, 명종7, 52세) 5월 서울에서 쓴 편지로 추정된다.
19 연도는 미상으로 1월 18일 禮安에서 쓴 편지로 추정된다. 〔年代考〕上本의 부전지에 "據'將有西行'之語, 此書恐非壬子, 又非甲寅。"이라고 하였다. 初本에는 〈與李大成【十八日曉】〉으로 되어 있다.
20 甲寅年(明宗9, 1554년, 54세) 2월 1일 서울에서 쓴 편지로 추정된다. 初本에는 〈再與李大成【甲寅二月初一日曉燈】〉으로 되어 있다.

入直所通報。未知是何員所啓，亦未知厥後依允與否，惟朝廷所以推重之意如此，不勝欣慶之至。

然人之所見不同，搢[21]紳中亦或以爲遠道召致，非所以優老之意者，或以爲暫來則好，或以爲不來無妨，難可指一。然而細審物情，雖堅守素志，人必不以爲傲世而然也。惟當量氣力審時勢而處之，何如？夜聞伯榮之報，公輔行忙，未及修狀于令前，而草此奉告，幸以轉達爲望。

BNL0269(書-李文樑-9)(樊卷17:19左)

答李大成[22]

使至傳書，獲審侍慶萬善，無任抃賀抃賀。僕之瑣瑣，亦僅保病，但事多違心，牢落旅窓，歲暮情緒，無與披遣，想故人爲略知之耳。番已無事過了。

芿叱孫持米，只用三十升以補其前不足之數，而其餘不用事，莫同云云。前索還官敎及差帖，付伯榮送上，惟照。餘冀寒天珍重。不宣。謹拜復。棗脯之惠，感怍無以爲報。

---

21 搢：初本・中本・定草本・庚本・擬本・甲本・樊本・上本에는 "縉"으로 되어 있다. 養校에 "'縉'當從'手'。"라고 하였다.

22 甲寅年(1554, 명종9, 54세) 10월 25일 서울에서 쓴 편지로 추정된다. 初本에는 〈答李大成【甲寅陽月念五】〉으로 되어 있다.

BNL0270(書-李文樑-10)(樊卷17:20右)

答李大成【乙卯】[23]

示意正當。熟思之, 似不止此, 但前去之末[24], 更難歸結, 姑俟琴夾之, 朝暮當來云。來則似可聞時義所向, 以決行止, 爲計耳。
　　四季盆, 付來使送呈。此花雖少有脂粉氣, 終是出塵風格, 故可愛, 幸善護養。蘇合元送上, 視至。白紙之惠, 感感。謹復。前送丹山《孤樹裒談》十冊, 領否?

BNL0271(書-李文樑-11)(樊卷17:20左)

答李大成[25]

僕三載風塵仰德之懷, 昨日何幸攄發? 歸來, 怳如游仙夢罷, 深

23 丙辰年(明宗11, 1556년, 56세) 5~6월 禮安에서 쓴 편지로 추정된다.〔年代考〕上本의 부전지에 "據'時義行止'等語, 恐當爲乙卯第三書。"라고 하였다. 이 편지는 내용 중에 "來則似可聞時義所向, 以決行止爲計耳。"라는 말이 나오는 것을 볼 때, 퇴계가 홍문관 부제학에 임명되어 상경하라는 명령을 받은 다음 출사 여부를 놓고 고민할 때 보낸 것으로 짐작된다. 明宗이 퇴계를 홍문관 부제학에 임명하고 속히 상경하라는 교지를 내린 것은 1556년 5월 18일의 일이고, 퇴계가 이 교지를 받은 것은 같은 해 5월 23일의 일이다. 특히 이 편지는 그 내용을 살펴볼 때, 1556년 5월 23일경에 李文樑과 그 형제들에게 답한 KNL0275(書-李文樑-15)에 바로 이어 보낸 편지로 짐작된다. 그렇다면 이 편지는 1556년 5월 24일에서 같은 해 6월 8일 홍문관 부제학에서 체직시켜 僉知中樞府事에 임명한다는 明宗의 교지를 받기 전까지의 사이, 곧 1556년 5~6월에 보낸 것으로 추정된다. 따라서 이 편지 題下의 歲次 表記 干支 '乙卯'는 '丙辰'의 오류로 보인다.(《月日條錄》 참조.) 初本에는 〈答李大成〉으로 되어 있다.

24 末 : 初本의 부전지에 "'末'字更考。"라고 하였다.

感且慶。今復蒙令賜一絕，寵籍益盛，尤用銘佩。

　　就中仲擧所訪三題，僕亦未知，曾於僧歸，已奉謝之矣。大抵本朝事，無史可考，外方尤難得知，勢固無如之何矣。若於宋學士、懷麓堂等集中，因事或現，未可知也。然病難披檢，仲擧試於是求之，何如？適有客草報。

KNL0272(書-李文樑-12)(癸卷15:10右)(樊卷17:21右)
與李大成暨諸昆季【乙卯】[26]

《謹問當此復亨，僉孝候何似？倍深係慕。》

　　滉昨來溫溪行祠祭，今宿孤山齋舍。明日入于淸涼山，要就寂寥爲養病計。不謂諸幼少輩多欲追入，勢難禁絕，反致撓鬧，貽山僧之憂，奈何？

　　《朱書》，寫至幾何？《不須趁急，不須楷正，如有誤筆處，量字多少而剪去[27]，補紙填書，雖稍密於他行，何妨乎？其或有賸字處，亦剪補，而稀字書，亦不拘字疎於他行也。大抵此

---

25 乙卯年(明宗10, 1555년, 55세) 3월 禮安龍樹寺에서 쓴 편지로 추정된다.〔年代考〕上本의 부전지에 "此書似在乙卯二月東歸時，恐當爲乙卯第一書。"라고 되어 있다.《月日條錄》에 의하면 퇴계는 1555년 2월 18일, 귀향하기 위해 서울을 떠났으며, 고향으로 돌아온 직후(3월) 龍壽寺에 잠시 머물렀다.

26 乙卯年(1555, 명종10, 55세) 11월 29일 禮安孤山齋舍에서 쓴 편지로 추정된다.〔資料考〕서신의 일부(朱書寫至幾何……故具白耳)가《碧梧集》에 수록되어 있다. 中本, 樊本, 上本에는〈與李大成槪諸昆季〉로 되어 있고,《碧梧集》에는〈答李大成【乙卯】〉으로 되어 있다.

27 剪去 :《碧梧集》에는 없다.

一件謄寫, 當爲草帙, 未入於梓版, 何必求極精乎？因士任、
謙仲聞僉意以落字處爲恨云, 似非初望所及, 故具白耳。但)前
因大成臨語, 知僉意頗誚滉惑於語錄等無味之書, 要抄要謄,
致煩僉左右爲病云云, 滉殊爲悚汗悚汗。

　　滉向謂以僉資近道, 惟未曾看此書, 故不屑於此。若今因
此事, 看此書, 久久駸駸, 必皆不知不覺而得此嗜矣。今歷數
月, 而大成左右則全不顧而要討杜詩看, 公幹左右則已生厭而
要付大用左右, 爲曹司之厄, 無乃與滉前日之所圖異乎？

　　陳簡齋詩云："莫嫌啖蔗佳境遠, 橄欖甛苦亦相幷。"此本
言涉世之味, 而爲學亦猶是也。初間須是耐煩忍苦, 咀嚼玩味,
不以不可口而厭棄之。至於積功之多, 漸覺苦中生甛, 歲月旣
深, 則蔗境之佳, 當自漸入。滉固不知蔗境, 惟甛多而苦少, 故
力病而未忘也。今不待甛至, 而欲議橄欖之苦, 且訾滉嗜甛之
惑, 殆非所望於僉侍輔仁之意也。《凡呈至此, 想必蒙僉原。惟
冀僉益衛嗇, 以副瞻企。謹拜問。》

SNL0273(書-李文樑-13)(續卷3:27右)(樊續卷3:28左)

答李大成[28]

《僧來, 辱書溫喩, 仍審孝履支勝, 欣慰不易具言。》滉每於酒
後乘快, 多發妄言, 前日之書之言, 實是信口信筆, 不復致思

---

[28] 乙卯年(明宗10, 1555년, 55세) 윤11월 1~13일 禮安淸涼山에서 쓴 편지로 추정
된다.

而發, 追算汗霑, 所以有悔謝之簡也。今者蒙報音, 非但不責其妄, 而至有自加勉勵之言, 旣服包洪之量, 而重愧率然而游於度內也。

雖然, 滉之所悔, 非慮其取怒於左右也, 爲不顧其庸愚, 而輕肆大言, 此可爲慚懼耳。其欲望僉君之著意看此書, 則實乃病舊愚誠之最懇者, 今不外而領聽之, 何幸如之! 何幸如之!

仲擧詩筒之來, 開遣病鬱深矣。山中雪霽, 奇景千狀, 非無持贈之物, 第以肚病, 專廢吟哦, 答書之頃, 未易收拾, 未免且留筒遞, 惟尊照。《餘具報安東書。所冀, 履此冬暖, 護衛萬萬。不宣。謹拜謝復。》

BNL0274(書-李文樑-14)(樊卷17:22右)
與李大成諸昆季[29]

戀仰, 因來髡, 得審僉候支勝, 欣慰欣慰。滉入山來, 雨雲[30]凝沍, 日候異常, 恐妨病骨, 龜縮不出, 未知山景之異於村舍也。來時抵孤山, 拜上先生詩簡一封, 未審寺僧以時傳達否? 就中其日滉自溫溪僉會處發, 遊山之興, 不覺醉昏而來, 率意作書封置而寢。中夜醒思, 多是狂妄之語, 顧以入山回馬之晚, 凌晨發去, 未暇改修, 因而呈上。想僉意以狂奴舊態, 不以爲罪,

---

29 乙卯年(明宗10, 1555년, 55세) 윤11월 1~13일 禮安淸涼山에서 쓴 편지로 추정된다. 中本과 拾遺에는 〈與李大成曁諸昆季〉로 되어 있다.
30 雲 : 上本의 부전지에 "'雲'字恐'雪'之誤。"라고 하였다.

然於心深自愧惕也。嘗觀古之朋友，或戲或責，或同或異，或憤或爭，而交道終不替，無一毫嫌間者，何也？事未必同，而志趣氣味，則無不同故也。僉以爲何如？

KNL0275(書-李文樑-15)(癸卷15:11右)(樊卷17:23右)

答李大成諸昆季[31]

專人遣書，涉漲來問，尤深跋踏。邇英之除，豈非英者所堪？今朝得京信，乃知前此又有大大不近之事，旨下本道云，不知此是滉何等運厄致此等狼狽事耶？欲逃不可，憂迫奈何？然此事雖甚駭怪，自義分言之，本無甚難處，只得固辭，以得免爲期而已。

　　但京中親舊皆以爲不可不來謝恩，以今之物情世道，遭此變故，其間處之得宜，使不甚駭世，而大不[32]得罪於義分，極難其曲折，奈何？駭世亦所不患，但以滉愚下之分，亦安得都不計耶？碌碌如此，得名如彼，眞可笑愧耳。心事方擾[33]，行期何卜？仲擧累書，今略報去，有便傳寄，爲幸。《二詩妄評送去，將來必作大手，敢賀。》

31　丙辰年(明宗11, 1556년, 56세) 5월 23일경 禮安에서 쓴 편지로 추정된다.
32　大不 : 두주에 "'大不', 一本乙."이라고 하였는데, 甲本에도 동일한 두주가 있다. 中本·樊本·上本에는 "不大"로 되어 있다. 擬校에 "'大不'本乙."이라고 하였다.
33　擾 : 中本·樊本·上本에는 "撓"로 되어 있다.

KNL0276(書-李文樑-16)(癸卷15:11左)(樊卷17:23左)

答李大成【戊午】[34]

入京後, 連有歸便, 累附信札, 想已領采。惟不得惠音爲嫌, 數日前, 豊基貢吏齎到九月卄四日書幷古詩一篇, 乃大得所望。非但痛敍別懷, 所以策勵駑懦者甚切, 至讀味累日, 令人增氣, 感幸感幸。

僕慮事不周, 自納身於不可如何之地, 瑣力當重負, 筋骸不支, 顚踣後已, 他尙何言哉? 才旣不能有爲於世, 區區素志, 又不能守, 而淪汨至此, 其於故人責望厚意, 何以當之? 杜陵所謂"取笑同學翁, 浩歌彌激烈"者, 與吾今日之事, 事異而辭同, 益可歎愧。欲效響酬意, 勞慮心熱, 怯用精力, 只以途中兩律代呈, 亦可粗見其懷抱也。

賀淵豹直多日, 昨始相見, 詳聞到彼款集等事, 亦爲之悵然遐想也。冬間若解此職投散地, 明春或可斂裳而歸, 未知能如料否。雪寒加愛。不宣。《謹復。》

BNL0277(書-李文樑-17)(樊卷17:24左)

與李大成[35]

昨夕, 慶尹仵書來云:"國馬疲瘠, 被推當降資, 降資則遞去,

---

34 戊午年(明宗13, 1558년, 58세) 10월 23일 서울에서 쓴 편지로 추정된다. 初本에는 〈答李大成【戊午陽月卄三日】〉으로 되어 있다.

例也。不可不謀更面別，欲於青松，眞寶兩境間僧舍來會事，亦通于仲紀，仲紀亦送人偕來。仲紀書：'境上有水精寺，可會處也。'須携大成偕來云云。"

僕雖冒寒拘忌，出入爲難，然於慶尹，前日所負多矣，今又拳拳如此，不可再負。掃萬欲赴，已許之，以來初六發向事報去矣，公其可能偕否？來時，水落巖之勝，可以兼賞，尤好。量示爲望。但所未知者，日候無乃變寒，大妨於病人之行，則如何？是慮是慮。以此近欲保護，卄七靈芝之遊，姑請停之，爲幸。文科覆試榜目送去，覽後還之。

BNL0278(書-李文樑-18)(樊卷17:25右)
答李大成[36]

送示朝報及公幹令書，開慰開慰。朝有大論，未知如何結末，可慮可慮。昨日之事，勢所必至，固已料之，後當謀奉。朝報看訖[37]奉還，先來者回納。謹復。

---

35 壬戌年(明宗17，1562년，62세) 10月 25일 禮安에서 쓴 편지로 추정된다. 初本에는 〈與李大成【卄五】〉으로 되어 있고, 上本에는 〈與李大成【壬戌】〉으로 되어 있다.
36 戊午年(明宗13，1558년，58세) 8~9월 禮安에서 쓴 편지로 추정된다.
37 訖 : 拾遺에는 "後"로 되어 있다.

BNL0279(書-李文樑-19)(樊卷17:25右)

答李大成[38]

昨雖不遇於此, 而會於彼, 甚爲家兄喜幸。今得辱和一絶, 詞意兩好, 圭復深謝。僕亦於文卿處, 當有酬和, 而今未及, 幷拙句改寫, 後日爲期, 惟照。花無十日紅, 事多不如意, 無聊草復。

SNL0280(書-李文樑-20)(續卷3:27左)(樊續卷3:29左)

答李大成[39]

承兩書, 知況味佳迪, 塵懷泮釋。僕叨冒特恩, 力辭不得, 今日抗顔出謝, 向來退步守分之意掃地。他日何以歸見滄浪鷗鷺耶? 精舍事, 專恃蓮僧, 今聞其化, 天何不助我至此耶?《公入長水, 望又不得, 公亦可謂不得天助也。病倦人忙草草, 餘付下番軍士之歸。惟茂迓茂迓。》

KNL0281(書-李文樑-21)(癸卷15:14左)(樊卷17:25左)

答李大成【壬戌】[40]

雨則正當其時, 但此間禾穀, 似難於豐穰, 是可慮耳。明日之

---

38 戊午年(1558, 명종13, 58세) 12월 26일 서울에서 쓴 편지로 추정된다.
39 初本에는 〈答李大成【戊午十二月卄六日】〉으로 되어 있다.

會, 今刻, 士敬亦遣書來報, 此年此日, 果不可虛度。會意甚
佳, 會處禁臠之避, 不可改也。

　汾川雖好, 水中多石, 夜舟有礙, 莫如風月潭之俱全, 故已
報士敬當會於彼矣。但所慮, 雨勢如此, 或未快霽, 則反不如
汾川有亭榭可庇避也, 故亦以是意兼通于士敬。大抵飽尊眞率
之會, 臨時遷徙, 有何難乎？夕食過[41]後, 著鞭過門幷轡, 爲計。
照遲。[42] 《謹復。》

BNL0282(書-李文樑-22)(樊卷17:26右)
與李大成[43]

昨歸途値大雨, 何以避之？慮慮。就中月川漁會甚好, 而更思
之, 城主雖許漁場之下, 猶未有顯令。方此禁臠盛捉之時, 如
我輩作會於彼, 則其於聽聞, 甚爲非便, 不如姑徐以觀勢之爲
得也。初四之會, 決不可爲也, 故敢報。惟照。謹白。

40　壬戌年(明宗17, 1562년, 62세) 7월 16일 禮安에서 쓴 편지로 추정된다. 初本에
　　는 〈答李大成〉으로 되어 있는데, 그 부전지에 "壬戌七月旣望"으로 되어 있다. 上本에
　　는 〈答李大成〉으로 되어 있다.
41　過 : 初本・中本・樊本・上本에는 "早訖"로 되어 있다.
42　遲 : 李校에 "'遲'恐'之'."라고 하였다.
43　壬戌年(明宗17, 1562년, 62세) 7월 29일 禮安에서 쓴 편지로 추정된다. 初本에
　　는 〈與李大成【廿九朝】〉으로 되어 있다.

KNL0283(書-李文樑-23)(癸卷15:12左)(樊卷17:26右)

與李大成[44]

滉卜得陶山下棲息之地, 最是晚幸, 而未及結屋, 遽有此行, 一何造物者之多戲劇耶? 其地雖已占斷, 自度事力了然, 未敢出意營構, 蓮僧乃奮力擔當其事, 是則一奇遇也.

滉來時, 面約蓮僧云: "先燒瓦後結屋." 前月中, 得寯兒書, "蓮意欲先結屋, 開春, 不違始役, 屋舍圖子, 須成下送, 則於冬月無事時, 稍稍鳩伐材料云云." 滉思之, 蓮計似倒著. 然堯以萬乘之尊, 尚茅茨不剪而可, 況山人隱約盤旋之所, 寧辭姑草蓋以待瓦乎? 又蓮之續以燒瓦, 雖未可必, 要以眼前突兀見此屋爲喜, 故欲聽其所爲, 已成圖子送于寯, 令招蓮示而說之, 不意寯以其外家葬事, 下去宜春, 不見其圖也. 寯還, 當在歲除春初之間, 雖來見圖子, 冬時已過了, 且其圖未免疎脫不可用, 今改寫一圖下送.

但直付蓮僧, 必未曉破. 念惟梧翁與月川趙士敬在陶山相望之處, 他日屋成, 杖屨來往, 必先必多於溫溪、烏川諸君, 其指授蓮僧以結構規畫, 宜無外視之意, 故敢以呈浼, 須速招蓮, 詳細說諭, 使其心歷歷知得而爲之. 如有盛意未穩處, 亦望招士敬, 與之消詳示及, 爲佳.《向見蓮意以都吐麻里屋制爲善, 然其制多限礙, 茅草難蓋, 且其制房室廳堂, 皆迫迮不好, 故今爲此制.》其所以堂必南向正方位, 便行禮也; 齋必西偏對

---

[44] 戊午年(明宗13, 1558년, 58세) 11월 25일 서울에서 쓴 편지로 추정된다. 中本·定草本·樊本에는 〈與李大成【戊午】〉로 되어 있다.

園圃, 尚幽致也。其餘房室、廚藏、門庭、窓戶, 皆有意思, 恐此制不可易也。南邊三間, 梁與楣長皆八尺, 北邊四間, 楣與南同, 而梁長七尺, 以其後有假簷故也。其中東西二間, 梁八尺, 楣七尺, 如此則其庭甚小如斗。然此二間, 須極低棟短簷, 使猶可以納明, 則庭小何妨？况堂齋之用, 皆[45]不向內庭, 但令可取明於廚竈等, 足矣。如何如何？

　精舍之名, 姑就山名, 取弘景"隴上多白雲"之語稱之, 未必爲定號也。壽樂堂, 擬其欲如此云耳, 非今欲倂成之。古人未成屋而先立名號, 固有之, 故戲效之耳。

　滉明春歸計懸懸, 時未定早晚, 若吾未歸前就役, 須煩往與寯相度議處, 庶無後悔, 又幸之大也。

BNL0284(書-李文樑-24)(樊卷17:28右)

答李大成【辛酉】[46]

前日書來, 其人非回去, 其後又未値便, 久未修報。昨因金文卿, 聞往遊頭陀, 可想淸健, 爲慰爲慰。僕依舊遣日。所示行止, 旣在官所, 固難如意, 何足爲怪？但曾得公幹書, 言公去就, 與來書所云者不同, 不知何故前後不相應耶？星州亦每欲來省先壟, 輒因故未果云耳。惟照。不宣。謹拜復。

---

45 皆 : 上本에는 없다.
46 辛酉年(明宗16, 1561년, 61세) 5월 20일 禮安에서 쓴 편지로 추정된다. 初本에는 〈答李大成【辛酉五月卄日】〉로 되어 있다.

BNL0285(書-李文樑-25)(樊卷17:28左)

答李大成[47]

以先聲料之, 昨間可稅駕, 方欲伻候, 而簡緘適到, 喜不可言。明日之面, 不欲稽退, 但踏青已臨, 其日洞會, 以峭寒退期, 而不可坐度書室, 欲出邀話於陶山, 一兩日間, 何必先之耶?

　　所云議事, 不得已其前議之耶? 此在量處耳。僕辭狀後, 又承有旨, 復有調來之命, 悶不知爲計。餘在面一。謹復。

BNL0286(書-李文樑-26)(樊卷17:29右)

與李大成[48]

謂公已著關東之鞭, 到溫溪, 始聞停行, 未審信否? 吾意非謂公不當賦歸也, 謂歸時違格, 不若在任得請而來之爲善也。公旣從之, 而又中勇決, 是欲超乎得喪榮辱之外, 此則非人所能謀, 甚喜甚喜。

　　近當一笑, 姑此奉賀。十三日洞會, 以事退望後, 未定日。謂公歸關東, 不傳回文耳。[49]

47　辛酉年(明宗16, 1561년, 61세) 3월 1일경 禮安에서 쓴 편지로 추정된다.

48　辛酉年(明宗16, 1561년, 61세) 3월 13일 禮安에서 쓴 편지로 추정된다.〔資料考〕이 편지는《碧梧集》에도 수록되어 있다. 初本에는〈與李大成【十三日】〉으로 되어 있고,《碧梧集》에는〈與李大成【辛酉】〉으로 되어 있다.

49　十三日洞會……不傳回文耳 :《碧梧集》에는 없다.

BNL0287(書-李文樑-27)(樊卷17:29左)

答李大成[50]

昨遣衍喩, 今復簡曉, 感仰感仰。若知呈辭止此, 則似且不至大作, 但洪之意, 必不止此, 一開其端, 誰遏其橫流?

　無賴子孫, 能令老父兄恇惻顚倒, 正如吳牛喘月, 亦何足怪哉? 等之欲望姑停, 非謂自此無事, 假令終不還, 必自有爲之者故耳, 得蒙聽[51]許, 何幸如之? 謹姑奉謝。[52]

BNL0288(書-李文樑-28)(樊卷17:29左)

答李大成[53]

星州書, 慰領。　且知宅中一時得行者, 多可速平快向喜, 弊家先得者, 好行幾半, 足以爲慰, 但尙有黃口數啼未行。稽遲至此, 奈何?

　果梨之中, 梨則本無, 西瓜家有凍爛者數帶, 想已爲行者所喫, 雖使有一一[54]介, 不肯出門, 例也云, 何可喚出耶? 可笑

50　시기는 미상이고, 장소는 禮安으로 추정된다.
51　聽 : 拾遺에는 "請"으로 되어 있다.
52　謹姑奉謝 : 拾遺에는 없다.
53　연도는 미상으로 10월 6일 禮安에서 쓴 편지로 추정된다. 初本에는 〈答李大成【陽月初六日】〉으로 되어 있다.
54　一一 : 上本에는 "一二"로 되어 있다. 中本의 부전지에 "下'一'疑'二'字."라고 하였고, 樊本의 두주에 "下'一'疑'二'."라고 하였다.

可笑。惠雉, 感怍。有歸星人, 欲報書耳。

BNL0289(書-李文樑-29)(樊卷17:30右)

答李大成[55]

承簡, 知已餞客, 可賀。吾家孼婦, 猶未快差, 而黃口全作同自昨又得云, 送客還留, 奈此遲遲何? 送示災傷抄, 荷謝。餘在明面。姑復。

BNL0290(書-李文樑-30)(樊卷17:30右)

答李大成[56]

頗相阻懷, 承問忻忻。示事固切, 但彼官臨遞, 想大困於侵徵, 若如我者, 開口乞覓, 則雖甚勢難, 不無强副之弊, 且爲姻親之間, 尤涉私嫌, 故未敢煩囑, 奈何奈何?

　平海守金伯純今日當見過云, 不可以拘忌辭, 聊坐待耳。大任答書送去。此老幾不免, 見其書, 不覺動神。兩家全作同輩, 何時復常以適吾輩之游從耶?

---

55 연도는 미상으로 10월 6일 禮安에서 쓴 편지로 추정된다. 〔年代考〕初本의 부전지에 "陽月初六日全作同"으로 되어 있다.
56 시기는 미상이고, 장소는 禮安으로 추정된다.

SNL0291(書-李文樑-31)(續卷3:27左)(樊續卷3:29左)

答李大成【辛酉】[57]

雨中書來, 殊慰岑寂。病畏鬱燠, 愛此山栖爽快, 可消遣永日。朝暮望公居在雲煙畫簇中, 懷想何勝?

　伯榮, 吾亦欲往訪, 苦被霖熱作惡, 未果, 公須爲致此意。當待暑退, 共公一造耳, 非久亦當入于溪間, 但未指日。閑中所得數句謾呈, 一笑覆瓿。竹君想益清茂。不宣。《近覺公意似與嶧陽罷契, 然則軒號亦當改稱, 未審何定?》

BNL0292(書-李文樑-32)(樊卷17:30左)

答李大成[58]

昨見琴悌筒, 今日有欲枉之意云, 怪晚不至。書來, 知由馬逸, 已可驚, 至於傷面, 且愕且悚。其不至重傷, 眞是可賀可賀。示事, 成簡送上, 照領。餘俟後。謹復。

---

57 辛酉年(明宗16, 1561년, 61세) 윤5월 禮安에서 쓴 편지로 추정된다. 初本, 中本, 拾遺에는 〈答李大成〉으로 되어 있다.

58 乙丑年(明宗20, 1565년, 65세) 5월경 禮安에서 쓴 편지로 추정된다.

BNL0293(書-李文樑-33)(樊卷17:30右)

答李大成[59]

前聞落鞭, 旋以雨阻崖[60]路, 未通問候, 懸懸累日, 反承佩問, 愧慰交集。祥除忽臨, 愴慨自深。

　汾路如許, 往回皆由聲峴, 未得遂款門看竹之興, 亦一魔障也。麥收未竟, 霖潦至此, 民被災害, 不可勝言。朝報有太白經天等變異, 上下憂惶。金也只罷, 而方爭削黜, 未知天意竟如何。日夕忉忉。仲擧文稿, 時未閱, 閱了當上。滉明還溪上, 過三四日當出此, 未前愼攝。謹復。

SNL0294(書-李文樑-34)(續卷3:28右)(樊續卷3:30右)

答李大成[61]

昨昨醉昏, 無甚於僕, 必多失儀。追思殀悚, 不可一二數。衛武公抑戒之作, 誠不徒然也。又不知監司乘夜扶行, 何以遠達? 亦甚未安未安。明日力起餘酲[62], 欲暫往參, 可奉面一笑罷也。何必枉騎過門?《所諭, 稱念送上。》謹拜謝。

59 乙丑年(明宗20, 1565년, 65세) 5月경 禮安에서 쓴 편지로 추정된다.
60 崖 : 拾遺에는 "岸"으로 되어 있다.
61 시기는 미상이고, 장소는 禮安으로 추정된다.
62 酲 : 初本·中本·拾遺·樊本·上本에는 "醒"으로 되어 있다. 續草本의 두주에 "'酲', 初本作'醒'。"라고 하였다.

BNL0295(書-李文樑-35)(樊卷17:31右)

答李大成[63]

簡至, 兼見商山詩簡, 開豁爲深。商山詩, 似未經覽, 故封納, 覽後見還, 幸甚幸甚。初詑此間之會, 竟墮虛空, 宜被其嘲笑也, 可笑。僕明[64]夕當出陶山。惟照。謹復。

BNL0296(書-李文樑-36)(樊卷17:31左)

答李大成[65]

承示, 知令孫所患尙爾未熄而文卿行止又如此, 深爲奉慮奉慮。星使之頻來于左右, 未怪, 而滉亦每及之, 已爲非所安。前日使來, 僕在溫溪筵[66]處, 令陶山諸生監受, 及還則僧云:"米不足, 以他岱米若干充入云云。"僕疑其非本數不當受者, 令僧別置其數以待更審, 今乃果如所料矣, 可笑。今所來, 則只魚二冬, 無他物耳。

　　公幹不得所擬, 可恨。政目不來矣。僕畏寒入, 來十二間更出, 然勢難久留。惟照。謹復。

63　시기는 미상이고, 장소는 禮安으로 추정된다.
64　明 : 拾遺에는 "朝"로 되어 있다.
65　시기는 미상이고, 장소는 禮安으로 추정된다.
66　筵 : 上本의 부전지에 "'筵'恐'宴'."이라고 하였다.

BNL0297(書-李文樑-37)(樊卷17:32右)

答李大成[67]

田事官事, 正如所喩, 而山翁又屢有車馬之擾, 又其至否未可必, 尤覺多事, 一笑一悵。

　　林生事, 豈不欲圖濟? 但完侄奴婢, 逃在延日地, 稱念欲坐致其來者曾已再三, 而竟無一得, 今豈可舍此而圖他哉? 且吾每令完姪親往, 乃不往而欲坐致, 故無得。今林生亦欲坐致, 所以知其無益也。惟照諒, 幸甚。謹拜白。

BNL0298(書-李文樑-38)(樊卷17:32左)

答李大成[68]

頃日佳會, 出於意外, 亦一幸也。星牧書中有來月欲來之云, 果然則幸, 而何可必乎? 方伯臨至, 事多相礙。山野之人, 年年有此撓閒事, 恨無可免之策耳。

---

67 시기는 미상이고, 장소는 禮安으로 추정된다.
68 시기는 미상이고, 장소는 禮安으로 추정된다.

KNL0299(書-李文樑39)(癸卷15:15右)(樊卷17:32左)

與李大成[69]

近日何如？滉今日出來，梅花落盡，衆綠爭敷，亦自有趣。但道主初九間當來云，似有相訪之意，又不免一番紛擾。殆非天放閑逸者之所能堪也。可笑。《天淵木欄干，歲久盡朽折，今當改作。可當之木，惟藪林山有之，明朝遣二駄，須命斫來，爲望。謹叩。》

《聞監司行忙，滉亦母忌臨近，遣書，請以後巡相會。似或不來，然未可必耳。》

BNL0300(書-李文樑-40)(樊卷17:33右)

答李大成[70]

示詩佳勝有味，將由中情寫出，故如此，只緣近日疲苦應接倦臥，不能和呈，爲恨耳。令孫來此，無所受業，固難寓在，且以炊僧有故，近當罷矣。可恨。

---

69 시기는 미상이고, 장소는 禮安으로 추정된다.
70 시기는 미상이고, 장소는 禮安으로 추정된다.

BNL0301(書-李文樑-41)(樊卷17:33左)

答李大成[71]

重陽會, 未遂登高, 雖似未盡, 其後連雨, 其日且登樓小會, 未爲失計也。秋霖害稼, 正如所喻, 奈何? 醴泉答簡傳示, 感感。餘在後面。謹復。

雲長處未別簡, 何不來耶?

BNL0302(書-李文樑-42)(樊卷17:33左)

答李大成[72]

承悉示意。慶尹前書簡, 略修以上, 其條件則僕善忘不記, 然尹必自知之矣。方伯之意, 於已前推事, 非有他意, 但漁軍則若不速改, 必至見辱, 此意僉諭亦善。餘在今面。只復。

BNL0303(書-李文樑-43)(樊卷17:34右)

與李大成[73]

阻仰阻仰。[74] 慶尹令公之來, 適滉多故之日, 固慮未得從容。

---

71 연도는 미상으로 9월 禮安에서 쓴 편지로 추정된다.
72 시기는 미상이고, 장소는 禮安으로 추정된다.

今見與篤書, 欲以十二會話, 此日滉門有祭, 然朝祭飮福, 午後猶可赴會。但滉又欲以十三日早往未巖, 祭于文淸風墓, 故十三當往宿于龍壽等處, 赴會後必未及抵右寺, 又恐相違, 可恨可恨。當俟慶來, 再相通約, 爲料。

十二之會, 非可進退, 滉自欲以初十日往訪于晩對等處, 亦計。

BNL0304(書-李文樑-44)(樊卷17:34左)

答李大成[75]

承示爲慰。花伯當來而雨則卄九云, 未知日候如何, 恐或有退耳。

且中示喩服制, 常謂姊妹子妻無服, 今又與大用同考《大明律》與《大明會典》則皆無之, 不知所據者何禮耶? 此處《家禮》, 適爲人借去。然《家禮》與《律》、《典》, 大槪相同, 恐無服爲是也。須細更考處之, 爲佳。假使有之, 豈可往干於公廳耶? 幷量[76]處。謹拜白。

---

73 시기는 미상이고, 장소는 禮安으로 추정된다.
74 阻仰阻仰 : 中本에는 없다.
75 壬戌年(明宗17, 1562년, 62세) 禮安에서 쓴 편지로 추정된다.
76 量 : 上本에는 "諒"으로 되어 있다.

BNL0305(書-李文樑-45)(樊卷17:34左)

答李大成[77]

非公誤考也, 乃吾等考之未盡也。蓋此處所考《大明會典》及《大明律》兩圖內皆無之, 故云云。旣遣書後, 更考《會典》, 服制列錄爲某爲某之處, 則緦麻服內有爲甥婦也之條, 甥卽姊妹之子也, 始知兩圖之闕漏, 方欲再通, 而來示適到。據此《家禮》, 則圖及列條, 皆有甥婦, 益知彼圖之誤而所服非誤也。前簡輕率上白, 可怍。只此謹復。

BNL0306(書-李文樑-46)(樊卷17:35右)

答李大成[78]

示意俱悉。安東昨寄書來念間乘暖日來訪云, 可知方伯之近不來矣, 但不定日期, 未知彼來遲速如何耳。

　權某之事, 僕前日亦有秋冬可許入之云, 公所聞也。其後聞之, 京在所以鄕風大關事不報, 京所爲甚不當云云。大抵京所鄕所之間, 事體至嚴, 恐不可不知京所意而徑擅許入也, 況與同罰之人, 其間輕重, 亦有不同, 輕者未入, 而重者先入, 亦如何也? 此須廣咨鄕議, 非僕一人所能決也。鄕官姑勿徑來于

77　壬戌年(明宗17, 1562년, 62세) 禮安에서 쓴 편지로 추정된다. 〔資料考〕《碧梧集》에도 수록되어 있다. 《碧梧集》에는 〈答李大成【壬戌】〉로 되어 있다.
78　시기는 미상이고, 장소는 禮安으로 추정된다.

我, 須先占知京所之意而後, 可議事敎之, 爲可。

　三陟書簡, 似可爲之, 但彼未到任而我先裁簡請托, 甚爲苟率, 豈無後日而必如此爲耶？ 玆未依敎, 恨恨。望後卽出陶山, 可更面白。姑復。

BNL0307(書-李文樑-47)(樊卷17:36右)

與李大成[79]

昨客來, 無端一番紛擾, 所未知者, 安東來遲速如何耳。

　就中前論權某事, 如公言則甚便易, 如僕言則甚阻難。僕更思之, 在僕但當言其許否, 不當言其行禮之如何, 乃爲得體。前日思未及此, 率爾出言, 使窮老之人, 受阻難之憂, 悔之悔之。公須勿告僕說, 只令以鄕所與鄕人之意, 隨便善處, 爲佳。大抵其行罰事, 全不與於僕也, 雖鄕所, 更勿來問於僕, 可也。此意幷通, 爲佳。挽三章送去, 分送爲望。謹白。

　鄕所若問僕許否, 答以已許不須往問, 亦佳。

79 연월은 미상으로 20일 禮安에서 쓴 편지로 추정된다. 初本에는 〈與李大成【廿日朝】〉로 되어 있다.

BNL0308(書-李文樑-48)(樊卷17:36左)

答李大成[80]

承問且寄示朝報, 荷感荷感。滉昨昨乘夜還家, 困倦痠痛, 益知老病之人難於出入也。慶尹與奉化皆去, 想亦不無悵然, 而兩役關心, 果如所示矣。俟歇, 當謀一處會話, 姑此不具。朝報, 覽後奉還。昨得方伯書, 身病兼親病, 呈辭欲去云耳。

BNL0309(書-李文樑-49)(樊卷17:36左)

答李大成[81]

喜雪如示, 但恨猶未霑洽耳。公幹之意, 我不待諄諄而已悉矣, 城主前, 如示以達, 亦可。公幹處有歸人, 未可知, 而其書問行計, 有示及之語, 故再修答迭去, 有便則附之, 不煩伻人也。
　兄家設酌, 而滉心事無聊, 身病又如此。強欲出門, 則府皂欲隨之, 勢未往見, 恨不可勝。照諒其興緒, 如何?

80　시기는 미상이고, 장소는 禮安으로 추정된다.
81　연월은 미상으로 16일 禮安에서 쓴 편지로 추정된다. 初本에는 〈答李大成【旣望雪後】〉로 되어 있다.

BNL0310(書-李文樑-50)(樊卷17:37右)

答李大成[82]

豐山事, 果如所示, 旣無可免之路, 不得不出於乞和之策, 而親進見之爲當。但以彼之兇强, 其肯聽從否? 必多屈辱, 奈何奈何?

慶州近已有兩書, 今又遣書, 太似頻煩, 故不爲之矣。但中前日所云之事, 城主之難處其事, 每每發言, 人皆知之, 故於其欲去之際, 人皆疑其爲此而爲歸計耳。爲其事欲去之言, 則實非出於城主之口云云。

昨昨憑姪必已細告矣, 亦須以此意更通于慶州, 爲佳。城主今日欲來見于此云, 疑必欲分疏此言而來也。然其訟和論之意, 不可不勸耳。北道大口惠及, 家中得之, 深喜其可濟窘也。暑[83]路珍嗇。謹復。

埰氏喪婦, 驚怛驚怛。

BNL0311(書-李文樑-51)(樊卷17:37左)

與李大成[84]

近阻何甚? 今刻得寯兒書, 慶尹因軍器敬差官水軍七十名闕[85]

---

82 시기는 미상이고, 장소는 禮安으로 추정된다.
83 北道大口……暑 : 拾遺에는 없다.

立事, 啓聞罷職, 新尹許曄已出云。深恨其不早棄來也。崖路
嶮絶, 近似難會, 姑此陳恨耳。謹拜。

BNL0312(書-李文樑-52)(樊卷17:38右)
答李大成[86]

欲雨旋暘, 洪爐日熾, 餘苗寸綠, 將盡焦焚。至如雨他而不雨
此, 尤甚可怪, 正如所示, 奈何奈何?
 月川律, 他處皆別寫往, 不須轉示, 但其中又多有追改處,
徐當改寫呈浼, 前稿可覆瓿耳。
 示改佳句, 當於來稿內, 依改寫入。拙呈絶句末風[87]林之
風, 當作烟耳。欱蒸難撥, 又無相從之便, 但增懷想。

BNL0313(書-李文樑-53)(樊卷17:38左)
答李大成[88]

簡知違和, 奉慮爲深。公常時無病, 似大無防[89]護之意, 亦恐非

---

84 甲子年(明宗19, 1564년, 64세) 禮安에서 쓴 편지로 추정된다. 初本에는 〈與李大
成{初二}〉로 되어 있고 上本에는 〈與李大成{甲子}〉로 되어 있다.
85 闕 : 初本에는 "干"으로 되어 있고 樊本・上本의 두주에 "'闕'字, 一本作'干'。"이라고
하였다.
86 시기는 미상이고, 장소는 禮安으로 추정된다.
87 風 : 拾遺에는 "楓"으로 되어 있다.

愼生之道, 更須加攝快調, 爲佳。

　　僕近患耳聤痰嗽, 入溪上治藥, 將欲復出耳。雋旬一二間還驛云, 時未知到此之期。惟照。不宣。

BNL0314(書-李文樑-54)(樊卷17:38左)

答李大成[90]

示及而盛家婚事及黃君書, 具悉矣。細思此事, 與瑛爲婚, 則甚爲穩當, 但黃君以喪未蹟期, 未可預議, 其言亦甚當, 如何如何？然黃君意欲肯之, 則可以公意通言於而盛, 探其肯待三年與否而處之, 何如何如？僕欲通書于張壽禧, 使轉轉傳喩于而盛, 只未知黃君意肯否, 故未敢耳。

　　文卿書來, 亦望示及, 爲幸。宅中有內集, 固難出入, 過後俟姸日相從。姑復。黃書幷回納。謹拜。

BNL0315(書 李文樑 55)(樊卷17:39右)

答李大成[91]

僕今出山舍, 欲佇未果, 適奉手問, 慰此懸懸。遊山之輟, 專爲

88　시기는 미상이고, 장소는 禮安으로 추정된다.
89　防 : 上本에는 "妨"으로 되어 있다.
90　癸亥年(明宗18, 1563년, 63세) 禮安에서 쓴 편지이다.
91　甲子年(明宗19, 1564년, 64세) 3월 27일 禮安에서 쓴 편지이다. 初本에는 〈答李

禋祀之故, 而杲杲出日, 望絶來年, 懍悅奈何?

承知柳君來向淸涼, 明且歷訪, 欣佇欣佇。安道孫兒來已數日, 但烏川諸人, 時未有入山之約, 權景龍時亦未到, 姑隨我來山舍耳。明日公未可與柳君偕枉耶? 滉樹谷事, 當在初朔間, 然有時往來, 非長留彼也。惟照。謹復。

SNL0316(書-李文樑-56)(續卷3:28左)(樊續卷3:30左)
答李大成[92]

遊山之約, 本喜得雨而再決, 不意旱勢更酷至此, 固無興心。但城主與諸人, 皆已再約, 今又延退, 其搖樣[93]不定, 不亦甚乎? 家間農桑之務正急, 彼此何異? 固[94]緣事勢如右, 故不可中止。諸人之中, 或從或不從, 未暇問也, 而城主之偕行與否, 亦未知也。但君若負約, 則又非他比, 深以爲恨, 勉之幸甚《幸甚。姑復。》[95]

大成【廿七夕曛】〉으로 되어 있다.
92 甲子年(明宗19, 1564년, 64세) 4월 초순 禮安에서 쓴 편지로 추정된다.
93 樣 : 初本에는 "漾"으로 되어 있고 中本·拾遺·樊本·上本에는 "㨾"으로 되어 있다. 續草本의 추기에 "'樣', 草本從'手'", "當商", "恐作漾。"이라고 하였고, 養校에는 "'樣'疑'漾'之誤."라고 하였고, 柳校에는 "'樣'疑'漾'之誤."라고 하였다. 〔今按〕의미상 '漾'이 옳을 듯하다.
94 固 : 初本·中本·拾遺·樊本·上本에는 "顧"로 되어 있다.
95 幸甚姑復 : 拾遺에는 "姑復"으로 되어 있다.

SNL0317(書-李文樑-57)(續卷3:29右)(樊續卷3:31右)

與李大成[96]

再思之, 遊山當出於浩然發興之餘, 今我冒旱而往, 自不免強作之譏。又欲拉君而必偕, 君亦牽我而黽勉, 則兩無意味, 豈浩然發興之謂乎？君可任意處之。想諸人亦多有如君之難者, 吾雖獨往獨來, 無不可也。

BNL0318(書-李文樑-58)(樊卷18:1右)

答李大成[97]

昨會, 興致殊不淺。但聞公不上靈芝, 而只會於藪林, 何其不踐高處下視之言耶？必是不與我偕約之故也。呵呵。清涼之行, 六日定矣。城主祈雨, 亦以是日曉頭, 而仍欲漁獵, 要與我輩會話云。如此而避之他路, 似爲未安, 不得已諾之。烏川諸人, 皆欲相追云, 似頗稠擾, 然亦無如之何矣。

　明日公須還宿, 明明早, 早食後來會霞峯下, 並轡而去, 爲佳。城主亦往遊與否, 時未知也。糧則六日似當宿於中路, 當持四日糧, 爲計。惟照。[98] 謹復。猪脯十脡。[99]

96　甲子年(明宗19, 1564년, 64세) 4월 초순 禮安에서 쓴 편지로 추정된다.
97　甲子年(明宗19, 1564년, 64세) 3월 24일 禮安에서 쓴 편지이다. 初本에는 〈答李大成【廿四日】〉로 되어 있다.
98　惟照 : 中本에는 없다.
99　豬脯十脡 : 中本에는 없다.

BNL0319(書-李文樑-59)(樊卷18:1左)

答李大成[100]

昨出山舍, 始見來簡與黃生書。錦溪文稿又來, 每見此稿, 爲之愴然。從當閱過送還。

　雨勢如此, 腐麥可憂。山門車馬臨至, 下無庇雨之所, 殊敗人意, 奈何? 過後面敍, 姑草草。

BNL0320(書-李文樑-60)(樊卷18:1左)

答李大成[101]

近阻, 承問感慰。柳書復去, 照傳之。精舍序舊有草稿, 雜置亂帙中, 隨後撿得, 當依示呈上。惟照。謹復。

KNL0321(書-李文樑-61)(癸卷15:15右)(樊卷18:2右)

答李大成[102]

承束慰寂。前日, 雖受公餉, 看竹聽琴, 所得亦殊不惡。近日獨棲, 觀雨觀漲, 奇變千狀, 足娛病眼。但壇塘新砌不牢, 並爲山

100　乙丑年(明宗20, 1565년, 65세) 5월 禮安에서 쓴 편지로 추정된다.
101　시기는 미상이고, 장소는 禮安으로 추정된다.
102　시기는 미상이고, 장소는 禮安으로 추정된다.

泉暴齧，頹壞狼藉。西湖·淇澳兩君幸免，而江城僅移安於傷
損之餘，淨友則雖存一二，無術可保。誠恐伯仁由我而死，良
自惋懊。

  山泉一番肆壞之後，洗新淸激，鏘鳴金玉，儘可一來共聽。
因聞溪齋霾漏，有妨書籍，明間當入理曬，未的復出在何日也。
餘俟面笑，難以書傳。

BNL0322(書-李文樑-62)(樊卷18:2左)

與李大成[103]

近況何如？僕以事入溪舍，近當留此。但兩麥旣失，秋穀將盡
朽損，下人病患相仍，撓懷多端，恨恨。
就中枝谷奴子處，有不得已事，牌字[104]成送同處往來人，銘神
付送，望望。亦戒其人毋致失傳，何如？謹白。

BNL0323(書-李文樑-63)(樊卷18:2左)

答李大成[105]

示意具悉。但前者公傳我言及簡，已不少矣，今復縷傳，無乃[106]

---

103 시기는 미상이고, 장소는 禮安으로 추정된다.
104 字 : 拾遺의 추기에 "'字'疑'子'."라고 하였다.
105 시기는 미상이고, 장소는 禮安으로 추정된다.

太支離乎? 然今審來喻與慶尹書意, 果以他客在傍故不出言端耳, 應無他意。慶尹前答書, 早晚有歸人附送, 何如?
僕近患痰嗽等證, 而今朝得報召旨, 已下于本道云, 不勝憂悶。草草奉復。

SNL0324(書-李文樑-64)(續卷3:29右)(樊續卷3:31右)
答李大成[107]

甘澤沛[108]然, 稍可於田, 民始有生意。但水田尙涸, 奈何奈何?
　示索菊逸, 此亦相疏, 僅能收拾於散逸之餘, 擬作壇庭之伴, 無以應索, 只奉三秀遣去。四季在溪上, 今未勸遣耳。
　滉以明日祖忌今入溪上, 夕上樹谷行祭, 還陶舍, 近當留耳。謹復。[109]

BNL0325(書-李文樑-65)(樊卷18:3右)
答李大成

府尹好去, 可喜。書示花盆送去, 而實不來, 何耶? 吾有空盆

106　乃 : 上本에는 "奈"로 되어 있다.
107　甲子年(明宗19, 1564, 64세) 5월 15일 禮安에서 쓴 편지로 추정된다.
108　沛 : 初本・中本・樊本・上本에는 "霈"로 되어 있다.
109　謹復 : 中本에는 없다.

則可栽送, 而今得雨, 適皆用栽他花, 未果, 爲恨耳。

朝報來矣, 見後當還于官。通判, 時無來信。幷照。僕近患腹疾, 今當[111]歇耳。謹復。

BNL0326(書-李文樑-66)(樊卷18:3左)
答李大成[112]

阻懷悠悠, 承簡欣欣。但公久守空舍, 井臼之冗, 必多關心。似聞有促還之令而不至, 令之不猛, 可知。呵呵。

花伯之來, 全不聞知, 今因公示, 聞諸漢伊, 乃知之, 可怪其不先通也。然雖有欲來之意, 自今日日寒如此, 必不來矣。萬一遂來, 不可冒寒出江舍, 欲於此奉款爲意耳。兒子旬望間欲下南, 而時未定日矣。餘在後面。姑拜復。

BNL0327(書-李文樑-67)(樊卷18:3左)
答李大成[113]

公幹之來, 滉適出外, 其前兩日, 皆以祭事無暇相會, 深以爲

---

110 시기는 미상이고, 장소는 禮安으로 추정된다.
111 當 : 初本·中本·拾遺에는 "得"으로 되어 있다.
112 시기는 미상이고, 장소는 禮安으로 추정된다.
113 시기는 미상이고, 장소는 禮安으로 추정된다.

慮。今承退行之示, 然則十七八間必留在, 還後可得從容, 喜慰喜慰。

　靜一[114]僧事, 僕初聞換業之云, 招語以必不成之故, 則袖出明文曰:"業已如此, 明日父出而李入, 今當往別吾父云云。"專不信吾言, 且曰:"父田與子, 不與[115]泛然, 匠人之出去者, 官豈禁之乎云云。"滉笑曰:"自有官人公事, 吾不得禁汝也。"今而後方信吾言矣。但以其事爲吾罪與否, 時未聞知, 而此僧勢難黜送, 姑置之。可笑。

BNL0328(書-李文樑-68)(樊卷18:4右)
答李大成[116]

陶山寤寐不去心。畏寒尙未出。昨者偶出, 看移雜植, 守僧新畢油塗, 齋舍潔淨, 頗適意。但只從一小奴, 旋往旋返, 未暇奉邀, 爲恨。勢須冷節上冢後, 方可出耳。

　兒子宜寧之行, 方伯若令迎命于尙州等處, 則自彼遂往, 不然則過寒食後卽發行, 爲計。謹復。

114　靜一 : 上本의 부전지에 "'靜一'之'靜', 恐'淨'之誤。"라고 하였다.
115　不與 : 中本의 부전지에 "'不與'之'與', 恐'如'。"라고 하였고 樊本·上本에도 동일한 내용의 두주가 있다.
116　시기는 미상이고, 장소는 禮安으로 추정된다.

BNL0329(書-李文樑-69)(樊卷18:4左)

與李大成[117]

國有大慶, 含生之類, 擧皆欣抃, 不可勝言不可勝言。府尹敍命, 亦賀亦賀。但金就礪中路奔母喪而去云, 人事如此, 可歎可愕。

SNL0330(書-李文樑-70)(續卷3:29左)(樊續卷3:31左)

答李大成【乙丑】[118]

不意凶變, 國有大恤, 驚痛何極? 諒闇之憂, 正如所示, 尤爲悶慮萬萬。滉病蟄[119], 旣不能奔赴, 前上辭狀, 又度不及上達。罔知所措, 奈何奈何?

　　昨自孤山齋舍還下, 路遇安東判官書報, 云自連原傳通而已, 使關時未到, 猶未遽信, 俄而自咸昌亦傳通, 果不虛矣。

　　《五禮儀》取來考之, 大妃喪禮, 似當別出, 而來卷中無之。但於大王喪禮內注以"內喪則云云"爲若可疑。然姑以所見抄出謄置, 以待使關之來爲計。哭臨禮, 亦當俟使關而爲之。然聞

---

117 乙丑年(明宗20, 1565년, 65세) 1월 15일 禮安에서 쓴 편지이다. 初本에는 〈與李大成【上元日】〉로 되어 있다.

118 乙丑年(明宗20, 1565년, 65세) 4월 14일 禮安에서 쓴 편지로 추정된다. 樊本에는 〈答李大成〉으로 되어 있다.

119 蟄 : 初本·中本·拾遺·樊本·上本에는 "縶"으로 되어 있다.

安東不待使關而行哭臨, 滉亦依彼, 已於今早來書堂行之矣。若城主在, 則當同行於闕牌, 而城主在外, 無可行處, 故不得已行於此, 未安未安。抄錄送上, 照後卽還, 爲望。《奉化答簡, 喜慰喜慰。》謹復。

SNL0331(書-李文樑-71)(續卷3:30右)(樊續卷3:32右)

與李大成[120]

僕明明當成服, 而事多可疑, 欲待安東府官所爲而效之, 昨其官員等亦多疑, 反伻問我, 奈何？先相公當國恤時事, 公其記否？其中衰服, 團其領乎？直其領乎？燕居亦麻布服乎？白衣乎？網巾不用白乎？馬裝布裹乎？出入別用布直領乎？只白衣乎？皆安東所問, 而僕亦記前事不分明, 故奉問, 示下爲望。成服時入縣乎？只於江亭爲之乎？

BNL0332(書-李文樑-72)(樊卷18:5右)

答李大成

僕今日出此, 亦知公有忌已臨, 不敢求邃前約耳。〈士敬覓紅

---

120 乙丑年(明宗20, 1565년, 65세) 4월 15일 禮安에서 쓴 편지로 추정된다. 〔資料考〕 이 편지는 《碧梧集》에도 수록되어 있다. 《碧梧集》에는 〈與李大成【乙丑】〉으로 되어 있다.

桃〉,果如調語,而滉自不免其病,故奉和云云。惟笑覽,轉寄士敬,何如?

公幹解由,可喜可喜。可[122]虛又發前證耶? 可慮可慮。幹之書,領慰領慰。

BNL0333(書-李文樑-73)(樊卷18:5右)
答李大成[123]

間闊不面,得簡慰慰,且待明日之枉。豐禪已臨,令人愴然。前得可虛書,欲預儲蘇合以備急,六丸送去,因便銘傳。謹報。

BNL0334(書-李文樑-74)(樊卷18:5左)
與李大成[124]

知自豐已還,愧未奉候。仲舉禪訖,復何言哉? 復何言哉? 衍樑擎奉有旨來,拜承許退之命,自今眞作太平閑民。天恩如海,無路上報,朝夕感祝而已。若非衍樑兄弟之力,將失幾會,尤深喜幸。今有八絶,情見于辭,電覽是幸。謹拜。

---

121 乙丑年(明宗20, 1565년, 65세) 4월 4일 禮安에서 쓴 편지로 추정된다.
122 可 : 拾遺의 부전지에 "'可虛'之'可', 疑當作'架'。"라고 하였다.
123 乙丑年(明宗20, 1565년, 65세) 4월 8일 이전 禮安에서 쓴 편지로 추정된다.
124 乙丑年(明宗20, 1565년, 65세) 4월 8일 禮安에서 쓴 편지이다. 〔資料考〕이 편지는 《碧梧集》에도 수록되어 있다. 初本에는 〈與李大成【八日朝】〉로 되어 있다.

醴泉有歸人否？曾告衍樑之言，不知通諭否？鄙意至爲未安故云，於意如何？[125]

KNL0335(書-李文樑-75)(癸卷15:15左)(樊卷18:5左)

與李大成[126]

錦翁喪畢，萬事已矣。未遂一奠鷄黍[127]，承示，復爲之哽愴。去夜無故[128]夢悲，心獨怪之，今乃知聞此之兆也。前來葡萄兩幅，奉還，照領。

BNL0336(書-李文樑-76)(樊卷18:6右)

答李大成[129]

得雨可喜，但恨已晚，多傷不及救耳。尙州之事，一何急耶？安道去月卄二日，由水路發行，昨間可到，今尙未到，殊以爲慮。
　　尙半刺之行，當歷此縣，縣報已至。但素不相識，恐無來訪之理。假使或來，僕近患腹痾，似難相見。若不能避而見之，

---

125 醴泉有歸人否……於意如何 : 《碧梧集》에는 없다.
126 乙丑年(明宗20, 1565년, 65세) 5월에 禮安에서 쓴 편지로 추정된다.〔年代考〕上本의 부전지에 "此下恐皆乙丑"이 있다. 上本에는 〈答李大成〉으로 되어 있다.
127 黍 : 柳校에 "案'黍'恐'絮'之誤"라고 하였다.
128 無故 : 初本·中本·樊本·上本에는 "無故而"로 되어 있다.
129 乙丑年(明宗20, 1565년, 65세) 禮安에서 쓴 편지이다.

則當致救意, 然使關公事, 牧使主之, 非半刺所擅, 如何如何? 且安道簡事, 亦當告令成上。不具。

BNL0337(書-李文樑-77)(樊卷18:6左)
與李大成【乙丑】[130]

朝聞奉化訃音, 不勝驚怛驚怛。其病雖重, 或不至遽爲不救, 何意奄忽凶變? 矧在鴿情, 慟裂何堪? 病怕冒雨, 末由趨慰, 徒增憂想。惟冀深自寬抑。不具。謹拜。

BNL0338(書-李文樑-78)(樊卷18:6左)
與李大成[131]

經慘歸來, 今可相面, 而此中有客, 期而不至者數日, 自明日爲家忌, 又當阻三數日矣。比間悠悠, 如何可言? 滉謹白。

---

130 乙丑年(明宗20, 1565년, 65세) 7월 20일 禮安에서 쓴 편지이다. 初本에는 〈與李大成【乙丑七月卄日】〉로 되어 있다.

131 시기는 미상이고, 장소는 禮安으로 추정된다.

BNL0339(書-李文樑-79)(樊卷18:6左)

與李大成[132]

阻懸懸。[133] 前云事, 問諸安道, 則其婢母子乃德原與妾之婢, 而德原有子之物也。雖嘗得罪, 出送其族家, 而尙未聞遊蕩閭里。所奸者獨此人, 而失後尋蹤, 亦有可驗之事。故不得已當此人推尋事, 安道來時, 權景立者出見中路而云云, 且德原亦知而力欲推尋。安道通簡, 請緩其事, 事勢似難, 奈何？安道近當面達其意, 爲計。姑此白。

KNL0340(書-李文樑-80)(癸卷15:15左)(樊卷18:7右)

答李大成[134]

病逋微臣, 遇節益愴。昨送花栽, 亦知非時, 適因僮奴踏損其枯莖, 慮或損及其根, 故掘根看審而更栽, 思公素索, 剔取其半而呈之耳。

　陶山懸念日日, 只緣無興, 又漁梁未罷, 令僧罷漁則來報, 報尙未至。遂迫寒凜, 似難往棲。近以簹竹一事, 某日當出, 出當報知。墨卿, 勸令就前, 可與切偲。不具。

---

132 모년 8월 8일 禮安에서 쓴 편지이다. 初本에는 〈與李大成【八月八日】〉로 되어 있다.

133 阻懸懸：中本의 부전지에 "下'懸'上恐脫'阻'字。"라고 하였고 樊本・上本의 두주에 "下'懸'上恐脫'阻'字。"라고 하였다.

134 시기는 미상이고, 장소는 禮安으로 추정된다.

《得近報, 兩司方論沈領樞, 時未蒙允, 勢未可中止。觀其數列, 亦難容置。》

BNL0341(書-李文樑-81)(樊卷18:7左)

答李大成[135]

頃出陶窰留數日, 可以奉敍, 而適值二金來, 有所料理, 又有他方來客三五聯投, 苦辭不肯去。當未赴召命之時, 豈合於外人聞見? 心甚無聊無興。未得相過從, 乃以兒行臨日入溪上, 恨恨。索梅朶五六, 如示斫送。陶山梅苦被寒損, 都未著花, 令人心事寥落, 亦令斫去數朶。

BNL0342(書-李文樑-82)(樊卷18:8右)

答李大成[136]

昨被跫音, 慰此愁寂, 荷幸之餘, 歸値雷雨, 陽月有此, 可恨可愕。霜傑摧敗, 彼此皆然, 亦自終朝歎惋耳。

　　晦齋狀草送上。墓誌寫在文集之末, 雨中恐霑, 後當送上。謹復。[137]

---

135 시기는 미상이고, 장소는 禮安으로 추정된다.
136 丙寅年(明宗21, 1566년, 66세) 10월 하순 禮安에서 쓴 편지로 추정된다.
137 謹復 : 初本에는 뒤에 別行으로 다음과 같이 詩와 해설이 실려 있다. "病尼嚴程

BNL0343(書-李文樑-83)(樊卷18:8右)

答李大成[138]

送示兩書，昏眼披霧，幸謝幸謝。應順處所囑，果如所示。但僕來月當上辭狀，或與之同時，則似爲非便，姑當君等請之，不聽則隨後囑之，於事體亦得，故今不可爲矣。

諸帖與詩，置之玩樂齋中，兒姪婦今在彼，吾在隴雲，不得[139]搜送，明當搜上。惟照遲。姑復。

BNL0344(書-李文樑-84)(樊卷18:8左)

答李大成[140]

靈芝帖，俟尋得惠示，深佇。柳君書，見之深慰阻思。欲在彼過夏云。豐山如有往信，亦欲附書答之，幸臨時示之。金應順處囑碣銘事果然，試懇爲當。《裴族譜》送上，覽後銘還，望望。謹復。

此中有一事可笑，家中箕帚，累與兒婦，每懇一見山舍，以

臥一城，誤身何地不緣名。歸田本爲逃名計，却被名驅枉此行。右病臥龜城，用東軒韻。昨未全記，追錄上。"이 詩는〈正月，將赴召，病留龜城，上狀乞辭待命，書懷東軒韻〉이라는 제목으로 문집(KNP0349)에 수록되어 있다.

138 시기는 미상이고, 장소는 禮安으로 추정된다.

139 得：拾遺에는 "可"로 되어 있다.

140 시기는 미상이고, 장소는 禮安으로 추정된다.

無名不聽。亡姪寅妻自溫溪來溪莊, 明向烏川, 當過山前。因假遠送之意, 更請之。若預遠僧徒, 吾移隴雲而許於巖栖, 半日留去, 未爲不可, 故已許之。公曾有來宿之約, 當知避此日, 故白之。此甚非緊要事, 但爲其家人而不一見, 亦無此理, 故許之耳。

BNL0345(書-李文樑-85)(樊卷18:9右)

答李大成[141]

承示荷幸。僕近在山舍頗適, 而緣事來此, 恐或虛枉, 故伻報之耳。十六日祖忌, 十五夕當上溫溪, 過行十七八間, 乃出山栖, 其間似無隙。明日則朝雖有故, 午無他幹。惟照。謹復。

KNL0346(書-李文樑-86)(癸卷15:16右)(樊卷18:9左)

答李大成[142]

《昨日下雨, 有妨運石之事, 固已奉慮, 果未訖輸, 非細故也。弊門迎主[143]事, 定依前計。踏靑會, 應當退行, 而有司輩時無

---

141 시기는 미상이고, 장소는 禮安으로 추정된다.
142 丁卯年(明宗22, 1567년, 67세) 3월 禮安에서 쓴 편지로 추정된다.
143 迎主: 中本의 부전지에 "'迎主'未詳。"이라고 하였고 樊本·上本에도 동일한 내용의 두주가 있다.

議處, 未知何如。以此間事勢料之, 似退在旬間, 則花事已闌
珊矣。》

　　昨日, 偶乘肩輿出江舍, 梅或蓓或開, 杜鵑亂發, 山杏亦如
之, 虛堂對雨, 終日悵望而返。光陰不肯略從容, 而賞心樂事,
一何未諧之甚耶?《直哉寄示府伯詩韻, 寫在末, 照覽。其詩則
已還于直哉處耳。謹復。》

KNL0347(書-李文樑-87)(癸卷15:16左)(樊卷18:10右)

答李大成[144]

簡訊近事, 荷意良厚。拜疏以來, 日望恩許, 昨昨忽奉下旨, 非
但不兪, 誤[145]加獎責, 極於重大。皆出御批云, 不覺心魂飛越,
求死無路, 奈何奈何?

　　然除二[146]相後辭狀, 時未入啓云。此狀未啓前, 固無徑許
之理, 未知狀啓後如何耳。年來困躓, 此際尤甚, 終必得罪而
後已矣。閔右相十八日無病暴薨[147], 非獨爲私[148]家痛[149], 曾於

---

144 戊辰年(宣祖1, 1568년, 68세) 1月 하순 禮安에서 쓴 편지로 추정된다.
145 誤 : 定草本·庚本·擬本·甲本에는 "語"로 되어 있고 甲本의 두주에 "'語', 一本作 '誤'."라고 하였다.
146 二 : 樊本·上本에는 "貳"로 되어 있다.
147 薨 : 養校에 "二十三篇五十三板有'暴卒'之文, 此'薨'字疑是'卒'字之誤."라고 하였다.
148 私 : 柳校에 "案, '私'恐'公'字或'國'字之誤."라고 하였고, 李校에 "'私'恐'公'之誤."라고 하였다.

滉有論救之力, 今無復有此人, 尤增慟惜。(《不具。》)

BNL0348(書-李文樑-88)(樊卷18:10左)
答李大成[150]

逐日應接, 勞憊已甚, 而今又尙州牛刺當到云, 奈何奈何？就中會試進定事, 此間未有所聞。以勢料之, 似未暇進行, 恐或誤傳也, 然何可必乎？

　柳景文製賦一道昨來, 對客未閱, 今方過目送上, 因有歸人送傳, 爲望。餘在面。謹復。

KNL0349(書-李文樑-89)(癸卷15:17右)(樊卷18:10左)
與李大成[151]

看大成意, 似欲變揖爲拜, 此尤非相悉之意也。君於我以友相處已久, 豈以爵秩崇卑有變於朝夕遊從之間哉？況所謂爵秩者, 如片雲在太空, 隨風過去。初非我有, 君以爲我所有耶？竊爲君不取。

149 痛 : 樊本·上本에는 "慟"으로 되어 있다.
150 시기는 미상이고, 장소는 禮安으로 추정된다.
151 戊辰年(宣祖1, 1568년, 68세) 禮安에서 쓴 편지이다.

BNL0350(書-李文樑-90)(樊卷18:11右)

答李大成[152]

簡至慰寂。滉近因日候不好,舊疾多潛動,調護費力,亦無出山之興。但以趙生大病得甦,一未就見。聞其近將移寓他寺,明間欲往見之,日候妍惡,時未預知,未有的料。君欲知滉出否,令人望察窓開與否而知之,可也。

BNL0351(書-李文樑-91)(樊卷18:11左)

答李大成[153]

送來榜目・政報,且審令胤高中,喜賀萬萬。雲長懶惰似君,而捷科異君,此尤可喜也,呵呵。
　　滉昨昨又被召旨,罔知所措。然當此隆冬,極難作行,不得已又將控辭,惶恐無地。餘俟後面一。謹拜復。

BNL0352(書-李文樑-92)(樊卷18:11左)

答李大成[154]

示意具悉。卄三之會,小退則可至服盡之日,不知何故却用此

---

152 戊辰年(宣祖1, 1568년, 68세) 1월 17일경 禮安에서 쓴 편지로 추정된다.
153 戊辰年(宣祖1, 1568년, 68세) 1월 20일 禮安에서 쓴 편지로 추정된다.

日也。然公不欲泛參, 亦爲得之。幽貞小款, 殊非惡事, 但公不往廿三之會, 家兄必大爲恨, 是可恨耳。餘在明面。謹此姑復。

KNL0353(書-李文樑-93)(癸卷15:17右)(樊卷18:12右)
答李大成[155]

示索四季, 擇品移栽送上, 不學筠軒靳惜一竿琅玕與人也。但恐新抽嫩芽或致枯損, 須令勤勤注水, 勿使見日爲佳。索詩適未記全, 徐當思得則寫呈。《惟照。炭則令於兒處取去耳。》

BNL0354(書-李文樑-94)(樊卷18:12右)
答李大成[156]

書至慰慰。《小學》在西舍, 無子弟搜出, 未送, 恨恨。鐺子, 寂兒以金得可妻行護去未還, 又奴輩盡出, 問之家中, 則只一柄破折, 轉作他用云云, 皆未的知。俟寂還, 更審推之, 有則送, 無則奈何？右照悉。謹拜復。

---

154 시기는 미상이고, 장소는 禮安으로 추정된다.
155 시기는 미상이고, 장소는 禮安으로 추정된다.
156 시기는 미상이고, 장소는 禮安으로 추정된다.

SNL0355(書-李文樑-95)(續卷3:30左)(樊續卷3:32左)

答李大成【丙寅】[157]

滉以吉服事, 難就殿牌, 只於成服處權宜行之, 故今來于此。前上辭狀, 當有下旨近必來, 而不知的在某日, 不敢留在, 卽還溪上, 玆未邀話, 恨恨。錦舍僧來, 令人凄[158]黯, 本宅惠送山芥, 尤以愴然。

《所諭石面, 當依書上。石面長廣見樣送來事, 通諭爲佳。位牌事, 當更商量, 姑未敢諾。右意照諒。》近患腹肚不平, 觸冷早作, 其證又動, 不一一。

KNL0356(書-李文樑-96)(癸卷15:17左)(樊卷18:12左)

答李大成[159]

昨見梅詩, 雖未免間有疏處, 然能逞氣放言, 往復恢恢, 無老人枯澁[160]之病, 可喜。今示添入一句, 末端隱義, 因此可見, 亦

---

157 丙寅年(明宗21, 1566년, 66세) 4월 7일 禮安에서 쓴 편지이다. 〔年代考〕續草本의 추기에 "丙寅初本年條."로 되어 있다. 初本에는 〈答李大成【丙寅淸和七日】〉로 되어 있고 續草本에는 〈答李大成〉으로 되어 있다.

158 凄 : 初本·中本·樊本·上本에는 "悽"로 되어 있다. 續草本의 추기에 "'凄', 初本 '悽'."라고 하였다.

159 丙寅年(明宗21, 1566년, 66세) 禮安에서 쓴 편지이다. 樊本, 上本에는 〈答李大成【丙寅】〉으로 되어 있다.

160 澁 : 上本에는 "濇"로 되어 있다.

喜。欲¹⁶¹效顰，胸中無好意思，恐強作無由得佳致也。

陶梅，近報一二花破蘂，不知何日開徧玉雪枝耳。《來詩，欲改，故還上。》

KNL0357(書-李文樑-97)(癸卷15:17左)(樊卷18:12左)

答李大成¹⁶²

阻音承慰。霈恩蕩雪，普徧存沒，而家兄亦在其中。九泉之下，未知知與不知，悲慟¹⁶³之極，無以勝堪，無以勝堪。

公幹令公得丹陽，可喜。但聞殘弊特甚，不知何術可救？反深憂慮。

僕日覺昏憊，怯寒於未寒之前，兀坐送日。以是成此阻闊，可歎。《伯榮何日上京？朝報無他所聞，昨夜鄭子中送來小報二幅，送呈，覽後早晚便風見還，此外無他也。惟照。不宣。以復。》

《大用前有簡來，久未奉答，何時下南？當於其前奉報耳，勿以爲遲。追白前送墨笏太小，今更呈一笏。》

---

161 欲 : 두주에 "一本'欲'下有'勉'字。"라고 하였고, 初本·中本·樊本·上本에는 "欲勉"으로 되어 있다.

162 丁卯年(明宗22, 1567년, 67세) 10~11월 禮安에서 쓴 편지로 추정된다. 〔年代考〕《退溪先生文集考證》에는 본문의 "家兄亦在其中"에 대해 "案溫溪雪寃在丁卯, 此書當在除二相書前, 下書又當在此書之上。"이라는 주석을 달았다.

163 慟 : 樊本·上本에는 "痛"으로 되어 있다.

BNL0358(書-李文樑-98)(樊卷18:13左)

答李大成[164]

簡至爲慰。士敬運通, 似有騰騫之勢, 深喜。他人得失, 此中亦未聞知, 但聞金得可三父子, 皆得講云。未知柳景文何如耶? 尹義貞及榮川諸人皆未參講, 未的虛實爲如何耳。餘在面敍。謹復。

可行事, 驚怛, 奈何?

BNL0359(書-李文樑-99)(樊卷18:13左)

與李大成【丁卯】[165]

近阻懸懸。就中淨僧來云:"瓦事, 僕知公多貸人瓦, 困不能償。"雖未燒瓦, 猶當不還。況今已燒, 就無不足用之慮, 乃更受於公耶? 此意素定, 今不欲改, 公勿再云。或用以酬他貸, 爲佳。謹白。

---

164 시기는 미상이고, 장소는 禮安으로 추정된다.
165 丁卯年(明宗22, 1567년, 67세) 5월 11일 禮安에서 쓴 편지이다. 初本에는 〈與李大成【丁卯五月十一日】〉로 되어 있고, 拾遺에는 〈與李大成〉으로 되어 있다.

BNL0360(書-李文樑-100)(樊卷18:14右)

答李大成[166]

問字追到, 喜荷良至。滉昨雨今炎, 艱行惱況, 今抵基山, 在榮得使關, 差篤倭使護員, 急向下道, 尤覺惘惘。
令胤處送簡, 當謹傳致。餘惟度暑珍重。謹復。

山寺追別, 直情負意, 愧缺至今。右, 兼告幹之、伯榮。

KNL0361(書-李文樑-101)(癸卷15:18右)(樊卷18:14右)

與李大成[167]

天未悔禍, 國運屢厄, 前喪甫訖, 大恤踵作, 痛裂五內, 哀纏三韓。滉道病入城, 尙未謝恩, 而遽罹孔棘, 號絶奔迫, 罔極靡措。病覺日增, 不得已呈病。

才到卽如是, 甚愧無狀。歸計當在山陵畢後, 而凍寒難歸, 其前徑去則有未安, 深爲撓悶。不一。

《兩使聞訃于嘉山, 留安州, 遣頭目行吊。又審問嗣位定, 然後發行, 十七當入京。其人雖未到, 一路所爲, 風節動

---

166 丁卯年(明宗22, 1567년, 67세) 6월 15일 豐基에서 쓴 편지이다. 初本에는〈答李大成【丁卯六月十五日】〉으로 되어 있고, 上本에는〈答李大用〉으로 되어 있다.
167 丁卯年(明宗22, 1567년, 67세) 7월 7일 서울에서 쓴 편지이다. 初本에는〈與李大成【丁卯七月七夕】〉으로 되어 있다.

人, 可尙可尙。》

BNL0362(書-李文樑-102)(樊卷18:14左)
答李大成[168]

飛簡問行, 且欲話別, 豈勝爲感? 但卜行于廿六, 爲君命不可久淹故也。而春寒峭甚, 病骨何堪? 行不成行, 因此可占。不成之行, 又何餞別之有? 公勿虛枉, 高臥而聽之。病蹤半途狼狽之狀, 付公傲笑, 今不云云。尹公藁本搜上, 惟照好好。不具。

BNL0363(書-李文樑-103)(樊卷18:15右)
答李大成[169]

伻來問疾, 良慰愁鬱。痰火作惡多端, 欲歇還緊, 往復不常。病之植根固, 而吾之氣力衰, 轉轉至此, 歎悶奈何?

李上舍子修來寓溪齋, 已十日, 尙未相見。凡客一切皆不得出接, 公雖來, 何能强作耶? 所以然者, 小犯寒冷, 輒暴作故耳。

中朝大喪, 昨始聞之, 朝廷諸使臣皆已差出云, 似非虛也。而方伯在遠道, 故禮關遲遲來耳。

---

168 丙寅年(明宗21, 1566년, 66세) 1월 25일 禮安에서 쓴 편지이다.
169 丁卯年(明宗22, 1567년, 67세) 2월경 쓴 편지이다.

試期進退之有無，未可知也。但中朝事變，未保其無，而我東亦正當多故之時，不知何以處之？憂愕萬萬。石工事，亦甚可慮。

BNL0364(書-李文樑-104)(樊卷18:15左)

答李大成[170]

承簡問疾，感感。滉頃在山舍，別無失攝之故，心甚自適，以度朝曛，不知緣何而致此脚患。其前夜寤寐之間，覺氣甚不調，朝起如厠，左脚全失運用，扶杖窘步。

自後心亦不寧，昨早入溪居，用俗方熨治，今則心神依舊，但脚劣蹇步未善，慮慮。大槪氣虛，外邪易乘如此，可爲笑歎。

BNL0365(書-李文樑-105)(樊卷18:16右)

答李大成[171]

承示事，此中所聞亦然，至爲未安。且日本使臣所爲求事，甚有難處者，欲盡從則國將自困，不從則必有兵端，奈何奈何？

欲出陶山，寤寐不忘，陰雪連旬不開，寒威尙烈，畏縮未果。俟日姸暖，始可出耳。謹復。

---

170 연월 미상 禮安에서 쓴 편지이다.
171 연월 미상 禮安에서 쓴 편지이다.

BNL0366(書-李文樑-106)(樊卷18:16左)

答李大成[172]

承示具悉。其人累日不來之故, 則莫知如何, 固爲疑怪, 無乃爲惡獸所攬乎? 其班奴雖來告我, 我何有指敎之事乎? 故只令歸聽令於公耳。

大抵其間事, 未知其詳, 當更聞見, 更面議處。姑此奉復。

BNL0367(書-李文樑-107)(樊卷18:16左)

答李大成[173]

不雪而雨, 又加甲子之忌。近時天意何故應和而尙不和耶? 怪歎。兒行拘限欲不退, 明日發行耳。輸石固多未安, 然勢所不已, 則何能盡計他事?

新城主得名士, 且近便正如所示。餘俟後, 謹復。

BNL0368(書-李文樑-108)(樊卷18:17右)

答李大成[174]

病中得問字, 欣荷可量? 春雪異甚, 農悶種麥, 亦非小故。而

---

172 연월 미상 禮安에서 쓴 편지이다.
173 戊辰年(宣祖1, 1568년, 68세) 1월 15일 禮安에서 쓴 편지이다.

拙疾大勢, 雖似而¹⁷⁵歇, 每夜咳嗽暴作, 口乾汗流, 略不安寢。識醫術者以爲 '病根尙多, 可憂。尤宜保拭, 庶可免患'云。
　　前日夾之今日惇叙之來, 皆未相見。公雖勞枉, 亦何能强作耶？ 幸少遲之以俟平日, 何如？ 力作數字草, 愧不一。

BNL0369(書-李文樑-109)(樊卷18:17右)
答李大成¹⁷⁶

前會如示, 寧海簡送上。救荒無暇中, 每念及此, 殊爲未安。滉又蒙下旨促召如前, 惶悶不可言。方草書狀, 不一。

SNL0370(書-李文樑-110)(續卷3:31右)(樊續卷3:32右)
答李大成¹⁷⁷

《阻鬱奉簡, 開慰。昨來有旨, 乃因辭不許而促召之命也。事至此極, 而進途益絶, 窘迫憂惶, 無地容措, 以待譴罰而已。以此, 吳君之來, 亦無興緖, 可歎。》
　　避疫行祭之宜, 世俗各因事勢, 隨宜處之, 安有定規？ 今

---

174 戊辰年(宣祖1, 1568년, 68세) 1월경 禮安에서 쓴 편지로 추정된다.
175 而 : 中本의 부전지에 "'似而'之'而'疑'向'."라고 하였으며, 樊本과 上本의 두주에 "'下而'疑'向'."이라고 하였다.
176 戊辰年(宣祖1, 1568년, 68세) 1월 29일 禮安에서 쓴 편지이다.
177 戊辰年(宣祖1, 1568년, 68세) 2월 17일 禮安에서 쓴 편지이다.

欲於祠廟行之, 亦似得矣。但寒食上冢與祠中所祭, 其名有異。故如有此等山所有故時, 只於家正廳, 以紙牓設位而望祭。此, 弊家之舊例, 未知可否？ 照量善處, 何如？《謹復。》

BNL0371(書-李文樑-111)(樊卷18:17左)

答李大成[178]

承知示意。文卿不意爲萬里之行, 聞之不無悵懷。

陶山梅或有已發者, 近有所事, 不果出。今可出矣, 而去夜偶發寒疾, 艱以得汗少歇, 尙虛惙, 不可以風, 未敢出耳。

金書答送, 惟照。謹拜復。

前送金公處果川任元求屛書, 已送否？ 否則今可送也。

BNL0372(書-李文樑-112)(樊卷18:18右)

答李大成[179]

承僉問, 感慰。滉近日雖無別恙, 困於蒸鬱, 虛熱間作, 氣甚劣劣。欲於未寒前辭歸之故, 念後行計, 不得延退, 觸冒跋涉, 危慮萬端, 奈何？

---

178 戊辰年(宣祖1, 1568년, 68세) 2월경 禮安에서 쓴 편지로 추정된다.
179 戊辰年(宣祖1, 1568년, 68세) 6월경 禮安에서 쓴 편지로 추정된다.

篤兒以天使將來輙來計, 奴馬空還, 亦爲一恨。

五六晤對, 豈不好？第以臨行調息爲上策, 故溫溪諸人亦以此不來矣。惟僉諒照, 何如？謹拜謝。

BNL0373(書-李文樑-113)(樊卷18:18右)

答李大成[180]

朝意雖定, 在滉私義, 大有所不可妄進者, 故姑俟辭狀發落之如何。觀此事勢, 似無[181]得請之理, 其後又不可不上辭狀, 而不測之禍, 難以獲免, 奈何？無聊之中, 不能多及。

SNL0374(書-李文樑-114)(續卷3:31右)(樊續卷3:33左)

答李大成[182]

鬱悒無聊中, 簡至爲慰。

進退失據, 加之連有總功之慘, 冷煙風雨, 展墓哀思, 亦不得如禮, 何以爲心？今承高門亦有功服, 而其慘尤甚。可歎人事之多患苦也。

《示索狀疏草, 兒輩以有未了之端, 不爲收送, 今未依副,

---

180 戊辰年(宣祖1, 1568년, 68세) 5월경 禮安에서 쓴 편지로 추정된다.
181 似無 : 拾遺에는 "無"로 되어 있다.
182 戊辰年(宣祖1, 1568년, 68세) 5월 하순경 禮安에서 쓴 편지로 추정된다.

惟照悉。))俟便會晤。謹復。

BNL0375(書-李文樑-115)(樊卷18:18左)
答李大成[183]

愁鬱承問, 感慰。收麥等事, 正如來示, 而被災慘酷, 吾門尤甚, 舉族將無以卒歲。不忍言不忍見, 奈何奈何?

滉頃蒙遞職之命, 以講官所啓觀之, '必降授知事', 因此而崇品亦可改正, 故極深感喜。欲進謝之際, 昨見朝報, 乃授判府事。然則何益於苦辭陞品之意乎? 早知如此, 不如勿爲行計之爲得。今旣達欲進之意, 亦難中改。

但醴泉居老姊, 得病甚危, 朝夕未知何如, 家中又多冗撓, 因以失攝, 濕熱等證頻復發動, 行計難以定期, 欲觀病勢, 念後間爲計。但如此則不及練期, 尤爲歎恨歎恨。

朴相扶病遠行, 本深可憂, 今果得病, 使人懸情。伯榮事, 可喜亦可恨。餘俟面。謹復。

BNL0376(書-李文樑-116)(樊卷18:19右)
答李大成[184]

近緣身不平, 兒婦亦病, 退定行期。行日再面之約爲幸, 但其

---

183 戊辰年(宣祖1, 1568년, 68세) 6月경 禮安에서 쓴 편지로 추정된다.

日近夕凉乃發船渡纓潭, 由宜仁坪至鼇潭下, 又船渡入縣路, 不
由汾川。恐未有再奉之便也, 悵黯預深。朴樑率奴當還, 但恨
其奴迷劣不善傳人意耳。若欲付書, 必無失傳之弊。

KNL0377(書-李文樑-117)(癸卷15:18左)(樊卷18:19左)

答李大成[185]

示喻箭樓面別之約, 幸甚[186]。其所責誨之意, 亦至勤懇, 感荷
深矣。滉非不知必欲遂願之爲未安, 但恐後世君子之論, 將比
我於攘竊人物而不還者, 豈不愧懣而思及未死之前得免脫[187]乎?
然君之於我, 尙不矜恕而有此言, 況他人耶?

《河東牋三十枚, 呈似。船卜人, 如示令奴面約矣。行期則
來初五, 當到忠州留一日, 七日船行爲計。但恐或於中路病調,
不得趁日行去, 致有留待之弊, 須優糧物以來。且送物封標,
別加牢密可驗, 恐復如去年之有後言也。》

---

184 戊辰年(宣祖1, 1568년, 68세) 6월 하순 경 禮安에서 쓴 편지로 추정된다.
185 戊辰年(宣祖1, 1568년, 68세) 7월 1~2일경 醴泉에서 쓴 편지로 추정된다.
186 幸甚 : 初本·中本·樊本·上本에는 "幸甚幸甚"으로 되어 있다.
187 免脫 : 두주에 "'免脫', 一本乙。"이라고 하였다. 中本에는 "脫免"로 되어 있다.
甲本의 두주에 "'免脫', 一本乙。"이라고 하였다. 樊本에는 "脫免"로 되어 있다. 上本에
는 "脫免"로 되어 있으며 두주에 "'脫免', 一本乙。"이라고 하였다.

BNL0378(書-李文樑-118)(樊卷18:20右)

與李大成【戊辰】[188]

江樓一別, 消息杳然, 不任傾馳。

　　道間因朴生得病, 經涉兩旬而後入都。入後思爲出計, 茫不知涯涘, 憂悶不可言。金伯榮[189]得獼山, 可喜。餘懷未易縷悉, 惟冀僉珍好。謹問。

BNL0379(書-李文樑-119)(樊卷18:20右)

答李大成[190]

士敬來, 得書知好在, 欣寫爲切。僕僅[191]保覊苦, 日覺病[192]添, 不意曾免重擔, 還壓肩膂, 惶惑不知爲計, 奈何?

　　士敬備見而去, 不復多云。餘在前書。

---

188 戊辰年(宣祖1, 1568년, 68세) 7월 30일 서울에서 쓴 편지이다. 初本에는 〈與李大成【戊辰七月晦日】〉로 되어 있다.

189 伯榮 : 中本에는 "佰榮"으로 되어 있다.

190 戊辰年(宣祖1, 1568년, 68세) 8월 6일 서울에서 쓴 편지이다. 初本에는 〈答李大成【戊辰八月初六】〉으로 되어 있다.

191 僅 : 拾遺에는 "近"으로 되어 있다.

192 覺病 : 拾遺에는 "病"으로 되어 있다.

BNL0380(書-李文樑-120)(樊卷18:20左)

答李大成[193]

石工來後, 更未聞信。卽日初冬寒冽, 僉履想俱淸茂。滉旣未辭職, 又未請歸, 羈寓病枕, 將過三冬於此, 鬱鬱何勝？當初若能明燭事理, 堅坐不動, 無甚不可, 而驅迫事勢, 推遷狼狽, 以至於此, 噬臍何及？

只覺江樓別景, 眼中森宛。亦見大用書, 知回自大丘, 懷戀與右皆同, 要在僉能默會也。

今年荒歉, 鄕族被災, 比他尤甚, 愁苦之狀, 不忍遠聞, 奈何？

初八夜, 天大雷電以雨, 純陰之月, 變異莫甚。聖上惕厲, 謀及大臣, 有疏'放退移御'等事, 賢良科亦將還給云。惟僉珍。不具。

BNL0381(書-李文樑-121)(樊卷18:21右)

答李大成[194]

雨水作災, 皆恐甚於去年之事, 然自今開霽, 猶可有望, 而未知天意如何耳？

驛騎凌險, 非但在彼多弊, 退閑老物困於迎[195]候, 又似於

---

193 戊辰年(宣祖1, 1568년, 68세) 10월 10일 서울에서 쓴 편지이다. 初本에는 〈答李大成【戊辰陽月初十日】〉로 되어 있다.

194 己巳年(宣祖2, 1569년, 69세) 6월경 禮安에서 쓴 편지로 추정된다.

人聞見, 亦有未穩, 而無由止其來, 奈何奈何?

傳聞'都目退行於閏月念後'云, 以此政奇無來布, 況此道春秋尙遠, 瓜滿當遆, 又非山人所能預知也.

且聞'銓判以金鎧擬憲長, 不自安, 兩次呈病'云. 不知其後終不出與否如何? 歸京人, 時未有聞矣. 謹復.

BNL0382(書-李文樑-122)(樊卷18:21左)

答李大成[196]

兒子以事退行, 當以卄一發程. 欲見此行後, 出陶舍爲料. 雨頻作苦, 田事多妨, 日候凉冷, 殊非長養氣象, 可怪.

示事, 未知因何致然? 近未見兄, 全未聞知, 承喩憮然憮然. 豈有因致失懽之理? 應當付之一笑而已, 可也. 餘俟奉面. 謹白.

BNL0383(書-李文樑-123)(樊卷18:22右)

答李大成[197]

承問釋然. 城主無枉顧之聲, 滉不敢奉請, 近想不會矣. 此間

---

195 迎 : 拾遺에는 "延"으로 되어 있다.
196 연월 미상 禮安에서 쓴 편지이다.
197 연월 미상 禮安에서 쓴 편지이다.

乖闊, 亦勢之然, 悵悵.

　　篤到金海遺書來, 今在宜寧, 非久似當還耳. 文卿留紙, 寫去, 照付. 謹復.

　　錦翁行狀志同道合'道'字, 改作'趣'爲望. 其他若有如此有嫌之語, 竝改之爲佳.

BNL0384(書-李文樑-124)(樊卷18:22右)
與李大成[198]

連雨敗麥, 奈何奈何? 此中迎送已訖, 身心始休閑, 若可以奉展, 而道阻可恨.

　　且今聞金鎧入經筵, 發明前說, 語多乖妄, 兩司玉堂交章請削奪黜[199]門外, 時不允, 乃九日[200]十日間也. 時事不靖, 在野亦未安.

---

198 己巳年(宣祖2, 1569년, 69세) 6월경 禮安에서 쓴 편지로 추정된다.
199 黜 : 拾遺에는 "出"로 되어 있다.
200 九日 : 上本에는 "九月"로 되어 있다.

BNL0385(書-李文樑-125)(樊卷18:22左)

答李大成[201]

雨妨行客, 慮同彼此。薏苡佳惠, 感感, 但恐人以明珠爲謗耳。江舍高寒, 不宜調病, 近無出栖之意, 或以藏竹等事出去, 時未有定期。

　士敬留糧於此, 身往於京, 飢荒又逐於旅次, 奈何? 榛子三升送上。棗則今年皆不實云, 家中無之, 恨仰。謹白。

BNL0386(書-李文樑-126)(樊卷18:23右)

答李大成[202]

示意具悉。老境行素[203]之難久, 吾家子弟亦云, "但大功重服, 縮九月而爲廿日。"今人之服, 同於不服, 已爲未安, 若又太減, 益爲未安。雖用大夫降之說, 猶爲小功十五, 而今甫過半, 故時未許耳。如何如何?

　示索碣文印本, 家中有之, 但略記無銘, 又碑碣異制, 安有倣裁之事乎? 玆未送上, 照悉。謹復。

201　연월 미상 禮安에서 쓴 편지이다.
202　연월 미상 禮安에서 쓴 편지이다.
203　老境行素 : 拾遺의 부전지에 "菫服行素"로 되어 있다.

BNL0387(書-李文樑-127)(樊卷18:23右)

答李大成[204]

前話未洽, 更未續會, 悵悵。兒子宜寧之行, 時未有期, 慮或有不得已急期之行, 故前日云云耳。家奴十餘日前有下去者, 來月旬望間, 似當還來。來時, 彼處奴若有上來還歸者, 則當爲通報裵護送, 今日似有來過之勢。

　星牧明日當來訪, 今又聞柳太浩叅判自京下來, 亦似今明當抵此。家徒四壁, 賓客紛沓, 殊非退散中之安樂法, 可笑可悶。

BNL0388(書-李文樑-128)(樊卷18:23左)

答李大成[205]

僕昨出書堂, 今奉投簡, 開慰開慰。示事, 其奴婢曾有妄言, 其家女主恐怖, 告洞內, 已治其罪。土任亦似有妄發之言, 其後聞其自悔云。一時雖有誤言, 後日反攻屍親, 此萬萬無憂之事。貴奴輩雖乘忿欲呈, 豈可聽其呈訴以發大獄而罷城主乎? 此不可之大者也。

　況死者之母與同生三寸及上典具在, 皆以爲非殺而埋置。此人等以四五寸而越訴, 亦豈事理之當乎? 假使呈議送到付

---

204 庚午年(宣祖3, 1570년, 70세) 1월 하순 경 禮安에서 쓴 편지로 추정된다.
205 연월 미상 禮安에서 쓴 편지이다.

于縣, 縣之所報: "其上典母同生三寸, 皆爲非殺, 故聽其和云云。"則此人所訴, 歸虛無益, 適得訴城主之過, 無乃亦不當乎。伏望細量喩止, 甚善甚善。<u>士任</u>之妄, 又何患乎? 謹復。

BNL0389(書-李文樑-129)(樊卷18:24左)

答李大成[206]

阻鬱, 奉示欲枉, 有何爲梗? 企企。

<u>安道</u>來留<u>奉縣</u>, 今朝始遣<u>京</u>信來。有朝報數幅, 時未閱, 未送, 明可來見。他事未知。

領相尙不出, 左相卽還出, 其間甚有未安事, 未易書達耳。<u>金明一</u>可哀可哀。但示云: "大<u>金</u>可愕。"此何語耶? 疑怪。雨需未必, 喜憂難幷。謹復。

BNL0390(書-李文樑-130)(樊卷18:24左)

答李大成[207]

承回示, 欲以明與明明間來枉, 甚幸。但明乃國忌, 明明太遠, 何必舍近取遠耶? 今夕乘涼下來, 翫月共宿最佳。<u>龍宮</u>過去, 送酒壺來, 要共一酌, 毋托也。

---

206 己巳年(宣祖2, 1569년, 69세) 3월 27일 禮安에서 쓴 편지이다. 初本에는 〈答<u>大成</u>【廿七朝】〉로 되어 있다.

207 연월 미상 禮安에서 쓴 편지이다.

BNL0391(書-李文樑-131)(樊卷18:25右)

與李大成[208]

今朝出山堂, 新筍滿林, 翠草生庭, 眼疾屏書, 孤坐度日。
前示, 錦狀, 冥書呈上。辭草亦去, 塗竄黑微, 不堪浼照, 電過
回擲。謹白。

> 從年事, 朴士熹所言亦如公所聞, 不得不略白於城主。城
> 主又以出此謬言, 歸罪於從年, 又命捉致笞之, 此又出於
> 料外。僕處事失當, 取譏[209]於鄉中, 取怨於小民, 可謂一擧
> 三失, 未安。

BNL0392(書-李文樑-132)(樊卷18:25左)

答李大成[210]

承示仰慰。就中孫兒安道有男兒, 在京得疾不抹。昨昨聞之,
入溪舍悼傷, 無暇他及。玆以久負前諾, 恨恨。
蘇合十丸, 四季一盆送上, 照領。謹復。

---

208 庚午年(宣祖3, 1570년, 70세) 모월 23일 禮安에서 쓴 편지로 추정된다. 初本에
는 〈與李大成【午廿三】〉으로 되어 있다.
209 譏 : 拾遺에는 "議"로 되어 있다.
210 庚午年(宣祖3, 1570년, 70세) 6월 6일 禮安에서 쓴 편지이다.

BNL0393(書-李文樑-133)(樊卷18:25左)

答李大成[211]

簡至, 承悉念逮之厚。溷近以天戚與忌, 來在溪間, 今朝將出陶舍, 適得京信, 孫兒眚累, 餘患未息, 事多可悶。因有措處等事, 未出, 明朝乃可出去。

避暑果如示, 但悲冗之餘, 苦無興緒, 又眼疾屢發, 往往閉目兀坐度日, 未暇及他事。俟後面白。謹拜謝。

BNL0394(書-李文樑-134)(樊卷18:26右)

與李大成[212]

昨幸枉過, 惟恨旋去, 今春事依舊寥寥耳。生獐一脚, 龍宮所送, 送去, 笑留爲望。

今日以改築池岸出山舍, 畢工則夕還入, 未暇相面。謹白。

BNL0395(書-李文樑-135)(樊卷18:26右)

答李大成[213]

前承要入款晤, 良幸。秋霖之害不謂如此之甚, 今止則猶可,

---

211 庚午年(宣祖3, 1570년, 70세) 6월경 禮安에서 쓴 편지로 추정된다.
212 연월 미상 禮安에서 쓴 편지이다. 初本과 拾遺에는 〈與李大成【十三日】〉로 되어 있다.

不然恐又甚於去年, 奈何?

　　魚梁之事, 待水淺, 可知其如何, 今豈可預料耶? 或恐輕出而復爲所逐, 故時未果耳.

　　公幹令公書, 乃答吾書, 又無更答之事, 其使已還, 故姑不修報. 但其書云: "雖有要除, 無意復出." 豈可然乎? 草草不一.

KNL0396(書-李文樑-136)(癸卷15:18左)(樊卷18:26左)

答李大成[214]

日者抽身孤往, 玩水尋山, 秋興滿目, 野菊明香, 令人意適忘倦, 不知蹇驢之蹎踤也. 凌雲臺淸絕縹緲, 異境可愛, 半日夷猶, 招其旁近諸人, 則必不能任意脫去, 歸途狼狽, 老病何堪? 玆致看竹不問主人, 如有怪者, 以是告之, 幸甚.

　　葛仙之遊, 寤寐佇思, 念後雖遲, 當依示. 但又聞安東兩官近欲來訪, 不知定在何日, 恐或連作掣肘也. 若不禁興發, 則或又作孤往, 亦未可知耳.

213 연월 미상 禮安에서 쓴 편지이다.
214 연월 미상 禮安에서 쓴 편지이다.

BNL0397(書-李文樑-137)(樊卷18:27右)

答李大成[215]

仙行已遲兩日，今日不可失也。早朝令陶山僧往白矣，尚不往耶？花山每以虛聲尼人行止，豈可拘於彼而輟吾興耶？但江漲，得無有妨乎？食後當先往霞峯以待。

BNL0398(書-李文樑-138)(樊卷18:27右)

答李大成[216]

阻戀。承示'有庶姪之喪'，非獨死者之可哀，其一家無依賴，怛不可忍。

篤兒今明當來此云，但此兒以其妻患腫非輕，憂悶深矣，其來留日想不多也。滉亦以此焦心，不知佳節之來近耳。所示老會退否？不知諸意如何處之？滉今年似當濫叅，而事多有礙，無意於進叅，故不敢與議於其間也。惟照。謹復[217]。

---

215 연월 미상 禮安에서 쓴 편지이다.
216 庚午年(宣祖3, 1570년, 70세) 9월경 禮安에서 쓴 편지로 추정된다.
217 謹復：初本에는 "謹拜復"으로 되어 있다.

BNL0399(書-李文樑-139)(樊卷18:27左)

答李大成[218]

昨士敬來云:"明日公有欲枉之意。"謂可面晤, 今得示如此, 悵恨。固知僉會之在近, 濫叅自今素所願也, 顧以兒輩因病患勤心, 未知其間病勢之如何。

老拙近亦虛憊之劇, 畏寒特深, 以江舍高凜難處, 明明間當入溪上, 爲龜縮過冬之計, 復出, 赴會似難必也。

滿庭霜菊, 照眼鏡潭, 舍之而入, 亦可笑恨。惟加愛。不宣。

羔筆三柄, 分占何如? 書狀紙五張, 以禦窓風, 不能遍呈, 亦爲恨耳。

BNL0400(書-李文樑-140)(樊卷18:28右)

答李大成[219]

承示開釋。爲先壟治石, 以前石多礐, 故欲改, 而今石旣磨, 隱泐現出, 欲待後改擇善石, 則衰病之人, 後事難必, 不得已仍用, 則無異前石之未盡, 何不幸之甚至此? 慨悶無涯。

敬差之來, 又甚有難事, 不得不再書辭之, 恐致其恨怒, 如

---

218 庚午年(宣祖3, 1570년, 70세) 9월 27일 禮安에서 쓴 편지이다.
219 저본의 교감주에서 庚午年(宣祖3, 1570년, 70세) 10월경 禮安에서 쓴 편지로 추정된다고 하였으나, 경차관 이해가 살아 있었던 시기로 본다면 이 편지는 1550년 이전에 써졌을 것이다.

之何如之何!

　　宜寧歸人, 望間似可來, 還歸人有之, 則當爲報之。謹復。

BNL0401(書-李文樑-141)(樊卷18:28左)

答李大成[220]

望中阻晤。菊節如冬, 病漢龜縮, 尙虞[221]中冷, 奈何?

　　銀唇點視戶納之數, 以倍計除, 只餘六七尾。又計豊山納, 又未知戶納之止倍與否, 似未有分上之數, 可笑與[222]歎。溫溪諸宅, 適以密陽所送專數分占, 僅得十尾或五尾以去, 亦何能充納耶? 皆可慮也。薏苡之惠, 以爲明年之種, 感感。謹復。

BNL0402(書-李文樑-142)(樊卷18:29右)

答李大成[223]

昨日送春之會, 多幸。中夜力疾起看, 山月淸甚, 恨不留君同此興。有一絶句寫在紙尾, 幸一笑。

　　今日之約, 以又有明日之事, 固疑未遂惠然也。明當由高

---

220 연월 미상 禮安에서 쓴 편지이다.
221 虞: 上本에는 "虛"로 되어 있다.
222 與: 樊本과 上本의 두주에 "'與'字可疑。"라고 하였다.
223 연월 미상 禮安에서 쓴 편지이다.

居林路, 偕轡而去, 想兩季君亦偕往也.

竹杖, 昨偶尋不得, 今旣得之. 貴杖, 奉付來僮納呈.

SNL0403(書-李文樑-143)(續卷3:31左)(樊續卷3:33右)
答李大成【戊辰】[224]

今刻到山舍, 得見示喩, 所處甚善甚善. 啓陵隔晨, 凡人尙未安, 況公以故家大族, 公幹、仲擧時任州牧, 而行祭宴飮, 豈所安乎? 寯兒昨自榮郡[225]還云: "傳聞仲擧以災傷御史之故, 亦不暇來此, 有自彼徑還之計." 然則所處與所計, 適相合矣.

《權生之來, 未適何日? 示意具悉,》俟面不一.

---

224 壬戌年(明宗17, 1562년, 62세) 8~9월경 禮安에서 쓴 편지로 추정된다. 이 편지에서는 靖陵(中宗의 陵) 遷陵 문제가 언급되고 있다. 靖陵의 遷陵은 1562년 8월 23일부터 그 役事가 시작되어 9월 4일 下棺하였다. 그렇다면 이 편지를 그 전후 어느 때, 8~9월에 보낸 것으로 추정할 수 있다. 이 편지 題下에는 歲次 表記 干支를 "戊辰"으로 달아 두고 있으나, 이 편지는 靖陵의 遷陵 문제 외에도 錦溪 黃俊良이 생존했을 때 보낸 것이 분명하게 드러나므로, 그 題下에 달린 歲次 表記 干支 "戊辰"은 "壬戌"의 오류임이 분명하다. 黃俊良은 癸亥年(1563년) 3월 11일에 서거하였다. 續草本에 "'辰'疑'午'"라는 추기가 있는데 이것은 곧 편지의 작성연도를 "戊辰年(1568)"이 아니라 '戊午年(1558)'으로 추정한 것으로, 黃俊良의 卒年을 감안하여 그렇게 추정한 것이라고 할 수 있다. 中本과 拾遺에는 〈答李大成〉으로 되어 있고, 樊本과 上本에도 〈答李大成〉으로 되어 있다.

225 郡: 中本·拾遺에는 "川"으로 되어 있으며, 續草本의 추기에 "'郡, 初本作'川'."라고 하였으며, 樊本·上本에도 "川"으로 되어있다.

BNL0404(書-李仲樑-1)(樊卷19:1左)

答李公幹【乙卯】²²⁶

朝聞昨夕行, 盖到宅。農家苦無閑奴, 遲延之際, 反承垂問, 仍審已還, 未及相奉, 且感且恨。

島夷犯順, 將償辱國, 何痛如之? 此後之事, 又未知如何。
山襟突兀, 況在專城? 餘俟後日。謹拜謝復。

KNL0405(書-李仲樑-2)(癸卷15:19左)(樊卷19:2右)

答李公幹²²⁷

前發妄言, 正觸不怍之戒, 方切悚仄。墜書見貺, 何幸如之? 然某²²⁸言不顧行, 輕肆之罪, 依然故在也。

但滉以極陋極病之人, 知一無所益, 而空好此書, 可謂成癖也。公雖以懶慢自誇, 靜中披閱揮寫, 介然之頃, 安知夫不覺其失足²²⁹而墮落於此癖之中乎? 旣然後, 將不暇²³⁰責某²³¹,

---

226 乙卯年(明宗10, 1555년, 55세) 5월 28일 禮安에서 쓴 편지이다. 退溪가 李仲樑에게 보낸 편지는 모두 61통으로, 庚本 편성 시 7통이 수록되었고, 續集 편성 시 3통이 추가로 수록되었으며, 樊本 편성 시 51통이 추가로 수록되었다. 初本에는〈答李公幹【乙卯五月卄八日】〉로 되어 있고, 拾遺에는〈答李公幹【仲樑○乙卯】〉로 되어 있다.

227 乙卯年(明宗10, 1555년, 55세) 윤11월 1~13일경 禮安 청량산에서 쓴 편지로 추정된다. 初本에는〈答李公幹【乙卯冬餘】〉로 되어 있다.

228 某 : 擬本에는 "滉"으로 되어 있다.

229 足 : 定本에는 "中"으로 되어 있으며, 庚本·擬本에도 "中"으로 되어 있다. 甲本에

而曹司亦可免其厄矣。日祝日祝。奉化、義興進士, 亦祝同落於此癖, 則庶無旁觀而指笑也。《伏惟僉鑑。餘祝順迪加重。》不宣。《謹拜。》

《示諭直呈事, 將依寫送, 更思之, 請諡事, 雖屬私而實莫重之公案也。廢棄鄉村之人, 直呈單於天官, 無乃失體而取譏乎？欲呈堂上則近瀆, 欲呈郞廳則非舊物之嫌, 非徒取譏而已。竊意從來在外而請諡者, 閑廢而做行狀者, 必非一家, 天曹應有式例。城主旣云："欲圖今計, 莫若姑徐送單而細囑。" 城主到京卽求問例式, 趁回吏詳具報來而後, 依式爲之, 庶幾免不曉事之譏矣。因監司上曹, 此在所不疑之事, 而監司猶以無例疑而沮之。況以散人而干曹, 豈可不問他例之有無而輒爲之乎？適有城主處報簡, 已略白右意, 須僉更細陳而送之。或安東修書宋台叟, 請考例示來, 則尤易考得, 何如何如？送單, 謹此藏俟。》

도 "中"으로 되어 있으며 두주에 "'中', 一本作'足'."라고 하였다. 上本의 두주에 "'足', 一本作'中'."라고 하였다.

230 暇 : 定本에는 "假"로 되어 있으며, 庚本・擬本에도 "假"로 되어 있다. 甲本에는 "假"로 되어 있으며 두주에 "'假', 一本作'暇'."라고 하였다.

231 某 : 擬本에는 "滉"으로 되어 있다.

BNL0406(書-李仲樑-3)(樊卷19:3右)

與李公幹【丁巳】²³²

前日召命之來, 僕全未聞知, 逮至聞知, 臺議²³³已發, 未修賀問, 追恨追恨。未審上臺後爲況若何?

久於州郡, 諳悉弊病, 開陳捄藥, 今正其時, 勉之勉之。滉非唯心病近甚, 風痰諸證, 更迭而作, 奈何奈何?

幹之, 未別修狀。適多闕之時, 必已叅擬, 佇聞喜音。惟照。餘情, 皆可默領。謹拜。

KNL0407(書-李仲樑-4)(癸卷15:19右)(樊卷19:1右)

答李公幹【仲樑○戊申】²³⁴

近連獲書, 示意勤悉, 感刻無已。信後歲換, 新祉益崇, 瞻賀曷

---

232 丁巳年(明宗12, 1557년, 57세) 12월 12일 禮安에서 쓴 편지이다. 初本에〈與李公幹【丁巳十二月十二日】〉로 되어 있다.

233 議 : 初本에 "儀"로 되어 있으며, 中本에 "儀"로 되어 있고 추기에 "恐'議'."라고 하였으며, 拾遺에 "儀"로 되어 있고 추기에 "草本恐'議'."라고 하였다.

234 戊午年(明宗13, 1558, 58세) 1월 6일경 禮安에서 쓴 편지로 추정된다. 上本의 부전지에 "審此辭意, 似在鄕時, 恐非戊申."라고 하였으며, 柳校에 "案題下年條恐誤."라 하였다. 이 편지는 그 내용 중에 "信後歲換, 新祉益崇."이라는 말이 나오고, 또 "松岡令公, 萬里初回."라는 말이 나오는 것을 볼 때, 1558년 1월에 보낸 것이 분명하다. 松岡 趙士秀가 종계변무 주청사로 중국에 갔다가 돌아온 것은 1557년(丁巳年) 11월 8일의 일이다. 初本에 실려 있는 이 편지 題下의 "戊申元六"의 "戊申"은 "戊午"의 오류이다. 初本에는〈答李公幹【戊申元六】〉으로 되어 있고, 庚本에는〈答李公幹【戊申○仲樑】〉으로 되어 있으며, 擬本에는〈答李公幹【戊申】〉으로 되어 있다.

喩？滉之無似, 亦霑王春之澤, 與氓庶熙熙, 但無計去病, 自深撓悶耳。

松岡令公萬里初回, 不以一字問病舊死生, 而首以極難之事欲驅入於狼狽罔措之地, 是可謂'相知相愛之情'乎？如或見之, 爲致某不得不怨之意。但尤不可知者, 松岡在前聞此等苦言, 例以爲戲言而不肯聽信, 徒使人仰屋長歎而已。何況於他人, 敢望其能相信乎？

邈無面晤之期, 惟以時珍重《萬萬。奇別, 推見幸幸。不宣。謹復。》

《示及破屋旅況, 果可想像其苦, 然比之幹之稽擬, 果知其不易。然但當待之, 豈無其時？》

BNL0408(書-李仲樑-5)(樊卷19:3左)

與李公幹【戊午】[235]

近闕修問, 不審爲況若何？漢課雖冗, 想優於霜臺之務矣。但得見汾川所送朝報, 都監賞格, 公不在陞列, 何耶？然不掛彈章, 爲公深賀深賀。

幹之尙未復職否？未奉各簡, 煩致此意。別紙所云猥甚, 猶冀留心圖副, 何如？今春與碧梧頗有來往風流之適, 不知山

---

235 戊午年(明宗13, 1558년, 58세) 4월 4일 禮安에서 쓴 편지이다. 初本에 〈與李公幹【戊午淸和四日】〉로 되어 있다.

間之窮寂也。何時下來叙此幽抱？ 未間珍重。不宣。謹拜。

BNL0409(書-李仲樑-6)(樊卷19:3左)

答李公幹[236]

頃承僉書，深慰馳懷。滉百病餘骸，尙欠一死，又聞如此之云，其欺天罔世之罪，必有致此之由，將入於不測之禍。物論想已騰發，日夕惴惴以俟，而尙未有聞，尤不知所以爲計。

　大用諸君率人之還，乞須僉採物議，指示可生之途，不勝大幸大幸。若先事論劾，得及還收成命，庶朝無過擧，而微物得遂其生，豈非兩全？ 如見持論時賢，乞極力懇之，至祝至祝。自聞此事，心疾轉劇，微命延保，亦未可必，奈何奈何？

　試官其可圖來否？ 本道雖避，亦有左右道，豈不可耶。餘心緒無興，都[237]付大用，不復一一。

236 戊午年(明宗13, 1558년, 58세) 7月 19日 禮安에서 쓴 편지이다. 初本에는〈答李公幹【戊午七月十九日】〉로 되어 있고, 中本·拾遺에는〈答李公幹【戊午】〉로 되어 있다.

237 都 : 中本에는 "到"로 되어 있으며 부전지에 "'到'字可疑."라고 하였다. 拾遺에도 "到"로 되어 있으며, 樊本·上本의 두주에 "'都', 一本作'到'."라고 하였다.

BNL0410(書-李仲樑-7)(樊卷19:4左)

與李公幹[238]

近見邸報, 知光膺特除, 作副霜臺, 遙賀遙賀。但於南來之意則有礙, 與碧梧俱懷悵然。

滉事, 近無激駁乎？祭酒之擬, 幸免受點, 不然, 極爲難處。心病日劇, 無以爲計, 不得已歷陳微臣前後病廢不能從仕之狀, 上章自劾, 此亦或觸危機, 深所未安。然時論想必如此, 不應見怪, 庶遂所願, 更望隨宜力言其悶迫之情, 使終免顚沛至祝。餘懷悃悃, 未暇悉陳。謹拜白。

BNL0411(書-李仲樑-8)(樊卷19:5右)

與李公幹【己未】[239]

別後悠懷, 想與同之。未審霜臺劇務尙屈雅觀否？

滉病來後愈甚, 辭狀之上, 出於萬死之危。適方伯在遠, 慮或中滯, 迄未聞命, 深用仄慄[240]。邸奴入京, 當有卽回人云, 凡事細示爲望。

洪相去銓, 亦是慮外。梧翁事, 亦付之蒼蒼, 何用深恨。數

---

238 戊午年(明宗13, 1558년, 58세) 윤7월 11일경 禮安에서 쓴 편지로 추정된다. 初本에는〈與李公幹【戊午閏七月十一日】〉로 되어 있다.
239 己未年(明宗14, 1559년, 59세) 4월 12일 禮安에서 쓴 편지이다. 初本에는〈與李公幹【己未四月十二日】〉로 되어 있다.
240 慄 : 拾遺에는 "悚"으로 되어 있다.

與相從, 以償老境閑債, 亦非惡事耳。南中霜與旱交病, 近方小雨, 農尙告病。又聞邊聲不靖, 田間憂慼亦多。未期奉面, 惟祝珍重。不具。謹問。

BNL0412(書-李仲樑-9)(癸卷15:20右)(樊卷19:5右)

答李公幹【己未】[241]

人還, 獲承垂報, 知去臺務作庚隱, 是亦宦路一滋味。想今竹窓淸風, 高臥盤礴, 不羨羲皇上人, 馳賀馳賀。

　　滉病, 朝廷已知其深劇。伏謂初辭可以得解, 而有旨如此, 又聞物議多有異同, 不勝悶迫之至, 不得已再上辭狀。欲速則恐以太速爲非, 欲徐則又恐以太慢爲罪, 持兩端, 日夕惕厲, 奈何?

　　《且濕脹等證, 霪暑尤可畏, 慮萬慮萬[242]。》遷陵一事, 不知緣何有之。承聞以來, 身不帖[243]床, 仰深煎熻[244]。汾川皆安, 大用亦來。近以病未得數相還往[245], 是爲恨耳。邈無晤對之期, 惟珍愛萬萬。《謹復。》

241 己未年(明宗14, 1559년, 59세) 5월 9일 禮安에서 쓴 편지이다. 初本에는 〈答李公幹【己未仲夏初九】〉로 되어 있으며, 中本에는 〈答李公幹〉으로 되어 있으며, 樊本·上本에도 〈答李公幹〉으로 되어 있다.

242 慮萬慮萬 : 中本에는 "慮滿滿"으로 되어 있으며, 樊本에도 "慮滿滿"으로 되어 있다.

243 帖 : 養校에 "'帖'恐'貼'。"라고 하였다.

244 煎熻 : 初本·中本·樊本·上本에는 "煎熻煎熻"로 되어 있다.

245 還往 : 中本의 부전지에 "'還往'疑'倒着'耶。"라고 하였다.

《寄來朝報，憑免聾瞶，深謝深謝。惠詩諷味，遠想情境，宛若款面。行者辭遽，未及效顰，隨後伏酬，照恕。》

KNL0413(書-李仲樑-10)(癸卷15:20左)(樊卷19:6右)

答李公幹[246]

辱報之來，因審寵命浡沓，陞若躡梯，慰人鬱望。況在交好鄉閭之情，欣賀曷喻？

滉薄相多釁，雪上加霜，輾轉[247]躓蹬，披瀝頻煩，得蒙恩遞，庶免道路之斃仆。天地鴻私，感泣之餘，罔知所以爲心。但作闕之敎，恩旨之下，又不勝惶駭失措。此身無狀，猶未投安於本分，奈何奈何？

此間旱災方酷，人將靡孑，而月初旬得雨，焦穀多蘇，人始有生生之望。然水田全棄者過半，其他列邑，赤地無物，人盡嗷嗷待死，勢必羣盜大起，不知國家將何以救之？思之至此，夜不能寐。苦事苦事，奈何奈何？

《鄉任之遞，望報已去云，僉照善處。本縣事，方伯有所聞，下人推詰，未測其終，擧鄉未安耳。

惟爲時加愛。不宣。謹拜復。》

---

246 己未年(明宗14, 1559년, 59세) 7월 22일 禮安에서 쓴 편지이다. 初本에는 〈答李公幹【己未七月二十二日】〉로 되어 있다.

247 輾轉 : 初本·中本·定本·樊本·上本에 "轉輾"으로 되어 있다.

《下送准役, 深荷留意, 無以爲謝。就中雖至仕滿, 姑勿出案, 仍番爲意, 不知如何?》

BNL0414(書-李仲樑-11)(樊卷19:7右)

與李公幹[248]

前承七月卄八日書, 知將奉命下南, 以臺議中輟, 續因風傳陞入銀臺。緣未見朝報, 雖在疑信之間, 此猶升陞[249]。然近又聞眷意非常, 必非虛語, 奉慶曷勝曷勝? 如是則南行勢當暫停, 錦還亦豈遠耶?

　滉雖蒙恩許, 其間多有未安, 而又聞物論以焚黃受由仍[250]退爲不當云云, 心甚悚懼。然滉妄意受由仍[251]退爲不可者, 自平人而論之, 果然, 如我病廢之人, 以是處之, 如何? 況旣蒙許願之旨, 還復入都, 尤爲難便。況暑病纔歇, 寒疾已發, 未果依時論, 深用危懍。惟令諒。餘祝惟允萬重。不具。謹拜白。

248 己未年(明宗14, 1559년, 59세) 8월 23일 禮安에서 쓴 편지이다. 初本에 〈與李公幹【己未八月卄三日】〉로 되어 있으며, 拾遺에는 〈答李公幹〉으로 되어 있다.
249 陞 : 初本에는 "階"로 되어 있다.
250 仍 : 拾遺에는 "因"으로 되어 있다.
251 仍 : 拾遺에는 "因"으로 되어 있다.

KNL0415(書-李仲樑-12)(癸卷15:21右)(樊卷19:7左)

與李公幹暨諸兄弟[252]

想各佳勝。僕寒疾往復猶甚，腰患間作，眼隔花霧，無聊可知。令公幸來，當逐日相從，而相望落落如此，悵恨悵恨。回鞭當在何日？未前欲會晤，可於何處耶？

　　大[253]先生平日，好於山間水曲班荊野話，此事久廢，今欲修之。漁梁以上，禁巒所在，當避瓜履之嫌，梁下有可處乎？聲洞口，青石磵頗佳，亦與漁梁迫近。賀淵上白沙洲，當有潔淨可愛處，其可於此否？聲洞內一處，往時得一小丘可坐，但其丘正在人田中，恐禾損有礙耳。若諸皆不可，則當就晚對或愛日，須斂量示。謹叩。

BNL0416(書-李仲樑-13)(樊卷19:8右)

答李公幹【庚申】[254]

近殊阻音。臘月初十日令惠書，今始來自豐基，兼示政目及剛而書，深以慰濯。此時尙在銀臺，未知緣何而出臺耶？聾聞昧昧，直可一呵。

---

252 己未年(明宗14, 1559년, 59세) 9~12월경 禮安에서 쓴 편지로 추정된다.
253 大 : 養校에는 "'大'疑'先'."이라고 하였다.
254 庚申年(明宗15, 1560년, 60세) 1월 23일 禮安에서 쓴 편지이다. 初本에는 〈答李公幹【庚申正月二十三日】〉로 되어 있다.

僕僅持病軀, 進封吏付書, 皆不受答而來, 未知達否？其後新邸吏上, 亦拜書, 尋當聞矣。前送新曆, 感荷感荷。川沙、汾川, 亦卽分上矣, 但川沙有病氣下人死者至四五, 昨聞避寓云, 可慮。大成近日當來云, 企企。惟照。餘具前數書。來人立俟, 未及一一, 亦未報剛而書。謹此拜復。

BNL0417(書-李仲樑-14)(樊卷19:8左)
答李公幹[255]

頃承數書, 知出納優福, 無任賀慶之至。涀且爾跧伏, 一味摧頹, 昏憒癡騃, 眼病尤劇如坐大霧中, 送了一春光景, 可歎。前示吳判書簡藥封, 旣已送到, 卽修謝答以上, 未知能達左右否？
　就中似聞有赴京當次之云, 未審信否？凡事絶無聞知, 假或有聞, 亦未的信, 故敢云耳。惟照示。剛而令公已還否？餘冀珍嗇。謹拜復。

BNL0418(書-李仲樑-15)(樊卷19:9右)
答李公幹[256]

頃因獲承前月念五日惠書, 具審近況。比日烘赫尤甚, 伏想出

255　庚申年(明宗15, 1560년, 60세) 3월 17일 禮安에서 쓴 편지이다. 初本에는 〈答李公幹【庚申三月十七日】〉로 되어 있다.

納之暇，神相茨福。拙羔日見沈淹，無可如何。

旱災方酷，田間嗷嗷，殊無好懷耳。示喻'思外之切'，固所不免，但近地無可會之便，只當勉於'惟允'之戒耳。

李山海盛名，今得亨衢，爲時可賀。未期晤款，惟益珍毖。不宣。謹拜復。[257]

剛而令公，今在同寅否？近得問字，甚慰。適此人忙，未及修報，煩爲致意。

BNL0419(書-李仲樑-16)(樊卷19:9左)

答李公幹[258]

六月念六日令書，至前月晦，始得承見。兩間只憑尺紙之信，其傳每多滯稽，可歎。仍審出納匪躬，不無少忿冲度，此乃自古賢勞之常事，惟在勉强以盡瘁耳。豈如天賦疾病，老益昏憒，自棄於聖世者事耶？時月以來，目視黯黯，幾不辨色，深以悶笑。加之雨水不絶，近又漂沒非常，年事大可憂慮，奈何？

朝報非若外司之日至，留意惠示，荷佩。鄉間凡事，極有未安，不欲形諸紙上，大用知之，不具。謹拜謝復。【筆墨，尤感。】

256 庚申年(明宗15, 1560년, 60세) 5월 16일 禮安에서 쓴 편지이다. 初本에는 〈答李公幹【庚申五月望後一日】〉로 되어 있다.
257 李山海……謹拜復 : 拾遺에는 이 내용이 없다.
258 庚申年(明宗15, 1560년, 60세) 8월 5일 禮安에서 쓴 편지이다. 初本에는 〈答李公幹【庚申仲秋初五日】〉로 되어 있다.

BNL0420(書-李仲樑-17)(樊卷19:10右)
答李公幹[259]

前承惠書, 未及修報, 而今又承八月念七日書兼寄朝報, 來自鄭子精處, 具審出西掖, 未幾, 復入南宮, 起居康福, 感且欣賀欣賀。

滉龍鍾屛伏, 百證交攻。且水患之餘, 西成掃如, 里巷嗷嗷, 不知終歲之策。承示京城內亦未豊樂, 深可歎也。

試過, 得人如何? 鄕里親舊得失如何? 擘息准役, 留意出送, 深感深感。惟令照。適因人忙, 不具。謹拜謝復。

前惠椒封, 亦感亦感。

BNL0421(書-李仲樑-18)(樊卷19:10左)
與李公幹【辛酉】[260]

伏想茂迓新慶, 復入西淸, 俱切仰賀, 不容于心。滉垂死病中, 今又被命, 强扶上途[261], 則寒威砭骨, 不日顚斃。不得不少延

---

259 庚申年(明宗15, 1560년, 60세) 9월 6일 禮安에서 쓴 편지이다. 初本에는 〈答李公幹【庚申九月初六日】〉로 되어 있다.
260 辛酉年(明宗16, 1561년, 61세) 1월 15일 禮安에서 쓴 편지이다. 初本에는 〈與李公幹【辛酉正月上元日】〉로 되어 있으며, 上本에는 〈與李公幹〉으로 되어 있고, 추기에 "辛酉"가 있다.
261 途 : 上本에는 "道"로 되어 있다.

月日。以爲性命地。大違不俟之義。惶窘罔措。奈何？ 伏惟令
照。謹拜。惶恐不具。

此乃私布下情。勿經他位。至懇至懇。²⁶²

BNL0422(書-李仲樑-19)(樊卷19:10左)
答李公幹²⁶³

前累承書。近又承南祐²⁶⁴持來書。具審令候淸勝。感賀感賀。
滉雖²⁶⁵聞天使來期未定。然滉上去不當以是爲遲速。卽當奔命。
而雪上加霜。病勢如此深重。又不成行。罪當萬死。不知發落
如何。方席藁以俟。奈何奈何？ 惟令照。惶仄未暇一一。謹拜
上復。筆與朝報。仰感仰感。²⁶⁶

262 伏惟……至懇 : 中本과 拾遺에는 이 내용이 없다.
263 辛酉年(明宗16, 1561년, 61세) 2월 15일 禮安에서 쓴 편지이다. 初本에는 〈答
李公幹【辛酉二月望日】〉로 되어 있다.
264 祐 : 拾遺에는 "佑"로 되어 있다.
265 雖 : 初本에는 "亦雖"로 되어 있다.
266 筆與……仰感 : 中本과 拾遺에는 이 내용이 없다.

BNL0423(書-李仲樑-20)(樊卷19:11右)

答李公幹[267]

昨自奉化送到書狀兼令書, 具審下旨。病勢如此而尙未蒙恩棄置, 亦未줬同知作闕, 不勝惶戰抑鬱之至, 罔知措處。然華使未有正奇, 且依令示而已。

仍審令候亦似愆度, 遙深奉慮奉慮。送示朝報, 得少開聾, 何幸如之? 大成先聲已到, 今明當到, 企企。

邈無面晤之期, 但有悒悵。惟冀爲時益珍。縣人立俟, 草草奉謝。

惠筆不來, 想偶不付否?

BNL0424(書-李仲樑-21)(樊卷19:11左)

與李公幹[268]

前累承書, 或報或未, 徒深荷戀。卽今梅黃令節, 伏惟出納優淸。滉蒙恩守病, 幸免他撓。曾因憑姪書報, 獲聞令諭'拙蹤雖遷延, 時無非議'云, 以是稍自慰幸耳。

雷變傳野, 亦甚駭懼, 況在朝親聞? 柳判書何證遽爾? 驚

---

267 辛酉年(明宗16, 1561년, 61세) 2월 29일 禮安에서 쓴 편지이다. 初本에는 〈答李公幹【辛酉二月晦前一日】〉로 되어 있다.
268 辛酉年(明宗16, 1561년, 61세) 5월 7일 禮安에서 쓴 편지이다. 初本에는 〈與李公幹【辛酉五月初七日】〉로 되어 있다.

怛不已不已。

　　碧梧行止, 令書所謂"家法餘韻"者, 至當之論, 而梧翁所處殊未超脫, 奈何？ 前得令書, 憑姪事, 欲稱某以圖。此意甚厚, 但恐聽之益以藐藐是慮, 未知試之如何？ 朴世賢亦無可圖云, 可笑。惟照。謹拜白。[269]

KNL0425(書-李仲樑-22)(癸卷15:22右)(樊卷19:12右)

答李公幹[270]

《近拜擎令翰, 累累非一。具審出納淸暇, 神相福履, 無任慰賀。惟是國家大禮不得已至於用變, 凡在臣民, 愕愴何極？ 白髮病舊, 尙保隴畝, 松陰石澗, 果有所示之虞, 今又得伴, 亦一幸也。

　　所示別紙之錄與筆墨, 前書亦有筆椒之侑, 足見逮存非泛之意, 深荷深荷。》

　　聞晚對墅裏, 竹君太[271]盛, 因衍樑移取兩竿於陶山, 自今可使食無肉矣。只恐主人以不先報知而徑取爲責耳, 如何如何？ 未期面披, 臨風悠想。《謹拜謝復。》

《孼息受濟不淺[272], 感感。但旣以奉累, 補充、伴倘何異？

---

269 惟照謹拜白 : 中本과 拾遺에는 이 내용이 없다.
270 辛酉年(明宗16, 1561년, 61세) 윤5월 15일 禮安에서 쓴 편지이다. 初本에는 〈答李公幹【辛酉閏五月望日】〉로 되어 있다.
271 樊本과 上本에는 "大"로 되어 있다.
272 淺 : 中本에는 "濺"으로 되어 있으며, 樊本의 두주에 "'淺', 一本作'濺'。"라고

若伴倘未滿數, 令此物去館以充之, 其無不可乎? 今若無闕, 待有闕圖之, 亦何慮? 或終有反本之弊, 故敢瀆爾。》

BNL0426(書-李仲樑-23)(樊卷19:12左)

答李公幹[273]

近得來書, 且見子姪輩來傳, 具審處閑多勝, 欣慰萬萬。但來鄕之計, 又退明春, 悵惘不可言不可言。姪輩幸而多中, 足慰目前, 而家中疫患尙未熄, 事多妨礙, 可[274]恨。

　碑文可製, 可賀。但所喩以滉當有與於其事者, 必以寫碑文爲言乎? 然凡爲親事, 當極圖其至者, 方爲無憾。滉近日眼昏手顫, 字不成形, 前日標石之題, 已爲愧汗, 況今又加劣, 何敢强書乎? 須求於礪城尉, 此乃當今第一筆, 何可舍[275]而他求乎? 此意已告於察訪, 伏惟令諒。不宣。謹拜白。

하였다.

273 辛酉年(明宗16, 1561년, 61세) 9월 26일 禮安에서 쓴 편지이다. 初本에는 〈答李公幹【辛酉九月二十六日】〉로 되어 있다.
274 可 : 樊本과 上本의 두주에 "上'可'字可疑。"라고 하였다.
275 舍 : 中本의 부전지에 "'舍'下疑脫'此'字。"라고 하였고, 拾遺의 부전지에 "草本'舍'下疑脫'此'字。"라고 하였다.

SNL0427(書-李仲樑-24)(續卷3:32右)(樊續卷3:33右)

答李公幹【庚申】[276]

《選上人還，得前月所惠書，具審[277]令候冲勝，欣賀欣賀。滉僅僅保屏，但來喩所云'歉疫兩患'，正在其中，數日來一患稍息，而一患尙在，可笑。謂令嗣孫醮時，當得會面，而又不果，悵悵。》

　　寫字事，令公何膠執一意而不念聽滉言耶？爲先德圖不朽，固當謀得一時第一手跡，始愜於人心。礪城與聽松之筆，時人無出其右。但聽松筆健而稍踈於締字，不若礪城之尤好故云云。亦欲因得礪城筆印本，藏珍而時翫之，豈不幸甚？若必以爲不可，則如[278]琴輔輩筆力猶健，不比老昏顚澁萎弱不成字樣者也。滉則決不可爲，故預白之。《伏惟令照諒。謹拜復。》

BNL0428(書-李仲樑-25)(樊卷19:13右)

答李公幹[279]

頃承惠書，知復司納言，深賀深賀。滉依前保病鄉間，無他事。

---

276 辛酉年(明宗16, 1561년, 61세) 11월 3일 禮安에서 쓴 편지이다. 이 서간은 初本과 上本의 제하 세주를 볼 때, 續集의 제하 세주 '庚申'은 '辛酉'의 오류라 추정된다. 初本에는〈答李公幹【辛酉至月初三日】〉로 되어 있으며, 中本과 拾遺에는〈答李公幹〉으로 되어 있으며, 樊本·上本에는〈答李公幹【辛酉】〉로 되어 있다.

277 審 : 樊本·上本에는 "悉"로 되어 있다.

278 如 : 續草本에는 "與"로 되어 있으며, 추기에 "'與', '如'之誤."라고 하였다.

279 辛酉年(明宗16, 1561년, 61세) 12월 4일 禮安에서 쓴 편지이다. 初本에는〈答李公幹【辛酉十二月初四日】〉로 되어 있다.

但初聞城主箇滿在此月初八, 卽今傳聞新官已出, 果信則不知何故徑出耶? 又云: "曾經翰林之人。" 若果得文官, 則殘民庶有蘇息之望。想是賴令公圖囑之力, 幸甚幸甚。而尙未知其爲何人, 共相鬱悶耳。

就中本邑人吏及匠戶, 死徙略盡, 所餘減舊太半, 艱計送舊之外, 一無迎新之數。若別責迎新從馬, 則餘者皆逃, 大事必出, 其於鄕風, 奈何奈何? 令公須極力圖措, 細告新官, 必於送舊從馬, 新衙眷俱兼下來, 則庶可不至生事。

所慮, 新官或不速發, 則人馬難留, 或致逃歸, 亦至罔措。幷望勸圖速發, 至幸至幸。萬一事不如計, 則新官給馬下送, 而衙眷待秋成迎來事, 亦[280]可圖之乎? 專恃專恃, 毋忽爲懇, 此一鄕之意也。

且伏審前書復言寫碑文事。滉往者不辭墓表之題, 洊溷甚矣, 每欲請於僉君磨去改鐫而未果。今雖蒙強迫, 豈敢再番冒瀆以累先大相公之淸風高躅乎?

伏想墓表溷跡, 先靈固已鄙厭之久矣。今滉若苟從僉命而抗顔爲之, 則是使僉君以所賤事親, 而滉之負罪於幽明滋甚, 故決不可依示。乞須預知執迷之不可回不足責而圖之, 毋令有誤於大事也。令公空行空返之日, 雖百加譙責, 非滉之罪者, 以其預告也。

曆書, 首蒙寄示, 感愧感愧。伏惟令照。謹拜謝。

---

280 亦 : 初本에는 "未"로 되어 있다.

BNL0429(書-李仲樑-26)(樊卷19:14左)

答李公幹【壬戌○淸和望前二日。時爲商山牧。】[281]

出臨大藩, 得遂素志, 甚賀甚賀。向者縣人持書, 兼寄封餘, 無便久闕謝報。玆又書寄如前, 尤感且怍。

　滉塊處山樊, 粗免他患, 但江舍不安, 不得與筠翁數相從游爲恨耳。端午來展, 何幸? 企跂[282]。餘竢面布, 謹姑奉謝。

SNL0430(書-李仲樑-27)(續卷3:32左)(樊續卷3:34右)

答李公幹【壬戌】[283]

察訪之還, 憑審令侯佳勝, 欣浣向深。玆復進餘之惠, 墜及山扃, 荷佩又不可言。《但察訪時未相見, 今又不得令書, 能無鬱戀? 因可想應接之無暇也。》

　散人無事可爲, 以明日乃壬戌之秋七月旣望, 方謀與諸友, 擊空明而泝流光, 擧匏尊而相屬。此外更何知耶? 何時對笑? 惟冀珍重。謹謝。

281　壬戌年(明宗17, 1562년, 62세) 4월 13일 禮安에서 쓴 편지이다. 初本에는 〈答李公幹【壬戌。淸和望前二日。時爲商山牧。】〉으로 되어 있으며, 中本·拾遺에는 〈答李公幹【壬戌】〉로 되어 있다.

282　企跂 : 初本에는 "跂跂"로 되어 있다.

283　壬戌年(明宗17, 1562년, 62세) 7월 15일 禮安에서 쓴 편지이다. 初本에는 〈謝李公幹【壬戌七月望日】〉로 되어 있고, 中本·拾遺에는 〈謝公幹〉으로 되어 있으며, 樊本·上本에는 〈謝李公幹【壬戌】〉로 되어 있다.

BNL0431(書-李仲樑-28)(樊卷19:15右)

與李公幹【癸亥 ○重陽前一日, 時爲鷄林尹。】[284]

吹帽節迫, 令履想佳。遠宦[285]逢辰, 其無故鄉之念耶? 等[286]將與筠軒諸公, 作一場翠微佳會, 菊花須插滿頭歸耳。

就中梁山士人崔晃[287]處《朱子年譜》推尋事, 毋忘若何? 萬一其書已刻, 讐校未畢, 則不須促取, 姑待畢校送來事, 通之亦佳。

晚對亭額, 舊者尤生澁不足觀, 今上新者, 此亦無甚異於舊, 而生熟則似別, 量改何如? 李叅奉所求題詠, 大用歸時持去, 其一絶有改字, 故改書以送, 取傳之亦望。謹因縣人草白。不具。

BNL0432(書-李仲樑-29)(樊卷19:15左)

與李公幹[288]

日來想起居佳勝。兩次寄囑諸扁, 不欲苟辭, 强顏寫呈, 恐不

---

284 癸亥年(明宗18, 1563년, 63세) 9월 8일 禮安에서 쓴 편지이다. 初本에는〈與李公幹【癸亥。重陽前一日。時在鷄林尹。】〉으로 되어 있으며, 中本·拾遺에는〈與李公幹【癸亥】〉로 되어 있다.

285 宦 : 拾遺에는 "官"으로 되어 있다.

286 等 : 上本의 부전지에 "'等'字可疑。"라고 하였다.

287 崔晃 : 初本·中本·拾遺에는 "崔滉"으로 되어 있다.

288 癸亥年(明宗18, 1563년, 63세) 10월 30일 禮安에서 쓴 편지이다. 初本에〈與李

足以侈觀, 適足以溷諸亭堂而招人嗤點耳. '逸彥'之'彥'字, 雖亦不無義意, 然其語太生僻, 不如易以'偃'字表其有閑逸偃仰之適, 如何如何? 堂名以'燕思'者, 古有燕思亭, 必取《詩》所謂 "嘉賓式燕又思"之義, 以名賓客迎餞之所, 無乃好否?

因趙士敬聞僕前所寫賓賢[289]樓額, 樓大而額小, 殊不相稱云, 故改寫去. 不知如此亦不稱耶? 若爾則又當極大筆寫之, 爲意稱否, 示下爲佳. 但非太染紙好漬墨, 終是寫不如意耳. 餘不具.

BNL0433(書-李仲樑-30)(樊卷19:16右)

答李公幹[290]

再度來書及物, 謹悉. 此皆不急之務, 而知公意以爲急, 故已寫就, 且報書同封在家. 近以先塋碣陰刻文事, 來寓溫溪齋舍, 未遇歸便, 未送之際, 來使又投書來索, 故令人就家取付以呈, 惟尊照. 但恐拙筆不足以當急索之意耳. 呵呵.

公幹【癸亥陽月晦】〉로 되어 있다.
289 賢 : 拾遺에는 "客"으로 되어 있다.
290 癸亥年(明宗18, 1563년, 63세) 11월 2일 禮安에서 쓴 편지이다. 初本에는 〈再答李公幹【癸亥至月初二日】〉로 되어 있다.

BNL0434(書-李仲樑-31)(樊卷19:16左)

答李公幹【甲子】[291]

頃日兩遇之中, 郵館之面, 尤出不意, 可謂幸矣。匆匆還別之恨, 正如所喩。玆承手翰, 欣慰曷任曷任? 滉病況依前, 又遭姪女之服, 悲惱不可言。今適筠老避出, 來共江舍, 稍爲幸耳。

　《年譜》事, 銘示甚荷。但若至順天, 必卽送來, 近得順天書, 不言《譜》事, 是可怪也。

　示喩書院事, 滉何敢定論? 古語云"敗軍之將, 不可以語勇。"於星謬論, 旣同敗將, 今雖强定, 何異於彼耶? 須堅禁諸君, 勿復枉詢以取人譏笑, 至懇至懇。惠及封餘, 感仰感仰。惟令照。不宣。謹拜謝。[292]

BNL0435(書-李仲樑-32)(樊卷19:17右)

與李公幹[293]

謹問令候何如? 煩恐今去李億同, 以壬戌生, 今年始欲除軍, 而兵使親驗次徵下, 以鬚髥不白, 恐不得除, 依我索救。其如僕之於兵使, 無半面之分何? 聞令公與兵使交厚, 未可措力於

291　甲子年(明宗19, 1564년, 64세) 3월 16일 禮安에서 쓴 편지이다. 初本에는 〈答李公幹【甲子三月旣望】〉으로 되어 있다.

292　惟令照……謹拜謝 : 拾遺에는 이 내용이 없다.

293　甲子年(明宗19, 1564년, 64세) 3월 24일 禮安에서 쓴 편지이다. 初本에는 〈與李公幹【甲子三月卄四日】〉로 되어 있다.

其間耶？惟令照。不一。謹拜白。

BNL0436(書-李仲樑-33)(樊卷19:17右)

答李公幹[294]

適與筠翁避暑溪邊，倚巖濯足，仟來坼[295]書，正道此間事，殊以慰豁。仍審官況佳勝，且有清秋之約，又以欣企。

老拙凡百依然，但枯旱特甚，田家失望，苦無悰緒，奈何？所示'令孫欲遣來修業'云，齋舍時有數三人來寓矣。但滉老病不能訓誨後生，故後生中有稍解文者，自中相講習而已，或出或入，全無進益。以此，金極亦棄去，從他而學。此意令照商處爲佳。餘未一一。謹拜謝復。

送來諸物，謹已[296]奉領。前來扇子，并亦拜受，仰感仰感。[297]

---

294 甲子年(明宗19, 1564년, 64세) 6월 29일 禮安에서 쓴 편지이다. 初本에는 〈答李公幹【甲子六月晦前一日】〉로 되어 있다.

295 坼 : 初本·中本·拾遺에는 "折"로 되어 있다.

296 已 : 上本에는 "以"로 되어 있다.

297 送來……仰感 : 拾遺에는 이 내용이 없다.

BNL0437(書-李仲樑-34)(樊卷19:17左)

答李公幹[298]

昨書, 時未獲承, 令孫之至, 後書先接, 且詢令孫, 開慰深至, 如奉警欬。滉近患脚澁等證, 畏寒縮坐, 奈何?

示喩令孫留寓事, 滉病未訓督, 殊無所益。然他人亦有往來, 何有相拒[299]之意? 但炊僧以今年不利藉食, 不肯供炊, 李德弘輩率炊奴來寓, 月廿八當罷去。令孫之來, 只隔數日。令孫所見如此, 故不得留而還, 恨負令敎。惟照諒勿訝, 幸甚。餘在令孫, 不宣。謹拜復。

BNL0438(書-李仲樑-35)(樊卷19:18右)

與李公幹【乙丑】[300]

謹問令候近何?[301] 國恤出於不意, 驚痛奈何? 聞之令公已付軍職, 解由又出, 當此時, 恐不可退在, 未知何以處之?

如滉病蟄, 旣難奔赴, 近因衍樑上京, 修上辭狀, 適此變故, 勢未進呈。兩難爲處, 徒增惶蹙耳。

---

298 甲子年(明宗19, 1564년, 64세) 9월 25일 禮安에서 쓴 편지이다. 初本에는 〈答李公幹【甲子九月廿五日】〉로 되어 있다.
299 拒 : 拾遺에는 "距"로 되어 있다.
300 乙丑年(明宗20, 1565년, 65세) 4월 18일 禮安에서 쓴 편지이다. 初本에는 〈與李公幹【乙丑四月十八日】〉로 되어 있으며, 上本에는 〈與李公幹〉으로 되어 있다.
301 近何 : 初本의 부전지에 "'近何'上下恐有脫字。"라고 하였다.

就中傳聞令公前言《心經》等事，疑滉有忤意，屢對人言
之，是何言耶？今世人人於滉皆有其譏而隱不直言，惟令公爲
我直告以警之。滉雖乖僻，豈不知感而反懷恨望耶？
　　端午前若不上洛，必來賀淵，可面款一笑。今姑草草。

BNL0439(書-李仲樑-36)(樊卷19:18左)

答李公幹【丙寅】[302]

再奉令翰，慰且爲感。滉不幸之甚，不知何故馴致虛名，上誤
天聽，罪無逃免。欲冒進則寒疾方劇，欲徇私則違忤罪重，莫
攸勇決，方墮維谷，奈何奈何？無已則當由竹嶺[303]，然正是計
不定，何能定路耶？
　　示及京奇，荷意之深。所云未安，大成已言，前書已陳，更
有何事？惟養閑珍愛。謹復。

BNL0440(書-李仲樑-37)(樊卷19:19右)

答李公幹[304]

惠書，深荷深荷。滉之不幸，遭此厄會，事將至於不好而後已，

302　丙寅年(明宗21, 1566년, 66세) 1월 16일 禮安에서 쓴 편지이다. 初本에는〈答
李公幹【丙寅上元後一日】〉로 되어 있다.

303　嶺：初本에는 없다.

罔知所爲。姑俟前上辭狀下旨如何,然不可冒進之意則定矣。無聊不得一一。謹拜復。

因令圖而窮寡得免溝壑,令公必有積慶之報。

BNL0441(書-李仲樑-38)(樊卷19:19左)
答李公幹[305]

頃承令問,具審起居淸適,欣慰欣慰。滉萬事蹉跎,昏病日甚,無緣上去,不得已近復上一狀,未知厥終如何,日夜憂悶之際,又更有慮外之事,如令示所云等類,非止一端。側聞時議,亦多不以老病推恕,合此成罪,何所不至? 垂死一身,置之無所,窘不可言,奈何奈何?

水災,此處亦多有之,西成,時又未卜,田家之慮所同然也。秋凉若來,可得面晤,企企。來時,《大明一統志》携借,則又幸之甚。謹姑拜復。

304 丙寅年(明宗21, 1566년, 66세) 4월 10일 禮安에서 쓴 편지이다. 初本에는 〈答李公幹【丙寅四月初十日】〉로 되어 있다.
305 丙寅年(明宗21, 1566년, 66세) 7월 16일 禮安에서 쓴 편지이다. 初本에는 〈答李公幹【丙寅孟秋旣望】〉으로 되어 있다.

BNL0442(書-李仲樑-39)(樊卷19:20右)

答李公幹[306]

仵來辱書, 承審令履佳勝, 欣慰無量。滉近來所聞, 日甚惶駭, 無所逃於天地之間。此無非滉處世失道, 馴致虛名, 輾轉[307]致誤。至於今日, 噬臍無及, 不知稅駕之所也。奈何？

　近上一狀, 昨承有旨, 依前不許辭免, 悶極。但其末有'待病愈上來'之教, 此則非迫促必來之意, 以此少或寬假, 益感聖恩之如天耳。

　所寄《一統志》, 非廿八卷, 實廿七卷, 竝前來一卷, 乃爲廿八卷也。又來示云：" 在此十卷。" 然則共爲四十卷, 而逸其二卷矣。示云：" 共三十卷。" 亦恐偶失照勘也。其十卷, 來時携來, 亦幸。

　油紙挾板等, 皆收回納, 惟視至。餘熱惟珍重。不具。

BNL0443(書-李仲樑-40)(樊卷19:20左)

答李公幹[308]

朝承喩, 晚奉簡, 已似對話, 深荷深荷。行有不及, 想因漲阻,

---

306 丙寅年(明宗21, 1566년, 66세) 7월 25일 禮安에서 쓴 편지이다. 初本에〈答李公幹【丙寅七月廿五日】〉로 되어 있다.
307 輾轉 : 拾遺에는 "轉輾"으로 되어 있다.
308 丙寅年(明宗21, 1566년, 66세) 8월 14일 禮安에서 쓴 편지이다. 初本에는〈答

今幸開霽, 咫尺又阻, 身恙兼忌之故也。聞當久留, 以是爲慰。
　《一統志》, 銘神持來, 畢遂借癡之願, 感感。前與今來並三十九冊, 只一冊不帙耳。餘俟後面。謹拜復。

BNL0444(書-李仲樑-41)(樊卷19:21右)
與李公幹【丁卯。】[309]

滉路中得病, 入城三日未謝恩, 而遽遭天崩之痛, 五內摧裂, 罔措罔極, 不知令公何以處之? 亦深慮仰。滉哀遑奔迫, 病日以深, 終不知如何。
　因宋郞之行, 對客草草, 萬不掛一。

BNL0445(書-李仲樑-42)(樊卷19:21右)
答李公幹[310]

伏奉令問, 具審示意, 感且爲慰。當此時, 令公行止正如所喩, 不來, 固未安, 欲來, 非徒行計之難, 如無屬處, 則似無隨班處, 如何如何? 量宜善處爲佳。

李公幹【丙寅中秋前日】〉로 되어 있다.
309 丁卯年(明宗22, 1567년, 67세) 7월 5일 서울에서 쓴 편지이다. 初本에는 〈與李公幹【丁卯七月初五日】〉로 되어 있다.
310 丁卯年(明宗22, 1567년, 67세) 7월 29일 서울에서 쓴 편지이다. 初本에는 〈答李公幹【丁卯七月晦日】〉로 되어 있다.

滉之先來, 不幸之幸也。而朝廷不以老病愚三字處之, 昨有禮判之命, 勢當力辭, 得請而後已。然則何以容身於此而爲久計乎? 可歎可歎。伏惟照諒。謹拜復。

BNL0446(書-李仲樑-43)(樊卷19:21左)

答李公幹[311]

昨承垂問, 知令候康勝, 欣慰欣慰。但與來此日, 燕鴻相違, 斯爲恨耳。滉勞困之餘, 百病皆作, 時且向寒, 山陵尙遠, 事窘勢迫, 乘隙抽身, 萬不得已。時論不恕, 必多歸罪, 惶愓屛伏而已。奈何奈何?

書中云云, 伏審令行似猶未決, 想亦多慮, 終當如何? 伏惟令照。謹拜復。

BNL0447(書-李仲樑-44)(樊卷19:22右)

答李公幹[312]

伏承垂答前書, 勤[313]諭委曲, 深感且謝且謝。因審丹陽三擬, 竟

---

311 丁卯年(明宗22, 1567년, 67세) 8월 22일 서울에서 쓴 편지이다. 初本에는 〈答李公幹【丁卯八月卄二日】〉로 되어 있다.
312 丁卯年(明宗22, 1567년, 67세) 10월 15일 禮安에서 쓴 편지이다. 初本에는 〈答李公幹【丁卯十月十五日】〉로 되어 있다.
313 勤 : 拾遺에는 "謹"으로 되어 있다.

膺恩除, 海邦無事, 臥治三載, 豈不稱愜? 敢賀敢賀。

　閱道從孫年少妄作, 其事之實否, 時未細知, 吾意雖非書狀, 狀端著名同珍, 已是妄作, 罪固甘受, 爲父兄者, 無顔可救。第恐或致於監司發怒, 將至死生不測之地, 茲敢冒喋, 更須令施洪量, 畀之生地, 以開自新之路, 不勝企企。惟令照。餘冀寒天涉遠萬重。謹拜謝復。

BNL0448(書-李仲樑-45)(樊卷19:22左)

答李公幹[314]

歲暮懷人, 書至開鬱, 宛如奉面, 無任慰荷。但頃見大成, 歲時軒從當來汾上, 擬可瞻對。今承示故, 果似相違, 悵然何喩?

　滉今得粗保, 但以歲後行止爲大憂惱, 奈何? 惠珍, 感荷感荷。惟冀寒天行候珍毖。不宣。謹拜謝。

BNL0449(書-李仲樑-46)(樊卷19:22左)

答李公幹【戊辰】[315]

伏承令垂仟問, 感荷則深, 然不以慰而以賀, 何耶? 平生不幸

---

314 丁卯年(明宗22, 1567년, 67세) 12월 20일 禮安에서 쓴 편지이다. 初本에는 〈答李公幹【丁卯十二月卄日】〉로 되어 있다.
315 戊辰年(宣祖1, 1568년, 68세) 2월 11일 禮安에서 쓴 편지이다. 初本에는 〈答李

之命, 至此尤極, 進退兩窮, 必大得譴何³¹⁶而後已。何顏何心
欲作行耶? 日夜憂煎, 奈何奈何? 惠意甚厚, 但正當府中多事
之時, 遠勞下人, 愧縮愈深。伏惟令諒。不具。謹拜謝。

BNL0450(書-李仲樑-47)(樊卷19:23右)

答李公幹³¹⁷

伏承令翰, 知海邦淸晏, 起居沖適, 不任馳羡之至。如滉無狀
之物, 轉轉欺誣, 頃日疏上, 本祈有少蒙許, 而反致如山壓重,
旣不能逃死, 似難每每稽違。第事有極難者, 尙多在前, 不能
卽決, 端節若來汾上, 或可瞻奉儀範, 以豁此懷企企。惠味, 領
拜感怍。不宣。謹拜謝。

　　碑事將成, 又得礪城之筆, 敢賀敢賀。

公幹【戊辰仲春十一日。時在寧海府。】〉로 되어 있다.
316 何 : 初本의 부전지에 "'何'字可疑之."라고 하였다.
317 戊辰年(宣祖1, 1568년, 68세) 4월 20일 禮安에서 쓴 편지이다. 初本에는 〈答李
公幹【戊辰淸和念日】〉로 되어 있다.

BNL0451(書-李仲樑-48)(樊卷19:23左)

答李公幹[318]

承令問, 深以慰仰。前者遣僮, 探問令行于汾川, 崖路阻水而返, 及發行之日, 適得望見, 冒雨馳去。想險路勞頓之甚, 今審好還, 深賀深賀。

滉近蒙天恩, 得遞貳職, 感幸至矣。但因此而促召益力, 更無可辭之說, 不得已將有冒暑之行, 悶不可勝, 奈何奈何?

朝報示及, 幷惠珍物, 感荷感荷。惟冀令自珍重。謹拜謝。

BNL0452(書-李仲樑-49)(樊卷19:23左)

答李公幹[319]

頻累問及, 知令履佳裕, 感與欣竝。老拙竟不免此行, 愧悚不可言。溽鬱如此, 路患又不可測, 尤悶。

醴泉老娣病重, 欲經由問省而去, 又將空過, 玩閱之下, 悵懷如何? 惟以時珍衛萬萬。不具。

318 戊辰年(宣祖1, 1568년, 68세) 5월 24일 禮安에서 쓴 편지이다. 初本에는 〈答李公幹【戊辰五月卄四日】〉로 되어 있다.

319 戊辰年(宣祖1, 1568년, 68세) 6월 24일 禮安에서 쓴 편지이다. 初本에는 〈答李公幹【戊辰六月卄四日】〉로 되어 있다.

BNL0453(書-李仲樑-50)(樊卷19:24右)

答李公幹[320]

前旣伻問於家, 今復追訊於道, 且寄示京來書報, 深荷屬念之勤厚也。滉才發已患下痢, 第四日艱到豊縣, 未知此後患苦如何, 何日得達京師, 悶慮深矣。就中持刻工、卜物人, 初與吾奴相約, 後不更云。問於察訪, 則京房子仇[321]叱同作伴持去云矣。三大字, 苦暑無興, 未及作而來, 逋慢愧愧。惟令照。不具。謹謝。

BNL0454(書-李仲樑-51)(樊卷19:24左)

答李公幹[322]

東海寄信, 忽墮塵中, 從審起處冲珍, 無任欣釋。滉初謂不過秋末當得歸鄉, 旣入難出, 僅解復纏, 將過冬於此, 深悔不堅坐妄動輾轉至此也。示及補軍之難果然, 而今旣停矣, 如後歲復作何? 所云陳訴, 想亦姑停耶?

　　惠魚, 感荷。三字竟不能奇, 且以塞責。不宣。謹拜。

320 戊辰年(宣祖1, 1568년, 68세) 6월 28일 豐山에서 쓴 편지이다. 初本에는 〈答李公幹【戊辰六月廿八日】〉로 되어 있다.
321 仇 : 初本·中本·拾遺에는 "亻丸"으로 되어 있다.
322 戊辰年(宣祖1, 1568년, 68세) 9월 22일 서울에서 쓴 편지이다. 初本에는 〈答李公幹【戊辰菊月廿二日】〉로 되어 있다.

KNL0455(書-李仲樑-52)(癸卷15:22右)(樊卷19:24左)

答李公幹[323]

歲暮旅病中, 忽擎手翰, 開鬱滌愁, 荷幸荷幸? 但審[324]有賦歸之志, 米鹽之冗雖或有不樂, 如無他故, 恐不必悻悻然也。

　　如滉求退未遂, 畏寒龜縮, 事多未安, 苦待春和, 只以檀公三十六策中之第一策爲身計耳。《彌[325]魚之惠, 佩領爲深。謹拜復。》

BNL0456(書-李仲樑-53)(樊卷19:25右)

答李公幹【己巳】[326]

來聞行還有日, 恨未及奉, 承辱惠書, 感慰交集, 宛如對欵。

　　滉愚老分願今始獲, 遂許退還鄉, 幸祝無涯。但於其間多有濫加恩數, 此乃在前欺天之餘罪, 至此尤甚, 不勝惶駭之至。以此未知山中舊樂之爲可樂也。

　　令惠種種又至, 何以堪當? 悚汗不已。惟令諒。不具。謹

---

323 戊辰年(宣祖1, 1568년, 68세) 10월 30일 서울에서 쓴 편지이다. 初本에는 〈答李公幹【戊辰陽月晦日】〉로 되어 있다.

324 審 : 定本에는 "實"로 되어 있으며 교정기에 "審"로 되어 있다. 甲本에도 "實"로 되어 있다.

325 彌 : 初本에는 "旀"로 되어 있다.

326 己巳年(宣祖2, 1569년, 69세) 3월 20일 禮安에서 쓴 편지이다. 初本에는 〈答李公幹【己巳三月卄日】〉로 되어 있다.

拜復。

去冬因人亦有魚物之惠云, 皆爲汗怍。[327]

BNL0457(書-李仲樑-54)(樊卷19:25左)
與李公幹[328]

因憑姪聞令候佳裕, 欣賀欣賀。滉僅保在此。
　就中所詢婚事, 滉亦未知, 當如何考之?《大典》則部內婚姻之禁不載, 不審《續錄》如何? 此中無《續錄》, 幸考之何如? 若以事理言之, 不如瓜前勿爲之爲善。 或有不得已之勢而爲之, 其有物論國禁則未可知也。某意姑退今定之日, 更審聞見他例, 而待秋爲之, 何如[329]? 謹白。

　近以命賜米豆, 本道所定於貴府太多。貴府以名而受弊至此, 殊極未安。奈何奈何?

327 令惠……汗怍 : 初本에는 이 내용이 없다.
328 己巳年(宣祖2, 1569년, 69세) 3~4월경 禮安에서 쓴 편지로 추정된다.
329 何如 : 拾遺에는 "如何"로 되어 있다.

BNL0458(書-李仲樑-55)(樊卷19:26右)

答李公幹[330]

謹承逮問，知喜起處康適。滉粗遣閑寂，但時因朝報，尚有惴慄之懷，不意處世之難至此也。三惠拜領，適先壟三四處設祭，深以感佩。謹不具。

BNL0459(書-李仲樑-56)(樊卷19:26右)

答李公幹[331]

薰風阜財，海邦淸晏，承審起處沖裕，深慰懸跂。險途不可輕涉，邊守固難暫疎，會合延阻，何足爲恨？有如迂拙，尚保餘齡，他何云云？

　　示及校額，本以鈍躓，每爲人笑，今加昏倦，豈敢應命？來紙欲還，畏叱姑留，後當面納。惠物，愧領。謹拜。

BNL0460(書-李仲樑-57)(樊卷19:26左)

答李公幹[332]

八表同雲，平陸成江，身際此境，方信昔人停雲之思。忽奉投

---

330 己巳年(宣祖2, 1569년, 69세) 5월 1~2일 禮安에서 쓴 편지로 추정된다.
331 己巳年(宣祖2, 1569년, 69세) 5~6월 禮安에서 쓴 편지로 추정된다.

簡, 知動履沖勝, 慰釋何喩?

滉跧伏依然, 但大字本非所能, 時被人煎迫, 强而作之, 皆不滿意。今又衰劣, 腕弱倍前, 累蒙來索, 尚未下手, 空言以報, 深自汗恧。俟暑氣少淸, 如得寫就, 當託汾川以上, 不至更煩伻示爲意。

惠珍, 適有客聲, 感仰。謹拜謝。

SNL0461(書-李仲樑-58)(續卷3:32左)(樊續卷3:34右)

答李公幹【己巳】[333]

聞來期在秋夕, 凝佇之至, 忽睹適他之示, 悵惘失圖。然則紅葉淸江, 秋天爽景, 何時而對玩耶? 嘗看崔孤雲詩曰: "今朝又負遊山約, 悔識塵中名利人。" 以【缺】而言之, 殆相似也, 可勝笑恨?

惠及佳品, 頻荷念逮, 悚荷又深。未期會合, 惟冀行色珍勝。《謹拜謝。》

---

332 己巳年(宣祖2, 1569년, 69세) 7월 3일 禮安에서 쓴 편지이다. 初本에는 〈答李公幹【己巳七月初三日】〉으로 되어 있다.
333 己巳年(宣祖2, 1569년, 69세) 8월 12일 禮安에서 쓴 편지이다. 初本에는 〈答李公幹【己巳中秋十二日】〉으로 되어 있고, 中本 및 拾遺에는 〈答李公幹〉으로 되어 있다.

BNL0462(書-李仲樑-59)(樊卷19:27右)

答李公幹[334]

秋夕之期已誤, 意或返旆過此, 今又不然, 承示尤以悵惘悵惘。
　滉保病依然。惠味, 適與親舊共之, 感荷感荷。
　示喩鷹事, 所聞必是誤也, 還愧發言之率易也, 後當面謝。餘懷, 對客不具。

BNL0463(書-李仲樑-60)(樊卷19:27右)

與李公幹[335]

霜寒, 伏問令候何如? 煩恐從孫李善道妻, 以新禮月廿六發行來禮安, 轎人命給爲望。新行旣難乘馬, 又難以私人遠涉, 不得已仰煩, 惶恐惶恐。伏惟令恕。不宣。謹拜白。

　居昌事, 喜不可言。

334 己巳年(宣祖2, 1569년, 69세) 8월 26일 禮安에서 쓴 편지이다. 初本에는 〈答李公幹【己巳八月廿六日】〉으로 되어 있다.
335 己巳年(宣祖2, 1569년, 69세) 10월 2일 禮安에서 쓴 편지이다. 初本에는 〈與李公幹【己巳十月初二日】〉으로 되어 있다.

BNL0464(書-李仲樑-61)(樊卷19:27左)

答李公幹[336]

前者淸江白沙，款興不淺，一散悠悠，承問慰豁，又不可勝。因審起處茂勝，欣仰。惠珍，領荷厚逮。每念分寄之煩，亦不見遺，愧悚如何？惟祈寒天益珍。不宣。謹謝。

兄得惠鷹，時分所捉，亦爲荷幸。

KNL0465(書-安東府官-1)(癸卷15:22左)(樊卷19:27左)

答安東府官【乙丑】[337]

前者兩大喪，皆所親經，老病昏忘，細微曲折，全不記憶，深用慚罪。所疑數條中麻帶、布帶，《家禮》、《五禮儀》齊衰皆用布帶，則恐當用布也。【《五禮儀》只有麻帶之文，而不稱布帶者，其上註中，有"內喪則齊衰"之語。旣云齊衰，則布帶在其中，故不別言布帶耳。疑禮曹未及詳察，仍以麻帶行移也。】

---

336 己巳年(宣祖2, 1569년, 69세) 10월 13일 禮安에서 쓴 편지이다. 初本에는 〈答李公幹【己巳陽月十三日】〉으로 되어 있고, 上本에는 〈與李公幹〉으로 되어 있다.
337 乙丑年(明宗20, 1565년, 65세) 4월 16일 禮安에서 쓴 편지로 추정된다. 樊本 및 上本에는 〈答安東府官【乙丑文定喪時】〉으로 되어 있다. 〔編輯考〕李滉이 安東府官에게 보낸 편지는 모두 1통으로, 庚本에 수록되었다. 〔資料考〕安東府官은 《退溪先生文集考證》에서는 당시 安東判官이었던 禹彦謙이거나 당시 安東府使였던 尹復일 것으로 추정하였다. 禹彦謙은 退溪의 형 李瀣가 乙巳士禍로 인해 甲山으로 유배될 때 金吾郞으로서 호위한 적이 있었다. 《要存錄》에서는 尹復으로 추정하였다.

騣網巾、段㔶頭、燕居服、出入服、馬裝。

右件事, 禮官既不言, 處之實難。然嘗見朱子〈君臣服議〉及答黃商伯、余正甫等書所言, 則今之《五禮儀》所定國恤臣服, 似依朱子說參酌而定之也。

其答正甫書有曰: "燕居, 許用白絹巾、白涼衫、白帶云云。" 以此觀之, 燕居只白衣, 布木皆不妨。帶或條或布皆用白。冠則疑卒哭前布裹笠, 卒哭後易白。騣網巾, 則雖布裹紗帽中不易, 但段㔶頭, 不可不易。【凡華盛之物, 皆去故也。】笠纓用白布木之類, 似無妨, 如何如何? 鞋履宜用白。出入服, 京官皆著衰服, 外官恐與京官不異也。馬裝諸具中華盛者, 權處之, 或易故件, 或雖塗裹, 恐亦無妨。

然此皆妄料如此, 深覺未安。須博謀知禮者處之, 至當至當。出入, 別制生布直領, 似無妨。然時王之制, 無所據, 未敢定行。

《甲、丙、戊、庚、壬爲剛日, 乙、丁、己、辛、癸爲柔日。》君喪, 古云方喪, 實與親喪同之, 後世廢之久矣。盛宋猶未復, 朱子慨嘆而有議。其後稍復, 而本朝尤謹, 然尙多遺制, 私中難以一從古禮。

BIL0466(書-金蠻祥-1)(樊遺外卷2:10右)

答金季應【鸞祥。○壬戌以下, 餠山後孫浩直家藏。】[338]

五月十八日惠書, 夏末始獲承睹, 緣未遇便, 久稽修復, 愧甚疎慢。卽日秋涼，想惟居夷百順，神相福履，向來佳胤患證適然，今幷俱慶矣。來書隨事生瘡之歎，一時天所以玉汝於成者，過則淨洗無痕耳。

滉荷聖朝包荒，得此偸屛，恒自幸惕幸惕。邈無對唔之期，引領南雲，喟息奈何？惟祈益仗忠信，以驗孔聖之言。謹復。

BIL0467(書-金鸞祥-2)(樊遺外卷2:10左)

答金季應[339]

去春辱書，至菊節始奉報去，尙未達前。而今書又到，因審居夷情況，神相淸福，欣寫曷喩？

滉寬恩所曁，保此里居，髮種種而骨稜稜，成一個村翁野叟，猶不敢不以爲幸耳。

來紙，已悉示意。但欲自作則詩思堙滯，恐不足以克玩遣也。無已則取寫古人詩，因風送呈，尤可以發騷興而消牢愁也。

洞庭霜實，每蒙遠寄，珍重如對。山中無物，淸遠香一裹

---

[338] 壬戌年(明宗17, 1562년, 62세) 7월 禮安에서 쓴 편지로 추정된다. 上本에는 〈答金季應【鸞祥○壬戌】〉으로 되어 있다. 金鸞祥(1507~1570)은 本은 淸道, 字는 季應, 號는 缾山이다.〔編輯考〕李滉이 金鸞祥에게 보낸 편지는 16통이다. 庚本에 1통이 실렸고, 續集에 4통이 실렸으며, 樊本 內集에 3통, 樊本 遺集外篇에 8통이 실렸다.〔資料考〕樊本 遺集外篇에 실린 이 편지는 題下 "壬戌" 다음에 "以下缾山後孫浩直家藏"이라는 기록이 있다. 樊本의 이 편지와 그 다음에 나오는 BIL0467~BIL0470 및 BIL0473, BIL0479, BIL0480 편지가 缾山 金鸞祥의 후손인 金浩直이 소장한 간찰을 수록한 것이다.

[339] 壬戌年(明宗17, 1562년, 62세) 9월 禮安에서 쓴 편지로 추정된다.

謾呈。惟冀素養益勝，以慰遐企。謹拜復。

BIL0468(書-金巒祥-3)(樊遺外卷2:11右)
與金季應【癸亥】³⁴⁰

夏秋間，傳聞謫況殊不佳，甚以馳煎。頃自鳳城文村寄到金果一包曰：“南海信物。”而無書。且云：“令嗣所齎來。”以令嗣來，知所苦已差，而以無書，想恐猶未甚清健艱於搦管作字而然也。卽今天寒瘴收，海國爽快，應已調復如常矣。

　病舊尙免他虞，屛伏度日。以祖先諸壟尙無碣標文字，冬來始各略敍刊刻。緣此長在齋庵，日有應接之撓，久闕修問，愧恨愧恨。常思會晤之難如升天，歎亦無益。惟冀萬加珍養。不具。謹拜候。

BIL0469(書-金巒祥-4)(樊遺外卷2:11左)
答金季應【乙丑】³⁴¹

去春琴生之還，拜警惠札，一向因循，未回信字。而情訊又至，開讀欣浣，爲愧更多。仍審徂年厄患，與化俱盡，神相近況，居夷晏福，馳賀馳賀。

---

340 癸亥年(明宗18, 1563년, 63세) 12월 禮安에서 쓴 편지로 추정된다.
341 乙丑年(明宗20, 1565년, 65세) 5월 禮安에서 쓴 편지로 추정된다.

滉癃醜無比, 所幸, 恩許放退, 愚分安安。此外何言？剛而公雖在他道, 適與吾鄕人金富仁鄰邑, 屢得聞問, 是爲幸耳。
　　野人寡陋, 柚之爲纓, 曾未聞知, 承寄乃知海邦有此異事, 此可與坡老所詠椰子冠爲對。嘉尙之餘, 戲吟一絶, 別紙呈上, 只堪笑擲。仍冀以時加珍。不具。謹復。

BIL0470(書-金鸞祥-5)(樊遺外卷2:12右)

答金季應【丙寅】[342]

頃得辱報, 欣寫曷喩？滉平生不幸, 每爲虛名所誤, 轉輾至此, 百病殘年, 固無更入修門之理。君命臨門, 義難自止, 試作行程。適値大雪, 風寒砭骨, 艱抵榮川, 病劇力竭, 不得已上狀乞退矣。
　　相見之難, 正如所喩。然滉旣辭於此, 當俟命於此, 而久留一處, 甚未安。故初四前至豐郡, 留一日, 初六宿于昌樂。持狀人還, 度在六七日間, 似當遇於踰嶺未踰嶺之際, 而又有未可必者。然則丹山一笑, 誠不可期, 奈何？
　　若如來示, 甚好。所可慮者, 君與我今, 皆在人指目之中, 乃相與爲此等擧措, 恐或有後悔耳。然有一於此。今者令姪得喉痛, 令嗣患風證, 本宅已送人迎君來見。若以此爲名而來, 則人之聞見, 以病患之急不以爲謗也。如以見滉爲名, 則殊非所宜。
　　又未知血證調復如何, 馳戀馳戀。紙盡不一。

---

[342] 丙寅年(明宗21, 1566년, 66세) 2월 1일~3일 榮州에서 쓴 편지로 추정된다.

SNL0471(書-金彎祥-6)(續卷3:33左)(樊續卷3:35右)

答金季應【丙寅】[343]

《滉昨奉伻候?。其人未發, 而辱書來到, 承審前患猶未快健, 因未有踰嶺之意, 不任戀悵之至。在龜城, 審知令姪已差。但令嗣證, 得之非偶, 恐未易差, 治療誠不可忽, 而不能以時來見, 豈無關念?然亦當務自撥置, 以安養爲第一義爲佳。》

馬不進之喻, 可一笑。但以病則如此, 以老則如此, 以愚分則如此, 而誤恩至如此, 時議又如彼, 雖欲死而後已, 勢有大不可者。故不得不求已於未死之前, 時義不同故也。此意當默會, 難以筆旣耳。今雖如避, 非久而必任便, 共玩蝦詠, 豈在遠也?

《順天公簡, 謹當傳致。餘》惟倍加調攝。《謹拜報。》

SNL0472(書-金彎祥-7)(續卷3:33左)(樊續卷3:35左)

答金季應[344]

此行六得手緘, 何啻可代面目?顚沛道路之餘, 惟此爲慰幸慰幸。如京之人, 今日當到, 而過午不至, 得非啓下不得以時耶?臥思忽忽, 誠有難堪。時復思之, 在我如此, 在季應當如何堪

---

343 丙寅年(明宗21, 1566년, 66세) 2월 4~7일 豐基에서 쓴 편지로 추정된다. 上本에는 〈答金季應〉으로 되어 있다.

344 丙寅年(明宗21, 1566년, 66세) 2월 8일 豐基에서 쓴 편지로 추정된다.

過? 亦消遣之一助也。然季應則又當思之曰:"咫尺家鄉猶不堪, 則海島十九年, 爲如何耶?"如此又足爲消遣之一大助也。

前見鷄鳴乃睡之喩, 恐或有未釋然者。氣之不平, 未必不由此, 故敢告。雪嶺參天, 身病日劇, 設使未蒙兪音, 難卜蹈嶺, 而丹人探問日至, 殊未安。幸喩使止之, 何如? 謹此奉復。

BIL0473(書-金鸞祥-8)(樊遺外卷2:13右)

答金季應[345]

琴悌筍來過, 得見辱報, 欣荷欣荷。但近日滉之狼狽極矣, 皆由恩命之過重, 老病愚拙, 無以堪當。勢將得罪, 公不誨慰, 而反有垂慶之言, 何耶? 甚非相知之間所宜云也。

惠詩珍重, 只緣過許之言, 未敢承和。前在豐郡得二絶, 未呈, 今錄別幅, 幸笑覽, 勿示人也。謹復。

BNL0474(書-金鸞祥-9)(樊卷19:29右)

答金季應【鸞祥。○丁卯】[346]

來時雖趁中秋之約, 尙阻龜城一嶺, 別來惘惘難禁。玆承惠書,

---

345 丙寅年(明宗21, 1566년, 66세) 2월 13~24일 醴泉에서 쓴 편지로 추정된다.
346 丁卯年(明宗22, 1567년, 67세) 8월 하순 禮安에서 쓴 편지로 추정된다. 〔資料考〕 中本의 부전지에 "見位字軸。"라고 하였다.

慰感何勝？且審患證平痊，尤以爲喜。

 滉亦到龜城，見重[347]任而用其藥，因得差歇，支吾至今，豈非天也？但聞時議皆以爲非，心甚未安。然新政之初，病失官守，及其未死而去，則可免尸竊之誅。不然，人將不食吾餘，吾行安得而不匆匆耶？世人云云，其亦不思之過也。

 龜翁處寄簡，當俟有歸人爲致之，惟照。不具。謹復。

BNL0475(書-金鸞祥-10)(樊卷19:29左)

與金季應[348]

今見琴友卿書，示啓辭大槪，乃知天道好還，無往不復，不勝賀慶之極，太平萬歲，讚誦無已。觀其啓意，公必自彼赴闕，無暇踰嶺而來重歷舊寓之隙矣。

 滉當彼時，病重疑死，狼狽徑歸，大爲時論罪責，惶恐羞死，無地容措。

 龜翁答簡，送上，照領。適有小冗，草草奉賀。

---

347 重：上本의 두주에 "按《甁山集》，重作仲。"라고 하였다. 이에 根據할 때 "仲"인 듯하다.

348 丁卯年(明宗22, 1567년, 67세) 10월 중순 예안(禮安)에서 쓴 편지로 추정된다. 中本에는 〈與季應〉로 되어 있고, 교정기에 "金"으로 되어 있다.

BNL0476(書-金鸞祥-11)(樊卷19:30右)

答金季應[349]

承悉令候尙有未甚和勝, 馳想更深。滉冒寒力疾, 汨汨如此, 何以自堪? 以此一未造問, 愧負。謹復。

借滑石簡[350], 送傳于惟新, 何如? 腹病屢發, 欲豫儲其材故也。

SNL0477(書-金鸞祥-12)(續卷3:34右)(樊續卷3:36右)

與金季應【丁卯】[351]

金鷄放敕, 泮林召還, 羽儀明庭, 黼黻王猷, 在此之行, 古人所謂白日昇仙也。諸彙皆昇仙, 聖朝太平盛事, 讚賀抃慶, 言所難形。而亡兄九泉之下, 亦蒙恩霈, 感痛亦不可勝。

聞已蹜嶺, 當暫留鳳城等處而後, 乃作西行, 不知留得幾日? 病甚畏寒, 不能馳往候別, 愧恨之至。如有少暇, 中間僧寺名龍壽者, 可相會宿, 以徵昔日蝦水之夢, 豈不幸甚幸甚? 但恐緣此稽遲, 有妨趨謝之期, 則爲未安, 不可强耳。餘惟您攝未久, 冒寒行動, 千萬珍護, 以副懷仰。《不宣。》

---

349 丁卯年(明宗22, 1567년, 67세) 11월 禮安에서 쓴 편지로 추정된다.
350 簡 : 文脈에 근거할 때, "散"의 誤字인 듯하다.
351 丁卯年(明宗22, 1567년, 67세) 12월 禮安에서 쓴 편지로 추정된다.

答金季應【鸞祥。○丁卯】[352]

臨行, 不遂面別, 恨不可勝。續奉留寄手翰, 備審示意, 慰且感荷, 無以爲喩。顧以滉心事太乖, 訖未修報, 愧罪何極?

示督碣銘, 以平昔契義言之, 何待懇索而後爲之? 前旣累書, 今又遣嗣胤, 涉冰雪來, 叩雀羅之門。滉雖頑固, 心非木石, 豈敢有負於幽明之間哉?

第以自去秋妄歸之後, 咎責塞兩儀, 上自搢紳, 下及都鄙, 毀謗藉藉, 至比於禽獸異端。豈有人得罪時賢若此, 而敢抗顏冒恥, 爲他人作傳後文字耶? 以是惶慚, 金顯卿令公求得其母夫人墓碣, 不得應副而還之。如此者非一, 今豈可爲公作此文耶?

況有千萬意外, 召命重疊, 雖因姑徐之旨, 而儳度時月, 惶怖憂悶, 爲何如也? 滉於此際, 得保喘息, 亦云幸矣。何暇他事? 玆以未從盛意, 深負萬萬。

前來二行狀, 當附令嗣還上。於微情猶有未忍, 俟後日終不可爲, 然後還之未晚, 姑未果。伏惟尊諒恕貸, 至祝至祝。《餘在令嗣。只此拜復。》

《公在謫所, 固難他求, 今在都中, 滿朝秉筆之士如林, 何必枉索於得罪名流之人? 假使滉無他難事, 猶不可僭越爲之, 況有云云之事耶? 一且不可, 況堪責二耶? 凡此曲折,

---

352 丁卯年(明宗22, 1567년, 67세) 12월 禮安에서 쓴 편지로 추정된다. 中本·樊本·上本에는 〈答金季應〉으로 되어 있고, 擬本에는 〈答金季應【丁卯】〉으로 되어 있다.

賢胤細知, 去必能細達。》

BIL0479(書-金䲜祥-14)(樊遺外卷2:13右)
與金季應【己巳。見《缾山集》。】³⁵³

近見具汝膺, 知公患痢已差爲慰。就中南校官雖罷而來, 爲其代者南上舍夢龜, 在其近處李校理處, 了簡託以傳之, 無不可也, 須速告託爲佳。聞君亦有此意, 故言之, 南君宜無不許。
　聞李公不赴召命, 想仍在江陵也。謹叩。

BIL0480(書-金䲜祥-15)(樊遺外卷2:13右)
答金季應【庚午】³⁵⁴

新正, 伏承令問, 審知閑履多福, 欣荷。況荷賜存活, 衰劣常理, 不足爲言。年前兩書中得見者, 第二書耳。
　今復惠及新曆, 感佩無已。餘祈令候珍毖。不宣。謹謝。

---

353 己巳年(宣祖2, 1569년, 69세) 3~12월 禮安에서 쓴 편지로 추정된다. 上本에는 〈與金季應【己巳】〉로 되어 있다. 〔資料考〕 이 편지는 金䲜祥의 후손인 金浩直이 소장한 간찰을 옮긴 것으로, 《缾山文集》에도 실려 있다. 中本에는 없다.

354 庚午年(宣祖3, 1570년, 70세) 1월 禮安에서 쓴 편지로 추정된다. 〔資料考〕 이 편지는 樊本을 편성할 때 金䲜祥의 후손인 金浩直이 소장한 간찰을 추가로 수집하여 수록한 것이다.

SNL0481(書-金鸒祥-16)(續卷3:33右)(樊續卷3:34左)

答金季應[355]

清和書來, 秋盡闕報, 逋慢可愧。承知春間餘證未痊, 想今調攝淸快, 神觀益勝常矣。居夷得僮僕貞, 殊不易事。

農幹之亡, 豈不關念? 然以困亨之道, 凡此等類, 皆當痛排遣之, 勿留胸次乃善耳。偶得金臺楊氏香一封寄表, 幸時拈出遣興。不宣。《拜復。》

KNL0482(書-趙容-1)(癸卷15:24左)(樊卷19:31左)

答趙大宇【容, 靜菴之子。】[356]

《往年在京, 病中臨枉, 每深馳遡。今玆遠垂書問, 爲遣賢姪, 備悉官況淸福, 欣慰何喩? 滉老病奄奄, 賢姪所見, 不須更言。就中》送示先大憲先生行狀, 捧讀感痛, 無以爲心, 令人數日如醉。謬囑碑文, 所當盡死力爲之。第以滉自少多病不學, 不曉文章體格, 方在盛年, 人未嘗以此等事相期, 滉亦不敢有意於其事。逮此老昏瀕死之時, 豈可强其所不能反以此等重事自任乎? 故人或來求, 一切不能聽從。今若獨作此文, 則前辭者衆

---

355 연월 미상 禮安에서 쓴 편지이다.
356 연월 미상 禮安에서 쓴 편지이다. 趙容(1518~?)은 本이 漢陽, 字는 大宇이다. 〔編輯考〕李滉이 趙容에게 보낸 편지는 2통이다. 모두 庚本에 실렸다. 〔年代考〕이 서간의 내용에 의거할 때, 甲子年(明宗19, 1564년, 64세) 이전에 보낸 것으로 추정된다.

怨朋興, 後來者無辭可拒, 極有難處之勢。以故反覆思之, 不
得依命, 不勝愧負萬萬。

　　且非但如此, 伏睹狀中所載事實, 殊爲疎略, 誠使有作, 豈
可令盛德懿跡終歸於如是沒沒無傳乎？故滉愚意, 爲公之計,
欲彰傳先德, 宜先益廣訪問。賢者識其大, 下者識其小, 搜求
旣勤, 必多有所得。然後裒聚商酌, 疑者去之, 信者取之, 添入
狀中, 庶幾狀文所載實蹟完備。以此更求當世秉筆諸公處, 瀝
誠祈懇, 必有應副撰成者矣。

　　滉所聞一二條錄上, 須依此旁求數年之間, 切毋以欲速成
而仍前鹵莽也。幸甚幸甚。孔子曰："欲速則不達。"前聖之言,
豈欺人哉？伏惟照諒。行狀, 謹附賢姪回納, 幷惟視至。

　　《薑、扇等物, 謹具拜賜矣。筆墨紙地, 旣辭所敎, 難以承
受。餘在賢姪。謹此拜謝。》

KNL0482A(書-趙容-1-1)(癸卷15:25左)(樊卷19:32左)

別紙

　　會寧府城底野人速古乃者, 潛與深處野人通謀, 來犯甲山府,
多掠人畜, 邊將將治之, 亡去。戊寅, 南道兵使密啓："速古乃
於甲山近處, 潛往來漁獵, 徒衆難捕。請出其不意, 發軍掩捕。"
朝議先密諭于本道, 遣李之芳, 同監司、兵使捕獲置法。

　　上御宣政殿, 賜宴及御衣弓矢, 三公及該曹知邊宰相環侍。
先生時爲副提學, 請對進曰："此事譎而不正, 殊非王者禦戎之
道, 正類盜賊穿窬之謀。以堂堂大朝, 爲一么麽醜虜, 敢行盜

賊之謀, 辱國損威。臣竊恥之。"

上卽命更議。左右爭進曰: "兵家有奇正, 禦戎有經權。臨機制變, 不可執一論也。詢謀已同, 不可以一人之言遽改也。" 兵曹判書柳聃年進曰: "耕當問奴, 織當問婢。臣自少出入北門, 彼虜之情, 臣已備諳, 請聽臣言。迂儒之言, 勢難盡從。" 上猶不聽, 諸宰樞皆懷不平而罷。

戊寅年, 臺諫請革昭格署, 累月不允, 弘文館亦逐日論啓。先生時爲副提學, 一日, 率僚員詣政院, 告承旨曰: "不蒙允, 今日不可退家。" 日暮, 臺諫皆退。玉堂仍留不出, 終夜論啓, 至雞鳴, 得允乃出。

狀中所云"靖國功臣之無績濫授而被論者", 是指何人？須聞見得實, 又須審問其因此激成禍端之言虛實如何。中廟末年, 從臣昭雪之言, 仁廟朝, 臺館學生請復職疏章首末及依允復職時月, 右等事, 皆當詳悉考錄。

KNL0483(書-趙容-2)(癸卷15:27右)(樊卷19:34右)

答趙大宇【戊辰】[357]

《千里書來, 得審雅履佳勝, 深以感慰感慰。滉年來多病多厄, 未有稅駕之期, 深悶深悶。》

示取行狀, 草定有年, 但以輕出, 恐有後悔, 故未敢送呈。

---

[357] 戊辰年(宣祖1, 1568년, 68세) 1~2월 禮安에서 쓴 편지로 추정된다. 中本에는 〈答趙大宇【容。戊辰】〉으로 되어 있다.

今欲附來使, 出而讀之, 尙有當改處。旣送則難可追改, 姑復留之。改定後送于京中本宅, 俾之傳上爲計。但今召命疊下, 病未趨赴, 惶恐憂撓, 似未及期, 當俟得便卽爲, 不至廢忘也。《惟照諒。惠魚, 領荷領荷。不具。》

旣修書, 更思之, 千里之遠, 三次伻來, 又復空手而歸, 至爲未安。草稿及考據事實, 一紙同封, 附來使送上。未足以發揚先德, 祇爲玷累, 惶恐惶恐。且未正書, 尤愧不敏。傳寫後, 須還此草, 至望。《兒子寯, 今爲司醞直長, 在西小門內滉前所寓家, 寄此則可無失也。家無他草, 故敢白。》

KNL0484(書-朴漸-1)(癸卷15:27左)(樊卷19:34左)

答朴子進【漸。○壬戌】[358]

《鄭子中傳致惠書, 久瀾音信之餘, 知動靜超勝, 慰豁不容言。今此病漢, 日覺癃憊, 其於應酬人事, 例多損減, 雖以相契念如足下, 亦不以時修問如何, 恒自愧悵。

就中》僕於足下, 曾所面款, 及後來得書所云, 每嘉志趣之誠確甚不易得也。

然而猶未知平日爲學端的用工處, 多在何書, 其用工來, 所得何義? 所疑何事? 若眞實著力硏窮, 著脚推行, 積漸積久,

---

358 壬戌年(明宗17, 1562년, 62세) 禮安에서 쓴 편지이다. 〔編輯考〕 李滉이 朴漸에게 보낸 편지는 2통이다. 모두 庚本에 실렸다.

其間必有所深喜, 亦必有所深疑可指出以與同志往復論難者。惟如此然後庶乎有益於彼此。

苟爲不然, 嚮道之意雖切, 願學之志雖懇, 實未曾下手用工, 讀書泛泛, 度日悠悠, 義理未精, 不審其如何而可精, 踐履有違, 不究其如何而無違。往往環顧其中, 與不學之人, 初無相遠。徒以是慨然發歎, 自咎自責於對衆言談之間、朋友書尺之際。竊恐非但無益於此學, 反以取笑於流俗, 非細故也。

滉非有得於學者, 以足下向學之意始終不渝而久未聞一句論學之說爲可疑, 故聊誦所聞以奉扣。幸有可復, 因風垂警, 何如? 不宣。

KNL0485(書-朴漸-2)(癸卷15:28左)(樊卷19:35左)

答朴子進【癸亥】[359]

《子中來南, 獲見垂報, 開慰殊深。但每得來書, 皆云身恙。想君非不善將護, 何乃如此? 誠足爲恨。然以君盛年, 當得調養之力, 若如衰朽, 亦無此望, 爲可撓悶耳。》

示喩讀《論語》得靜味, 甚善甚善。但聖門教人之法, 多在孝悌忠信之類, 而就言動、周旋、應接處用力, 不專在於靜處也。

且旣云:"少無俱馳之心, 只安所遇之位。"是已到《大學》定靜安地頭、《孟子》先立其大而小不能奪處。何故更有出入之患及失言苟且等病耶? 得非涵養、省察, 未免兩疎, 雖有俱馳

---

359 癸亥年(明宗18, 1563년, 63세) 4월 17일 禮安에서 쓴 편지로 추정된다.

與不安所遇之失, 不自覺知而云爾耶? 今欲治此病, 但以來喩所擧"致知未盡, 居敬不力"者而反之, 則實體可見, 而心能作主矣。

其言果敢之力, 亦非可强作, 但知言養氣, 而見理必從, 聞義必徙, 則漸可馴致。不知公意以爲如何? 所冀勉厲毋畫。不宣。

KNL0486(書-金宇宏-1)(癸卷15:29右)(樊卷19:36左)

答金敬夫【宇宏。○丙寅】³⁶⁰

往年在泮, 得見盛策一道, 信知名下無虛士, 中間, 夤緣幸會。又辱枉過山室, 感幸深矣。爾後, 雖無便再奉, 想味風義, 未嘗去于心。玆承手札, 理趣詞彩, 粲然動人, 不勝珍服。

第所以稱道假借之者, 太不近似, 皆非妄庸人所敢當者, 豈故欲獎誘薰沐而使之勉進也耶? 雖然, 言貴忠信, 友當切偲。以滉老病鄙陋, 處身失當, 方困於群疑積謗之中, 乃不惠以規戒之藥石, 而反有云云, 殊非所望於善導輔仁之地, 愛人以德之意也。惟增汗怍。

至如所云飛語者, 此何等不關事而必如是費氣力分疎爲耶? 凡人敢向人作傲慢語, 雖曰凶德, 必有所挾恃, 然後乃爾。若如滉者, 空疎薄劣, 最出擧世人人下, 他無所知, 而自知則甚

---

360 丙寅年(明宗21, 1566년, 66세) 9월 하순 禮安에서 쓴 편지로 추정된다. 金宇宏(1524~1590)은 本이 義城, 字는 敬夫, 號는 開巖이다.〔編輯考〕李滉이 金宇宏에게 보낸 편지는 4통이다. 庚本에 3통이 실렸고 樊本 內集에 1통이 실렸다.〔資料考〕《開巖集》에는 金宇宏이 退溪에게 보낸 편지 2통이 卷3(1右~4b)에 실려 있다.

明。故平生未敢懷抑彼揚己、傲世凌人底心, 況可攘聖語以自抗而敢麗斥他人耶? 在他人猶不敢, 況斥曺南冥耶? 此間旣無此語, 以左右之高義, 又豈有造言語以告人之理?

　古云: "流丸止於甌臾, 流言止於智者。"若流言之可疑者, 固止於智者。今此語者, 無所可疑, 何待智者而後止耶? 頃者賢胤之來, 已聞其語, 但付之一笑而已。想南冥之經由彼中, 與之款晤, 其聞此, 亦必曠然不以爲意也。不知公何置念於其間而爲此耶?

　同異之論, 來書盡之, 無復改評。顧滉與南冥生竝世, 而未與之相接, 常切慕用之私。今其起應召命, 又見其合於君子隨時出處之誼。其視滉老蹟病廢, 膠著一隅而將獲罪者, 一何相去之遼耶? 因來書語及其人, 不勝歎尙。心忪氣眩, 言未縷悉, 惟祈以時珍重。《謹拜復。》

KNL0487(書-金宇宏-2)(癸卷15:30左)(樊卷19:38右)

答金敬夫、肅夫【字顯】[361]

滉頓首再拜。滉年來, 身事顚躓, 病多曠廢, 修問孝候, 久傀淹闕。茲承辱垂僉書, 益深汗仄之至。仍審僉孝履支勝, 甚慰

361　己巳年(宣祖2, 1569년, 69세) 3~12월 禮安에서 쓴 편지로 추정된다. 金宇顒(1540~1603)은 本이 義城, 字는 肅夫, 號는 東岡, 諡는 文貞이다. 〔資料考〕이 편지는 金宇宏의 《開巖集》에 〈上退溪先生問目【己巳】〉이라는 제목으로, 金宇宏의 문목과 退溪의 답변이 실려 있다. 다만 退溪 편지의 서두 "滉頓首……復狀" 부분은 빠져 있다.

慕戀之私。

　滉苟進難退, 幾無以自返, 幸蒙天恩, 獲遂首丘之願, 感祝無地。示詢數條, 皆非愚昧所及, 具在別紙, 伏惟僉照。餘冀僉順變俯就。《不具。謹拜復狀。》

　宇宏等考禮繆誤, 題奉祀於寫者之右, 今悟其非, 欲改正, 而未知因練祭與大祥之日, 孰爲得宜。

題[362]奉祀名, 朱子《家禮》其下左旁, 本謂寫者左旁, 非有可疑, 而後賢又有題神主左旁者。今人多主後出之說, 必欲不用朱子說, 尋常所未喩也。今若欲改, 固當於練祭改之, 何必更俟大祥而後爲之？ 蓋大祥改題主時, 新主尚在几筵, 雖俟其日改題, 亦與先世改題別一節次, 均是別一次[363], 先事而爲之, 恐無妨也。

　小祥, 別製服, 古也。據《家禮》, 雖云陳練服, 而無別製衣裳之文。又據《禮記》〈檀弓〉"練衣黃裏"註曰："正服不可變, 以練爲中衣, 承衰而已。"今擬不製服, 但作練冠, 去首絰以下, 又以練布製承衰之中衣, 庶幾從簡而不失存古。小[364]祥不別製服, 朱子所以斟酌損益得時宜之禮, 如所示爲之, 甚當。

---

362 題 :《開巖集》에는 앞에 "答"이 있다.
363 別一次 : 두주에 "一本, 次上有節字。"라고 하였다. 樊本에도 동일한 두주가 있다.《開巖集》에는 "別一節次"로 되어 있다. 養校에 "下別一下, 疑脫節字。《禮儀補遺》引此書, 下一字下, 有節字。"라고 하였다.
364 小 :《開巖集》에는 앞에 "答"이 있다.

朱子云:"斬衰草鞋, 齊衰麻鞋。"宇宏等考禮未悉, 成服時用稿草鞋, 今似不可中改。但按〈檀弓〉"練有繩屨"之文註云:"麻繩屨也。"欲據此, 小祥改作麻鞋。

小[365]祥改作麻鞋。禮有初未合宜者, 中而覺之, 據禮而改之, 豈有不可者乎? 滉憒於禮學, 承問之及, 率爾奉報, 汰哉之誚, 無所逃免, 惶恐惶恐。

BNL0488(書-金宇宏-3)(樊卷19:39左)

答金敬夫、肅夫[366]

滉頓首。伏承僉辱惠書, 謹悉僉孝候支勝, 甚慰遐想。緬惟外除已臨, 追慕曷任?

就中俯詢諸禮, 皆非愚昧所及, 妄有云云, 知必獲罪於明禮之君子, 猶不知止者, 不敢自外於僉左右有言而無酬故也。伏惟諒察而去取之。不宣。謹拜復。

---

365 小 :《開巖集》에는 앞에 "答"이 더 있다.
366 庚午年(宣祖3, 1570년, 70세) 4월 禮安에서 쓴 편지로 추정된다.〔資料考〕이 편지는《開巖集》에도〈上退溪先生書【庚午】〉라는 제목 아래 節略되어 실려 있다

KNL0488A(書-金宇宏-3-1)(癸卷15:32右)(樊卷19:40右)

別紙

《滉累被嚴召，出於乞休致之餘，惶恐窘迫，不知所爲。》

　《家禮》，祭饌有醋楪。弊家三年之中，只象平日，用醬代之。後日家廟常祭，當如何？又饌有鹽楪，而不言設處。丘氏《儀節》，則鹽醋二楪，並設於前一行，而亦不設醬。醬者，食之主也。於祭不設，抑有何義？

只[367]一依禮文，鹽醋俱設。其設處，且當從丘氏。然凡飲食之類，古今有殊，不能必其盡同。以今所宜言之，鹽不必楪設，各就其器而用之，醬則恐不可不設也。所謂"象平日，用醬代之"者，得之。

　禫冠，用草玄笠，是玄冠，極未安。《五禮儀》用白笠，俗用草笠，不知何據？今欲黲布裹笠，如何？

草[368]玄笠，固未安。《五禮儀》白笠之制，不知自何時變而爲玄冠也。若此等事，向也皆不能據禮變俗，今不敢硬說。

　告祭時果一大盤，只一器否？盞盤，是盞臺否？

一[369]大盤。盤中所設，恐不止一器而已。盞盤應是盞臺。

---

367 只：中本에는 앞에 "先生批云"이 있다. 《開巖集》에는 앞에 "答"이 있다.
368 草：中本에는 앞에 "批云"이 있다. 《開巖集》에는 앞에 "答"이 있다.
369 一：《開巖集》에는 앞에 "答"이 있다.

《大祥前一日, 主人告祠堂, 當服何服? 墨衰, 今亡其制, 則宜用草笠、白衣帶否? 或用禫服玉色衣, 或欲使已除者攝則如何? 丘氏云: "父先亡已入祠堂而母亡, 只告先考一位。" 弊家祠堂, 只同堂中諸位列坐, 而不備異室之制。今此只告一位, 於情義如何?》

《墨衰入廟, 朱子云然。今人好禮者, 制墨衰, 用於三年內, 則冠亦墨, 無所不可, 旣不能然, 處之極難。如所喩草笠、白衣·帶, 用於祥後, 猶有不合禮之疑, 況前祥一日而徑着入廟, 豈爲得宜乎? 禫服亦然, 已除者攝行則尤不可爲。

竊恐中古墨衰之制, 正爲此等事難行處通行設也。今就四者皆不得處而言不得已之權制, 白衣、帶、冠, 亦用白布制如喪冠而行之, 何如? 然此亦無經據率意云如此, 深恐不免汰哉之誚也。母喪後而不敢徧告者, 新主只入先考龕, 無迭遷之事故也。雖不備異室之制, 恐不可爲。是故改祝詞而用迭遷之禮也。如何?》[370]

祝文云潔牲, 無牲云庶羞。今或買肉, 則從無牲例否? 如或殺牛, 則曰一元大武, 鷄則曰翰音, 可否?《家禮》〈祭圖〉, 牲無設處。如用之, 不知設於何所?

牲[371]不特殺, 則不可用潔牲等語。士大夫廟祭, 不聞以一元大

---

370 大祥……如何: 中本의 부전지에 "此條問答可疑。喪中祔廟及改題之時, 主人皆以衰服行事, 無改用他服之理。若墨衰則如廟中時■祀之時, 吉凶不容相混故也。更詳之。"라고 하였다.

371 牲:《開巖集》에는 앞에 "答"이 있다.

武爲祝詞。假使一時因事殺牛，非平日每祭輒殺牛，則一用此辭而後不用，尤恐不可也。

《禮》云斷杖，而無焚衰之文，今人焚衰，不知何據？〈曲禮〉云：〝祭服敝則焚之。〞衰亦祭服也，焚之似得。或有據《禮》不當焚云者，其說如何？
滉[372]所疑亦如來喩。但若當焚之，《家禮》何故不言？是未知耳。

KNL0489(書-金宇宏-4)(癸卷15:33左)(樊卷19:42左)

答金敬夫、肅夫【庚午】[373]

《滉白。謹承僉辱惠書，具審俯就外除不敢之歎，方共切切。不意凶變，令妹氏奄復違世，承訃驚怛，不能已已。恭惟友愛加隆，哀痛何勝？伏熱政熾，伏願深自寬抑，以慰遠誠。》

過詢禫日變服之節，所疑果似有之。然變服，禮之大節目，若果祭而後始變吉服，《家禮》當明言以曉人，豈宜泛然云〝皆如大祥之儀〞？其無陳服之文，豈不以喪服之漸變者當陳、吉服之卽常者不當陳也耶？

且旣祭之後，改服之節，又當何如而可？納主而後變，則是不告神以喪畢之故，抑未納主而吉，則吉後都無所爲於告神

---

372 滉：《開巖集》에는 앞에 〝答〞이 있다.
373 庚午年(宣祖3, 1570년, 70세) 6월 禮安에서 쓴 편지로 추정된다. 〔資料考〕《開巖集》〈上退溪先生書【庚午】〉에도 〝〈雜記〉曰〞 이하가 실려 있다.

喪畢之節, 恐皆未安也。

嘗觀禮經, 自禫卽吉, 其間服變之節, 殆有五六。《周禮》文繁乃如此, 後世固未可一一而從之, 故《家禮》只如此。今若以尙有哭泣之文, 純吉未安, 只得依丘氏素服而祭, 何如何如?

至如上丁國忌之避[374]不避, 無所考據, 尤不敢輕說, 只在僉加商度之宜。竊恐禫, 古卜日以祭, 其無恒定之日, 可知。退行亥日, 其或可乎?

滉不學昧禮, 每於誤訪, 妄有陳獻, 極知愚僭, 不加斥外, 復此咨問, 踢踳尤深。《近患眼疾, 書不成字, 惶汗不具。謹拜慰狀。》

〈雜記〉曰: "父母之喪, 將祭而昆弟死, 旣殯而祭, 同宮則葬而后祭。"祭, 謂大小祥之祭也。〈喪服傳〉曰: "有死於宮中, 則三月不擧祭。"今妹歸夫家有年, 以喪來此, 死於是而殯於是, 則是同宮也。先妣禫事, 當爲之三月不擧乎? 又卒哭之前, 四時吉祭, 似不可行。如朔望參謁, 薦以時食之類, 可以行之無礙否?

右[375]禮盆所難處。從古禮, 則葬前未可擧行審矣。但此等事, 人家比比有之, 練、祥等祭, 必依古禮, 葬後而行, 或葬不得以時, 因此而廢大祭, 似甚爲難。竟不知當如何。亦在僉議善處, 幸甚。

---

374 至如上丁國忌之避 : 中本의 부전지에 "此條更考."라고 하였다.
375 右 : 《開巖集》에는 앞에 "答"이 있다.

KNL0490(書-吳彥毅-1)(癸卷15:35右)(樊卷20:1右)

與吳仁遠【彥毅。○庚子】[376]

發行之後，適値連日雨下，水路及登陸，皆似多艱。失路還鄉，本無情興，重値此苦，未知行色如何？兄來此日久，熟視吾事。吾之從宦在京，其有樂乎？

　自兄下鄉，寂寥尤甚。欲觀書，則病爲之祟；欲開懷，則無與晤言，時時目擊庭花，以資度日耳。兄之歸也，想春醵方熟，拍拍盈缸，水荣滿盤，山蕨飽雨，對齊眉之案，旙[377]腹果然，飯已，扶杖出門，消搖於溪上，則綠陰滿地，禽鳥和鳴，東鄰西舍，惟意所適，此樂何極？古人云："無不足兮，奚所望？"正謂此也。而向觀兄意，猶未免得失之嘆，何耶？

　如滉平生，事與心違，繫祿于朝，如魚中鉤，未能自脫。碌碌庸人之爲，何足道哉？可愧可歎。向熱，惟加愛萬萬。

BNL0491(書-吳彥毅-2)(樊卷20:1左)

答吳仁遠【乙巳】[378]

自兄南行，邈絶音耗，比者聯得兩書，氣味佳裕，豈勝慰豁？

376　庚子年(中宗35, 1540년, 40세) 4월 서울에서 쓴 편지로 추정된다. 〔編輯考〕 退溪가 吳彥毅에게 보낸 편지는 8통이다. 庚本에 2통이 실렸고, 樊本 內集에 5통, 樊本 遺集內篇에 1통이 실렸다. 〔資料考〕 이 편지는 中本에는 실려 있지 않다.

377　旙 : 李校에 "旙, 疑當作膰, 大腹曰膰, 見《歌韻》."라고 하였다.

滉頃因山陵陪衛, 勞頓增疾, 方在假調息, 如未速差, 必至遞職。若此非一, 未安如何可言? 關西之行, 則以是已免矣。

家兄以聖節兼謝恩使, 孟夏念二, 當赴京, 觸熱遠涉, 憂慮預劇。

彦敬事, 其公事果已來到。但卒哭前, 且以上體未寧, 公事多滯, 今則上候平復, 朝夕當下該曹, 下則成之圖囑, 似無可疑。惟照諒。

許孫則時未來京。承聞宅舍改築, 竹林梅塢, 想蕭洒十倍於前, 顧恨風塵之人, 無緣嘯詠於其間耳。朴子珍爲我傳信, 幸甚。何時會欵? 臨紙忉忉。

BNL0492(書-吳彦毅-3)(樊卷20:2右)

答吳仁遠【丁未】[379]

隔濶已甚, 忽奉閏九月廿一日書, 蘇慰特甚。但僕自鄉發行之日, 見守盈於路, 聞兄將上洛, 到京寒眼企待, 家兄亦聞而待之。今得來示, 竟至停行, 失望甚矣。

又因來者口報, 以本郡主殺人之故, 方在縲絏之厄。若果是, 則安有若此不祥之事乎? 城門失火, 殃及池魚, 魯酒薄而邯鄲圍, 古今人事, 何可勝言? 驚痛萬萬。不知其獄情如何?

---

378 乙巳年(仁宗1, 1545년, 45세) 4~6월 서울에서 쓴 편지로 추정된다. 中本 및 拾遺에는〈答吳仁遠【彦毅○乙巳】〉로 되어 있다.

379 丁未年(明宗2, 1547년, 47세) 10월 서울에서 쓴 편지로 추정된다.

於兄所問之情, 處之難易若何?

當此苦寒, 圜土受辱已慘, 況於大獄之連, 例不免榜掠, 尤爲痛慮痛慮。遠地無緣馳問, 徒切熻煎, 奈何? 幸於來信, 略示端倪, 以解情悶, 企企。<u>彥敬</u>事亦可慮也。

來人投書, 立索還答, 未暇問于本曹, 從當問之, 惟尊照。僕病深難堪, 今亦感寒, 方受由調保耳。餘情, 匆匆不一。

乾柹之惠, 感怍感怍。

BNL0493(書-吳彥毅-4)(樊卷20:3右)

與<u>吳仁遠</u>【戊申】[380]

違濶年多, 未審況味若何? 尋常懸戀懸戀。僕自到<u>丹郡</u>, 無一好事中, 罹喪兒之痛, 病勢倍劇, 難以久居其任, 再三乞辭, 監司不聽。適又家兄下鄕, 不得已力疾追到, 拜奠祠墓[381], 留連累日, 以敍契闊之懷。此間愴幸之情, 何能備述?

但不得與兄會合款晤, 目送南天, 臨觴浩歎而已。明日當與兄偕轡發還, 未期後面。惟冀自重千萬, 以慰遠悃。不宣。謹奉問。

---

380 戊申年(明宗3, 1548년, 48세) 10월 禮安에서 쓴 편지로 추정된다.
381 墓 : 拾遺·上本에는 "廟"로 되어 있다.

BNL0494(書-吳彦毅-5)(樊卷20:3左)

答吳仁遠[382]

久違積戀, 獲睹來問, 悅接警欬, 披豁難勝。僕之來此, 踰嶺近鄕, 似爲幸矣。惟以煩撓, 甚妨於調攝。秪緣無可去之便, 悶嘿在此, 興致如何?

家兄纔入復出, 時無恙按行云, 此外何說? 尊兄一去南鄕, 頓稽北轅, 何耶? 聞兄於巴鄕甚得意, 其不念舊游, 亦宜矣。

曺同賴兄圖濟, 得脫官籍, 其一家感恩爲如何也? 然知兄之此擧, 實非爲僕, 乃欲自爲其家生光耳。呵呵。曺也云:"兄來春欲來禮鄕。"寒企寒企。[383]

海松三斗, 聊付遠信, 笑領其罯。政拙手生, 事不從情, 恨怍爲多。畏寒伏枕, 草草奉復。

佳眷各安, 冀增新慶。

BNL0495(書-吳彦毅-6)(樊卷20:4右)

與吳仁遠【己酉】[384]

年來繫官, 日沒旣☐☐☐之人, 又不能千里通信, 邈然無一

---

382 戊申年(明宗3, 1548년, 48세) 11~12월 豐基에서 쓴 편지로 추정된다.

383 曺同……寒企 : 拾遺에는 없다.

384 己酉年(明宗4, 1549년, 49세) 6월 豐基에서 쓴 편지로 추정된다.

紙之傳。非兄負我，我乃負兄，愧恨不淺。

去春，似聞來禮鄕，引領向風，竟無來駕，秋來，其可償前債耶？僕病不能供職，勢須乞解[385]，遲速未定，鬱鬱在此。家兄在湖西，得病向差，時未快調，亦慮亦慮。

幸得寢具一部送似，笑留何如？何時會合以敍積思？龍山舊宅泉石戀主，兄獨無情耶？無任跂跂。未間，千萬以時珍重。不宣。

KNL0496(書-吳彥毅-7)(癸卷15:35左)(樊卷20:4左)

答吳仁遠【甲寅】[386]

日馳懷戀，使至傳書，承審履玆秋熱，體況佳迪，忻寫滯鬱。

滉刑、兵兩劇，與病作祟，今方在告，計至晦間，當得就閒。但本欲因此閒隙，乞假南歸，而今則八道俱告旱荒[387]，救荒之政方急，看此風色，雖至秋成，受由之禁，想必不開[388]，則又不諧歸計也。

去年雖饑，吾鄕則不至甚也。今聞赤地無物，門族擧將流離顚踣，每一念至，不勝籲天之痛。八道中湖南沿海、嶺南

---

385 解 : 拾遺에는 "骸"로 되어 있다.
386 甲寅年(明宗9, 1554년, 54세) 7월 17일 서울에서 쓴 편지로 추정된다. 文草에는 〈答吳察訪仁遠〉으로 되어 있다. 〔年代考〕文草에 실린 이 편지 말미에는 "右甲寅孟秋望後二日"로 그 작성 연대를 밝히고 있다.
387 旱荒 : 文草에는 뒤에 "之政"이 있다.
388 開 : 上本에는 "改"로 되어 있다.

閫境尤甚云。而倭釁多端³⁸⁹, 難保鯨波之不騰; 北方自草串構釁之後, 一次入寇, 一次竊發。傳聞秋冬必大擧入寇云。故備禦之策, 廷中時方騷騷。大槪無兵無食, 雖有善籌者, 豈不寒心哉?

宜寧家事, 口不可道, 計無所措, 天下安有如此之事乎? 皆緣牝晨司禍, 愚蠢惑邪, 稔成悖惡, 至此極也。

似聞吾兄與趙有瓜葛, 未審曾得其事之首末耶? 今趙門欲脫其妖之罪, 反誣許士廉爲爭財陷弟云。其誰欺? 欺天乎? 士廉常時雖不爲無過之人, 此事則非士廉之所構。十目十手, 豈可掩乎?

此事之出, 數年矣。一家恩掩, 冀欲改革, 百般鐫誘³⁹⁰, 而妖惑相遭, 非惟不改, 益肆其惡, 終至敗露。旣露之後, 妻母及士廉欲令滉圖囑於推官與監司, 開其生道。滉反覆思之, 此事爲極難者, 欲救則害義, 欲實則害恩。況大罪詞證情節, 自始至終, 一毫不容僞飾, 豈請囑所能及哉? 以是答之, 實未嘗一紙干圖也。今示都事謂滉簡到監司處, 甚爲驚怪。此必都事之誤聞也。然於心甚未安。

扇³⁹¹傳去酷之風, 藤鼓³⁹²臨池之興, 遙荷厚意。惟冀衛嗇萬重。《謹拜謝復³⁹³。》

---

389 端: 文草에는 "病"으로 되어 있다.
390 誘: 두주에 "誘, 疑誘之誤."라고 하였고, 甲本·樊本·上本에도 동일한 두주가 있다. 定草本의 두주에 "誘, 恐是諭字."라고 하였다. 이에 根據할 때 "誘"는 "誘" 또는 "諭"의 誤字인 듯하다.
391 扇: 文草에는 "酌"으로 되어 있고, 교정기에 "文集作酌, 恐扇."라고 하였다.
392 鼓: 文草에는 "致"로 되어 있다.

BYL0497(書-吳彥毅-8)(樊遺內卷5:3右)

與吳仁遠、申詣仲[394]

旱熱, 僉候何如? 滉自去月得暑痢, 上吐下泄, 腹痛胃虛, 食不消下, 每以粥飮度日, 羸困益甚, 無望差復, 不得已復上辭狀, 未知如何, 惶恐萬死。惟僉照。

　　旱熯近古所無, 赤地無物, 民命何仰? 日聞閭巷嗷嗷, 奈何?
　　倭寇他道如何? 此處嘗聞虛報, 驚動旋罷, 此則少幸耳。
困不一一。

KNL0498(書-南嶬文-1)(癸卷15:37右)(樊卷20:6右)

與南上舍【嶬文。○丁卯】[395]

兩日論心, 得所未得多矣。且反覆尋繹所纂輯書, 用功甚深。向來所見所聞中, 未有如此之比, 歎尙歎尙。但於序中稱綱稱目處, 愚見未穩, 不如先說幾目, 而就目中約之爲幾節, 如《大學》平天下章之分節, 乃爲穩愜矣。

393　復 : 文草에는 뒤에 "右甲寅孟秋望後二日, 答吳長水察訪。"이 있다.
394　己未年(明宗14, 1559년, 59세) 7월 禮安에서 쓴 편지로 추정된다. 〔編輯考〕이 편지는 中本·樊本·拾遺 등 모든 판본에는 申詣申詣仲에게 보내는 편지들과 함께 편집되어 있다. 遺集으로 樊本을 편성할 때 뒤늦게 수집되었기 때문이다. 하지만 여기에서는 吳彥毅을 주 수신인으로 파악하여 여기에 편성하였다.
395　丁卯年(明宗22, 1567년, 67세) 10월 23~30일 禮安에서 쓴 편지로 추정된다. 〔編輯考〕退溪가 南嶬文에게 보낸 편지는 1통이다. 이 편지는 庚本에 실렸다.

且於卷首大目錄易解法及逐卷各節各目下, 一一皆云第幾節某目某說, 乃可使人擧眼, 便知纂輯之意瞭然。故敢用朱筆, 依右標書以上。僭率知罪知罪。如於盛意爲可, 則依樣更寫一二通。滉亦欲俟更寫了後, 再借一通來, 謄寫以看, 是切是切。不宣。

KNL0499(書-李文奎-1)(癸卷15:37左)(樊卷20:6左)
與李景昭【文奎。○丁卯】[396]

近連見子休、子中, 知已外除無事, 向慰向慰。滉僅保病軀。
　就中似聞孝思無盡, 欲於祥禫後, 仍不毁廬室, 以作居室, 恒處其中, 朝夕上食, 就墓前行之, 不審此禮何所據而然乎? 若使先王制禮, 可不顧而直情行之, 曾參、孝己, 無除喪罷上食之日矣。以閔子騫之孝, 除喪而鼓琴, 切切而哀曰:"先王制禮, 不敢過也。"今君欲行曾、閔所不行之行, 以爲驚世駭俗之事, 不足以爲孝, 適取譏於識理之君子。豈不可惜之甚?
　昔後漢趙宣, 以親墓隧道爲室而居其中, 行喪二十年, 仇香按得其服中多生子, 怒而治其罪。今君廬室, 雖非隧道之比, 以事言之, 亦趙宣之類也。世或有如仇香之賢, 安知不以爲罪乎? 千萬深思, 速改以就禮制, 不勝懇望。

---

396 丁卯年(明宗22, 1567년, 67세) 禮安에서 쓴 편지로 추정된다. 〔編輯考〕退溪가 李文奎에게 보낸 편지는 1통이다. 이 편지는 庚本에 실렸다.

BNL0500(書-尹復-1)(樊卷20:7左)

答尹安東【復。○乙丑】³⁹⁷

伏承辱書, 惶恐惶恐。滉先世居本府, 丘壟皆在, 而中移于此, 守病多年, 廢絶人事, 雖聞下車, 無由修謁, 反蒙先問, 兼有枉顧之喩, 感悚何限³⁹⁸?

　封餘松蕈, 拜承佳惠, 尤用愧佩。伏惟尊諒。不宣。謹拜謝。

KNL0501(書-尹復-2)(癸卷15:38左)(樊卷20:7左)

與尹安東【復。○乙丑】³⁹⁹

昨蒙辱臨弊陋, 仰感無已, 未審險路旋旆何如?

　就中有一事失覺察, 不敢不追白, 惶恐。在前或値忌日待賓, 自謂以己忌之故, 待賓以素饌, 已爲未安。若受賓饋肉, 留

---

397 乙丑年(明宗20, 1565년, 65세) 7~8월 禮安에서 쓴 편지로 추정된다. 〔編輯考〕退溪가 尹復에게 보낸 편지는 25통이다. 庚本에 1통이 실렸고, 樊本 內集에 24통이 실렸다.

398 限 : 底本에는 "恨"으로 되어 있다. 中本에 根據하여 修正하였다.

399 乙丑年(明宗20, 1565년, 65세) 10~12월 禮安에서 쓴 편지로 추정된다. 中本·定草本·庚本·擬本·甲本에는 〈與尹安東【復○丙寅】〉로 되어 있고, 樊本에는 〈與尹安東【丙寅】〉으로 되어 있고, 上本에는 〈與尹安東〉으로 되어 있다. 〔年代考〕癸本과 《退陶先生言行通錄》에서는 이 편지를 乙丑年(1565년) 겨울에 보낸 것으로 보고 있으나, 中本·庚本·樊本 등과 《退溪先生年譜補遺》에서는 丙寅年(1566년) 겨울에 보낸 것으로 보고 있다. 여기서는 癸本과 《退陶先生言行通錄》에 의거해서 乙丑年 겨울에 보낸 편지로 보았다.

爲後日之食, 尤非所當, 故例不敢受。昨當拜受單時, 不及致察, 至暮乃知其中有獐鰒等物。如以旣受仍留, 則非徒前者成虛, 後難復辭, 謹遣人奉還二物於下人。伏想俯諒微悃, 不以爲怪, 然已不勝其悚汗。伏惟鑑察。不宣。《謹拜謝狀。》

BNL0502(書-尹復-3)(樊卷20:8右)
答尹安東[400]

滉未修新慶之賀, 先蒙垂問, 拜感萬萬。滉近因寒疾, 腰痛兼發, 今僅少減, 佇俟陽和之至, 以祈調攝之便爾。

惠貺山鷄, 仰領珍佩。伏惟尊照。餘懷未悉。謹拜謝狀。

BNL0503(書-尹復-4)(樊卷20:8左)
答尹安東[401]

伏蒙辱書, 問及行事, 感荷之至, 不知所云。

滉自歲前, 寒疾多端, 不意承被召命, 惶恐難稽, 冒寒欲發。而大雪又作, 犯此多艱, 力疾遠途, 慮無安全之理, 又非可任便停退, 奈何?

伏審損屈欲枉, 旋以俯諒下情而停罷, 款恕兩盡, 銘佩曷

---

[400] 丙寅年(明宗21, 1566년, 66세) 1월 1~13일 禮安에서 쓴 편지로 추정된다.
[401] 丙寅年(明宗21, 1566년, 66세) 1월 14~25일 禮安에서 쓴 편지로 추정된다.

喩曷喩？至於有意未及之諭，雖知謙挹之盛心，固非淺陋所敢承當，悚汗不已。

《節要書》寫本，非不知欲見之意。但其塗竄與註釋處，或與印本異同，今若據此而有所標點於元本，後日得印本而抵牾處有之，不無妨礙，是慮。故前日不敢呈上耳，伏惟照察。

簡紙五束，拜承佳貺。餘祝春寒保珍。不宣。謹拜謝。

BNL0504(書-尹復-5)(樊卷20:9右)

答尹安東[402]

伏承辱問，感愧無比。滉廿五日祗受有旨內，仍前不許退歸，調徐上來。其間更有驚恐極難處者，旣難踰嶺，前途雖可留處，又官府非養病之地，不得已爲托迹山寺，更圖請骸之計，可謂窘矣。

承欲枉顧，深幸。但滉病困非常，少頃接客，輒添數日患，所以就[403]靜僵臥蘇息，間不知可停退否？餘未暇陳。謹拜上復。

---

402 丙寅年(明宗21, 1566년, 66세) 2월 26~29일 安東에서 쓴 편지로 추정된다.
403 就 : 上本에는 "取"로 되어 있다.

BNL0505(書-尹復-6)(樊卷20:9左)

答尹安東[404]

令胤之來, 辱垂翰問, 仰感仰感。淹泊滋久, 屢承官餉, 殊非避官來山之意, 悚怍多矣。又豈可再枉襜帷乎? 明間移鳳停, 待人回, 卽決行止。伏惟照悉。謹拜謝。

BNL0506(書-尹復-7)(樊卷20:9左)

答尹安東[405]

伏承垂問, 感仰。滉僅得支保, 雖似少減元證深痼, 往來多端爲悶。

　承欲枉駕, 固所願幸, 但當此時節, 負罪不暇。一蒙顧訪, 已爲未安, 何宜再辱? 且上京人還, 若事順則卽時發還, 不然則又當有拜章之事, 恐難迎候。然意伏惟照諒停罷何如? 不具。謹拜謝狀。

404 丙寅年(明宗21, 1566년, 66세) 3월 7일경 安東에서 쓴 편지로 추정된다.
405 丙寅年(明宗21, 1566년, 66세) 3월 8~12일 安東에서 쓴 편지로 추정된다.

BNL0507(書-尹復-8)(樊卷20:10右)

與尹安東[406]

伏問起居何如？滉事又不順, 惶恐罔措。初計今次辭狀, 令安奇人持送于京。今更思之, 煩數直達, 尤爲未安, 故欲送于本道, 而轉以上送, 似當矣。然則自府具書目送去, 無乃可乎？謹以拜稟。如此則不須急促, 使持去人明早來此受去, 治裝以行, 未爲晩也。

就中昨還僧人言"今日城主似有枉駕之令"云, 豈不願迎拜？但今日書狀成貼, 若蒙來臨, 恐未畢事, 仰慮。伏望照諒停罷何如？謹幷拜稟。

BNL0508(書-尹復-9)(樊卷20:10左)

答尹安東[407]

伏承垂翰, 具審起居康福, 仰賀仰賀。滉蹭蹬屛伏, 諸病乘之, 苟活至今, 自悶而已。

進餘之惠, 玉川子所謂何事便到山人家。悚感悚感。《晦菴書》, 久稽送呈, 欲附此人, 恐或遭雨, 姑俟兒子他日之行, 伏惟照諒。不宣。謹拜謝。

406　丙寅年(明宗21, 1566년, 66세) 3월 14일 安東에서 쓴 편지로 추정된다.
407　丙寅年(明宗21, 1566년, 66세) 6월 25일 禮安에서 쓴 편지로 추정된다.

BNL0509(書-尹復-10)(樊卷20:11右)

答尹安東[408]

伏承垂翰, 知秋熱起處淸茂, 欣賀欣賀。

　滉病日劇, 近上辭狀, 昨夕伏睹有旨, 仍前不許辭退, 旨意懇切, 且所聞多有惶駭不近之事, 尤深悶極悶極。但有待差病上來之敎, 是則少有寬展不迫之意, 以此差爲自免之地耳。

　惠送封珍, 拜感拜感。伏惟尊照。謹拜謝狀。

BNL0510(書-尹復-11)(樊卷20:11右)

答尹安東[409]

伏蒙垂翰, 兼惠進餘, 窮山樵牧之社, 恐非所宜得, 感怍無已。

　滉病憊日劇, 而仄聞物情尙未容借云。未知終如何, 憂慮多端, 奈何？ 伏惟照鑑。謹拜謝。

---

408 丙寅年(明宗21, 1566년, 66세) 7월 25일 禮安에서 쓴 편지로 추정된다.
409 丙寅年(明宗21, 1566년, 66세) 8월 8~30일 禮安에서 쓴 편지로 추정된다.

BNL0511(書-尹復-12)(樊卷20:11左)

答尹安東[410]

伏承手翰, 慰此病鬱, 無任欣豁。且承餽洞庭珍果, 霜後金色, 卓犖照人, 兼五色山暈, 感佩尤不可言。伏惟照諒。

　病骨逼此冬寒, 調攝倍難, 閉門擁爐, 僅度朝昏, 奈何? 因問之及, 謾布私懷。謹拜謝。

BNL0512(書-尹復-13)(樊卷20:12右)

答尹安東[411]

伏承垂翰, 審知前證猶有未殄, 仰慮。

　民因冬候異常, 調攝尤難, 昏眩如酲, 二君誤爲此來, 無益而有損, 愧悚愧悚。

　雉蕈之惠, 感荷。前此屢餽, 每闕修謝, 逋慢不可言。伏惟鑑諒。不宣。謹拜謝。

410　丙寅年(明宗21, 1566년, 66세) 10~12월 禮安에서 쓴 편지로 추정된다.
411　丙寅年(明宗21, 1566년, 66세) 10~12월 禮安에서 쓴 편지로 추정된다.

BNL0513(書-尹復-14)(樊卷20:12右)

答尹安東【丁卯】[412]

頃日令子弟來, 伏承手帖, 感佩深至。病倦闕報, 愧慊至今。拙疾, 痰嗽爲主, 而雜以他證, 猥蒙惠藥, 救得減歇。然夜嗽難堪, 口舌乾甚, 衰憊之身, 恐遂生他疾爲撓耳。

示喩前患今得差歇, 深賀深賀。但滉前上拙句云云, 意指兩君而言, 來喩認作謂已看, 殊非滉本意所到, 悚汗不已。蓋以遣字詢字觀, 雖屬城主, 以小仁、大仁、長久人情等本語觀, 此二字, 自屬兩君, 其義明甚。若以此二字遽指城主而言, 則滉之倨傲鮮腆妄作不恭之罪, 何以自免？ 然來喩有日暮道遠恐未及之歎, 城主猶有此言, 在滉宜如何哉？ 每一披讀, 爲感益深。目昏亂草, 皇恐。

BNL0514(書-尹復-15)(樊卷20:12左)

答尹安東[413]

伏承垂問, 謹悉前患差愈, 喜慰交集。

滉病亦近幸少差, 稍稍出應人事, 但食息少愆, 輒又發動。適奉嚴召之降, 惶恐罔措。然竊思異眷, 旣不敢承, 例召, 又欲辭避, 眞是無說, 勢極難處。第天使尙未迫, 姑觀病勢量處, 伏

---

412 丁卯年(明宗22, 1567년, 67세) 1월 중순 禮安에서 쓴 편지로 추정된다.
413 丁卯年(明宗22, 1567년, 67세) 2월 禮安에서 쓴 편지로 추정된다.

計。心事如此, 老境何堪？嘆吒不已。

　　封餘, 每有珍餉, 雉惠又不記數, 窮中醮禮, 重賴扶濟, 愧感之至, 未知所云。伏惟照諒。謹拜謝。

BNL0515(書-尹復-16)(樊卷20:13右)
與尹安東[414]

謹拜問安。煩恐治下居進士權好文, 家兄外孫也。窮居造屋, 拮据累年, 尙未成形, 得板於水上流下之際, 慮被官禁, 依悶。伏望勿禁事行下, 懇仰。事切觳[415]瀆, 惶恐惶恐。謹拜。

BNL0516(書-尹復-17)(樊卷20:13左)
答尹安東[416]

謹承存問, 仍審體候康勝, 感賀交集。滉舊患餘毒, 往來多端, 爲悶。

　　山梁惠貺, 愧荷之至。伏惟照悉。不宣。謹拜謝。

---

414 丁卯年(明宗22, 1567년, 67세) 3월 초순 禮安에서 쓴 편지로 추정된다.
415 觳 : 中本에는 "敢"으로 되어 있다.
416 丁卯年(明宗22, 1567년, 67세) 3~4월 禮安에서 쓴 편지로 추정된다.

BNL0517(書-尹復-18)(樊卷20:13左)

答尹安東[417]

令胤秀才來, 拜擎手翰, 欣審素患消滌, 慶幸深矣。
　滉天時和燠, 似覺少歇, 秖緣病深衰極, 痼根未除, 少失調攝, 輒發如前, 前有行止之難, 心常憂念, 示欲枉顧, 企幸之至。
　然新瘥出入, 尤當十分審量爲佳。團扇精製, 當暑蒙惠, 已覺清氣逼人也。伏惟照諒。不宣。謹拜謝。

BNL0518(書-尹復-19)(樊卷20:14右)

答尹安東[418]

伏承手書存問, 獲審近況佳迪, 欣浣無已。
　滉荷賜僅保, 但枯旱酷熱, 非但農憫, 保病亦難, 憂撓奈何? 惠及封珍, 拜領, 感悚感悚。伏惟照鑑。不宣。謹拜謝。

BNL0519(書-尹復-20)(樊卷20:14右)

與尹安東[419]

伏問體履卽日如何? 似聞歸意浩然, 已不可禦, 而事多緯繣,

---

417 丁卯年(明宗22, 1567년, 67세) 4월 禮安에서 쓴 편지로 추정된다.
418 丁卯年(明宗22, 1567년, 67세) 4~5월 禮安에서 쓴 편지로 추정된다.

不知何以處之？辭病欲去，事與心違，其間情緒，滉所諳悉，不覺爲城主悶鬱悶鬱。然亦當觀病勢，以決去住，若可稍緩，則不必以勇去爲斷也。

滉在京，正以病劇疑死，不得已決歸，以致衆言紛沓，難可戶說，只有惶愧俟譴而已。奈何？

《傳疑》謬說，被索大勲，不敢終隱，惟電覽回投，是幸。最怕因而傳播，今旣臨行，想無此事，過眼何傷？其誤處，切望指出，尤幸。如得遂去，兩病無緣面別，悵恨不可言。謹此不具。

《傳疑》此件，滉手草元本也。每一看過，輒有修改，割去補貼，如百結懸鶉衣，紙敝生毛，可笑。

李順天剛而曾借此本去謄寫，盧子膺爲晉牧，得李本而謄寫，京居朴枝華者，又因盧本謄來見示，受置有年，近方校勘一過，其謬誤舛闕，不可勝正。本是謬說，而謄謬至此，豈不爲識者所嗤？應是不識字筆吏所誤，每謄益加，而數公未嘗自讐校故也。今城主有行意，若於忙裏令謄，則必致此弊。故書中有最怕傳播之云，乞須諒照，毋謄見還，望望。

419　丁卯年(明宗22, 1567년, 67세) 9월 禮安에서 쓴 편지로 추정된다.

BNL0520(書-尹復-21)(樊卷20:15右)

答尹安東[420]

伏承惠書,無任感荷。但審歸興浩然,似難停罷,悵惘深矣。不知在迎命之前,又當收散之時,而決去無妨礙否?

滉之今歸,迫於瀕死之病,其他曲折,又甚多多,尙招得國言,不啻如山,乃知去就之難,至此極也。故雖知城主去意之切,尙冀更加愼重云云耳。

且蒙諭欲一枉顧,此亦未安。旣云病去,而尋人境外,恐或起人唇舌,如何如何?伏惟量處。餘未縷悉。謹拜謝。

BNL0521(書-尹復-22)(樊卷20:15左)

答尹安東[421]

伏承垂問,更審歸意已定,爲之憫然。滉一味昏耗,殆非久作人間客,是亦老境之常事,置之不復介耳。

惠及封餘素物,拜領,感荷感荷。所祝,涉遠萬加衛重。不宣。謹拜謝。

---

420 丁卯年(明宗22, 1567년, 67세) 9월 禮安에서 쓴 편지로 추정된다.

421 丁卯年(明宗22, 1567년, 67세) 10월 禮安에서 쓴 편지로 추정된다.

BNL0522(書-尹復-23)(樊卷20:16右)

答尹安東[422]

三壁聯輝，來賁柴門，因奉惠札，去期且臨，爲之悄然。湖、嶺遼濶，不啻千里，握手敍別，亦不可得，恨益深矣。然相就之間，彼此兩難，亦所難強，奈如之何，奈如之何？

重惠素物三珍，感佩無已。惟照諒。餘付三還。不宣。謹拜謝。

BNL0523(書-尹復-24)(樊卷20:16右)

與尹安東【戊辰】[423]

去年安東人還，得見惠書，兼霜橘若干顆，無便闕報，恨恨。來京，因賢嗣得聞起居勝福，以慰遐思。滉一誤此來，事事多礙，急欲退歸，未得其便，深悔輕動也。惟照。不具。

BNL0524(書-尹復-25)(樊卷20:16左)

答尹安東[424]

書札遠到，承審起處勝迪，欣釋旅鬱。宗薄之除，竟以微恙不

---

422 丁卯年(明宗22, 1567년, 67세) 10월 禮安에서 쓴 편지로 추정된다.
423 戊辰年(宣祖1, 1568년, 68세) 7~12월 서울에서 쓴 편지로 추정된다.

至, 進退任意, 綽綽有裕, 健羨無已。如僕一誤來入, 出勢轉難, 憊病日劇, 處身極礙, 憂歎如何? 洞庭霜橘, 香霧噗人, 珍荷佳惠。惟祝自愛。謹拜謝。

KNL0525(書-金彥琚-1)(癸卷15:39右)(樊卷20:17右)

答金季珍【彥琚】[425]

往者辱書, 始信被言之由。晩入玉堂, 想非本願, 則雖旋復罷出, 何足爲病? 鄙意但當自反於已, 吾身果有可毀之實, 時論當矣, 如其不然, 而或出於憎慊之際, 於我豈有損乎? 前者屢進苦言, 只欲左右勵志於平日, 以銷曩者悠悠之謗, 假使更遭誣言語, 可有恃而不以介懷。今見來云[426], 不無慨嘆之意, 何耶?

　松岡重被物論, 想亦多非實之言, 然亦當反躬自省, 益修德業, 以期遠大。不知松翁自處如何? 樂官之長, 吏隱非惡, 可以優游勉業, 千萬勿以外事縈心, 幸甚。

　滉腹中痞脹, 往往頓劇, 無復更進都下之期, 而西樞尙未聞罷, 愧蹙日深。邊圍孔棘, 未知底處? 古人所遭, 於身見之, 奈何奈何? 惟各珍重, 以望後日。不宣。《謹白。》

---

424 戊辰年(宣祖1, 1568년, 68세) 7~12월 서울에서 쓴 편지로 추정된다.
425 乙卯年(明宗10, 1555년, 55세) 윤11월~12월 禮安에서 쓴 편지로 추정된다. 初本에는 〈答金季珍〉으로 되어 있고, 擬本에는 〈答金季珍〉으로 되어 있다. 〔編輯考〕 退溪가 金彥琚에게 보낸 편지는 3통이다. 庚本에 1통이 실렸고, 樊本 內集에 1통, 樊本 遺集外篇에 1통이 실렸다.
426 云 : 養校에 "云, 恐示。"라고 하였다.

BIL0526(書-金彥琚-2)(樊遺外卷2:30左)

與金季珍【己未○九代孫野淳輯錄。】[427]

秋旱酷熱, 體履何如？戀想無已。滉自前月, 得痢甚苦, 專不飲食, 困憊之極, 衆疾立作, 伏枕度日, 不得上去, 不勝危恐萬死, 奈何奈何？

同生兄壻幼學琴仰聖, 以其婢爲寺奴妻賤籍考準事上去, 恐有阻難之弊。望須卽準事, 行下曲濟, 至幸至幸。惟照。餘懷, 病未一一。謹。

BNL0527(書-金彥琚-3)(樊卷20:17左)

答金季珍[428]

滉屛處如昨, 無可晤語, 傾想念君, 寤寐耿耿。邸吏傳書, 知芹況淸安, 欣慰不可言。

許上舍之意如此, 可尙。亦聞崔君求刊行, 但滉之爲此本, 不過自取考閱之便, 爲暮年補過之資耳, 何敢[429]望行於世？況近復勘過, 其疎誤尙多, 方此修改, 仍思了此一番, 亦恐未爲

---

427 己未年(明宗14, 1559년, 59세) 7월 禮安에서 쓴 편지로 추정된다.
428 연월 미상 禮安에서 쓴 편지이다.
429 何敢：底本에는 "何望"으로 되어 있고 두주로 "何望之望, 恐敢."라고 하였다. 上本에도 동일한 두주가 있다. 初本의 부전지에 "何望, 望恐敢."라고 하였다. 中本의 부전지에 "何望之望, 恐敢."라고 하였다. 拾遺의 두주에 "何望之望, 草本付標, 恐敢."라고 하였다. 이에 根據하여 수정하였다.

十分成書。如滉愚下之人, 加手先正書, 已爲妄矣。若未斷手而徑許入梓, 豈不爲人嗤笑而得罪尤大耶? 千萬爲許君謝之, 人有問者, 亦以未成書不可用告之, 望望。前日《命圖》之輕出, 至今悔之故忌⁴³⁰矣。僉照。

示及時事, 深荷深荷。

BNL0528(書-禹彦謙-1)(樊卷20:18右)
與禹益之【彦謙。○癸亥】⁴³¹

謹拜問安。滉時得僅保。

就中傳聞太輝令公見罷事, 甚可駭, 而其後事機變轉云云。未知其詳, 深以爲慮爲慮。若所聞果然, 則三陟似當仍任矣, 如何如何? 去十七日以後邸報, 須付進人垂示, 爲望爲望。

且今送金富仁宣傳官處書簡, 命付上京人, 卽速傳呈, 受答而來事, 行下何如? 要有急切事, 通簡于彼, 而無上京人, 適聞貴府有進上陪持人上京, 故敢白。伏惟照恕, 幸甚。⁴³² 謹拜上白。

---

430 忌 : 두주에 "忌字, 可疑."라고 하였고, 上本에도 동일한 두주가 있다. 中本의 부전지에 "忌字更考."라고 하였다.

431 癸亥年(明宗18, 1563년, 63세) 9월 초순 禮安에서 쓴 편지로 추정된다. 〔編輯考〕退溪가 禹彦謙에게 보낸 편지는 19통이다. 庚本에 1통이 실렸고, 樊本 內集에 18통이 실렸다.

432 且今……幸甚 : 中本의 부전지에 "今送條問考次."라고 하였다.

BNL0529(書-禹彥謙-2)(樊卷20:18左)

答禹益之[433]

兒姪還, 伏聞賜言, 惶感之至, 復承惠書, 尤以悚佩悚佩。滉粗保病軀。許太輝令公得蒙命敍, 深賀。

　　就中新栢, 拜領佳貺, 仰荷不已。

　　東宮凶聞適至, 哀殞驚慟, 罔知所措, 不復一一。伏惟照鑑。謹拜謝復。

BNL0530(書-禹彥謙-3)(樊卷20:19右)

答禹益之[434]

伻至承問, 復領饋歲之惠。前日上舍之來, 旣有佳餉, 今復如是, 感悚靡寧。右意, 伏惟鑑諒。餘祈迓慶萬萬。不具。謹拜謝復。

KNL0531(書-禹彥謙-4)(癸卷15:39左)(樊卷20:19右)

與禹益之【彥謙。○癸亥】[435]

《謹拜問安。》滉以先祖丘壟有修治事與族人會奠到此, 伏見惠

433　癸亥年(明宗18, 1563년, 63세) 9월 24일 禮安에서 쓴 편지로 추정된다.
434　癸亥年(明宗18, 1563년, 63세) 12월 禮安에서 쓴 편지로 추정된다.
435　癸亥年(明宗18, 1563년, 63세) 12월 禮安에서 쓴 편지로 추정된다. 中本·樊本·

賜祭需床具。滉以散人敢用官辦, 以祭先人, 深所未安, 而不承厚意, 亦非所安, 故不敢辭, 謹當如惠, 方深惶感之至。 復聞明日城主欲枉駕來見云, 此則尤不敢當。

此間事與他會不同, 衆族皆會, 數處行祭, 祭後飮餕, 非但日力不足, 群會之處, 未免有雜亂紛擾之弊。若城主來臨, 則微末化民等, 皆不敢預入, 其於數十年一會, 群族之情, 皆未洽然。滉雖以得拜顏範爲幸, 私情所礙有如上所云云者, 不敢不以披白。伏望俯察下懇, 勉停辱往[436]之勤, 不勝至仰。《右惟曲照。謹拜上白。》

《左右道[437]榜, 若來見示, 何如?》

BNL0532(書-禹彦謙-5)(樊卷20:20右)

答禹益之【甲子】[438]

伻來, 伏承垂[439]翰, 以兒子得官爲慶, 無任感荷感荷。身在草

上本에는 〈與禹益之〉로 되어 있다. 〔編輯考〕 中本의 부전지에 "此書不刪何如? 書中情義委曲, 不可不書。"라고 하였다.

436　往 : 두주에 "往, 疑枉之誤。"라고 하였고, 甲本·樊本·上本에도 동일한 두주가 있다. 定草本의 두주에 "往字, 無乃枉耶。"라고 하였다. 鄭校에 "往, 似是枉字。【鄭】"라고 하였다. 이에 根據할 때 "枉"인 듯하다.

437　道 : 上本에는 없다.

438　甲子年(明宗19, 1564년, 64세) 1월 禮安에서 쓴 편지로 추정된다.

439　垂 : 上本에는 "手"로 되어 있다.

野, 不意有此分外事, 甚爲未安。伏惟照鑑。

惠紙拜領, 幷深感怍。謹拜謝復。

BNL0533(書-禹彦謙-6)(樊卷20:20右)

答禹益之[440]

伏蒙送賜祭床等物, 得伸展禮, 感動幽明, 無任仰謝之至。且去夜承悉喩意, 審知停杠之意, 因可獲遂私會之款, 亦深荷仰。伏惟尊鑑。謹拜謝狀。

BNL0534(書-禹彦謙-7)(樊卷20:20左)

答禹益之[441]

伏承惠問, 適與彦遇諸人會話, 銀鮮名醞, 僉對款酌, 仰荷仰荷。伏惟尊照。醉未一一。謹拜謝。

---

440 甲子年(明宗19, 1564년, 64세) 윤2월 14일 禮安에서 쓴 편지로 추정된다.
441 甲子年(明宗19, 1564년, 64세) 윤2월~3월 禮安에서 쓴 편지로 추정된다.

BNL0535(書-禹彥謙-8)(樊卷20:20左)

答禹益之[442]

承存問, 伏審動履佳勝, 欣賀。滉病中僅保度暑。伏想舊纔去新將到, 百責皆萃於題輿, 固無出入之暇矣。乃以未垂辱訪爲謙, 感荷感荷。銀唇餉及兩色, 愧佩難喻。伏惟照諒。不具。謹拜謝復。

BNL0536(書-禹彥謙-9)(樊卷20:20左)

答禹益之[443]

承惠松蕈六十, 兼及亡兄家與兒子家, 無任感仰。伏惟尊照。謹拜謝狀。

BNL0537(書-禹彥謙-10)(樊卷20:21右)

答禹益之[444]

伏承翰問, 知起處佳裕, 欣仰。滉近苦雪寒, 舊證多發, 艱度日耳。

---

442 甲子年(明宗19, 1564년, 64세) 4~6월 禮安에서 쓴 편지로 추정된다.
443 甲子年(明宗19, 1564년, 64세) 7~9월 禮安에서 쓴 편지로 추정된다.
444 甲子年(明宗19, 1564년, 64세) 10~12월 禮安에서 쓴 편지로 추정된다.

惠及饋歲諸珍, 感怍感怍。但聞頃來似未免坡公公使庫寒儉之譏, 不知何暇更有此等事耶？殊爲未安。伏惟照諒。惟冀茂迓新休。不宣。謹拜謝。

BNL0538(書-禹彥謙-11)(樊卷20:21右)

答禹益之【乙丑】[445]

伏承垂問, 慰感何諭？惠及素物紙地等, 拜領, 重以爲感。滉守病無他。

就中府伯不意罷去, 未及致唁, 何恨如之？新除不知何人？前來朝報, 奉還, 伏惟照悉。謹拜謝。

兄家亦有惠, 仰感仰感。

BNL0539(書-禹彥謙-12)(樊卷20:21左)

答禹益之[446]

謹拜承問, 欣荷欣荷。阻面之恨, 正如示意, 無上官時尤無暇, 有上官則難出入, 勢使然耳, 奈何？

---

445 乙丑年(明宗20, 1565년, 65세) 6월 禮安에서 쓴 편지로 추정된다. 上本에는 〈答禹益之〉로 되어 있다.
446 乙丑年(明宗20, 1565년, 65세) 6~7월 禮安에서 쓴 편지로 추정된다.

新柏秋露, 拜領佳貺, 感仰。伏惟尊照。謹拜謝。

BNL0540(書-禹彦謙-13)(樊卷20:21左)
答禹益之[447]

伻來, 伏審安勝, 仰慰。就中酒器盡破, 得者又不適山家之用, 今蒙惠寄適中, 深荷深荷。伏惟照諒。不宣。謹拜謝。

監司無端有此惠, 必歸計已決故然矣。當別通書相問, 今只謝於本府耳。

BNL0541(書-禹彦謙-14)(樊卷20:22右)
與禹益之[448]

頃者枉顧僻陋, 感荷無已。數日寒甚, 體履何如? 煩白恐恐。姪女壻金博遭母喪, 方營葬事, 造墓軍得之無由, 窮悶來控。顧以府伯城主, 時未修謁, 先有干請, 未敢故也。不審可得詮達圖濟否? 知博曾蒙念恤, 敢此冒叩[449], 幸賜恕察。不宣。謹拜白。

---

447 乙丑年(明宗20, 1565년, 65세) 7~9월 禮安에서 쓴 편지로 추정된다.
448 乙丑年(明宗20, 1565년, 65세) 10~12월 禮安에서 쓴 편지이다.
449 叩 : 上本에는 "告"로 되어 있다.

BNL0542(書-禹彦謙-15)(樊卷20:22左)

答禹益之【丙寅】⁴⁵⁰

伏承伻書, 感仰。滉方苦寒疾, 召命忽臨, 惶悶之至, 計不知所出, 欲待稍和, 稽命之罪, 何逭? 故於辱問行期, 無辭以對, 伏惟原照。惠物, 拜領悚息。謹拜謝⁴⁵¹。

向聞令胤欲再來見。滉心事苦惱病增劇, 未敢出頭對人, 他人皆去。今雖來, 勢難相接, 勿枉勞行事, 諭知何如? 餘在近日篤行更通耳。

BNL0543(書-禹彦謙-16)(樊卷20:22左)

答禹益之⁴⁵²

伏承問行之勤, 無任感仰感仰。滉扶病冒寒, 中道狼狽, 必至之勢, 悶慮悶慮。以此不敢奉承枉顧之意, 亦爲恨仰。惠貺稠厚, 拜受悚佩。餘在令胤之還。謹拜謝復。

---

450 丙寅年(明宗21, 1566년, 66세) 1월 14~25일 禮安에서 쓴 편지로 추정된다.
451 惠物……拜謝 : 拾遺에는 없다.
452 丙寅年(明宗21, 1566년, 66세) 1월 14~25일 禮安에서 쓴 편지로 추정된다.

BNL0544(書-禹彥謙-17)(樊卷20:23右)

答禹益之[453]

伏承書問, 感仰感仰。滉以如京人今日當來, 尙未來, 未決行止, 悶悶。若得賜歸, 則當歷謁貴府, 伏計。伏惟尊鑑。病甚, 草草謝狀。

BNL0545(書-禹彥謙-18)(樊卷20:23右)

與禹益之[454]

謹拜問安。滉今自廣興移寓鳳停, 無事矣。

　　就中得於道路之傳, "別駕似有再枉此寺之意"云, 此殊未安。前於甘泉、廣興, 已煩屢顧, 今若又枉, 則人之聞見, 亦似未穩, 矧使滉避官舍來僻處之意, 反歸虛矣。伏望諒照。停行山中, 百用皆已具備, 何必更自臨見然後無闕事耶? 惟曲照, 幸甚。謹拜白。

---

453 丙寅年(明宗21, 1566년, 66세) 2월 8~9일 豐基에서 쓴 편지로 추정된다.

454 丙寅年(明宗21, 1566년, 66세) 3월 8일 安東에서 쓴 편지로 추정된다.

BNL0546(書-禹彦謙-19)(樊卷20:23左)

答禹益之【戊辰】[455]

承問感感。滉病甚廢仕，悶悶。惠及雉、魚，領荷。幷照。謹拜謝。

KNL0547(書-朴光前-1)(癸卷15:40左)(樊卷20:23左)

答朴上舍【光前】、尹秀才【欽中。○丙寅】[456]

《別後懸情，有甚同席之日，僉垂辱札，豈勝欣慰欣慰？

滉以展墓數日，冒寒出入，疲劇歸臥，多方熨攝，僅免他患。寄惠地黃，捧領深荷。但恐屋舍已敝[457]，區區藥力，難以收效耳。》

所諭十寒之云，誠然誠然。大抵道之浩浩，何處下手？惟

---

455 戊辰年(宣祖1, 1568년, 68세) 7~12월 서울에서 쓴 편지로 추정된다.

456 丙寅年(明宗21, 1566년, 66세) 12월 28~30일 禮安에서 쓴 편지로 추정된다. 朴光前(1526~1597)은 本貫은 珍原, 字는 顯哉, 號는 竹川, 諡號는 文康이다. 尹欽中 生沒年 未詳)은 本貫은 海南, 字 仲一이다. 尹復의 아들이다. 〔編輯考〕退溪가 朴光前에게 보낸 편지는 모두 1통으로, 庚本에 수록되었다. 〔資料考〕《竹川集》에는 朴光前이 退溪에게 보낸 〈上退溪先生問目〉1통이 실려 있고 제목만 남아 있는 〈上退溪先生〉이 있다. 中本에는 〈答朴上舍廣前尹秀才欽中〉으로 되어 있고, 부전지에 "'光前'、'欽中'書字, '上舍'、'秀才'可去."라고 하였다. 定草本·庚本·擬本·甲本에는 〈答朴上舍【光前】尹秀才【欽中】〉으로 되어 있다.

457 敝 : 中本·上本에는 "敵"로 되어 있다.

聖賢遺訓，才方是下手處，而就其中求其至切至要，莫先於《朱書》。苟能以爲終身事業，使此個道理，時常在心目間，不敢廢墜，則庶幾得見人生一大歡喜事，不但如老謬徒攬虛聲而卒無實得也。

目錄蒙許寫惠，幸甚。但此未了之本，切勿示人。前沇拙句，有改動數字，別紙呈上。《惟僉迓新休。謹謝。》

退溪先生文集
卷十六

BNL0548(書-奇大升-1)(樊卷21:1右)

與奇明彦【大升。○戊午】[1]

病人足不踰閾, 昨日何幸垂顧! 得遂既見之願, 感怍交深, 無以爲喻。明日南行定未? 當寒遠涉, 保愛爲上。切冀崇深以究大業。不具。謹白[2]。

KNL0549(書-奇大升-2)(癸卷16:1右)(樊卷21:1右)

與奇明彦【大升。○己未】[3]

別後一向阻聞聲塵, 歲忽改矣。昨見朴和叔, 幸承附[4]問之及,

---

1 戊午年(明宗13, 1558년, 58세) 11월 초순 서울에서 쓴 편지로 추정된다. 奇大升 (1527~1572)은 本貫은 幸州, 字 明彦, 號 高峯·存齋, 諡號 文憲이다. 〔編輯考〕退溪가 奇大升에게 보낸 편지는 모두 85통으로, 庚本에 39통이 실렸고, 續集에 6통, 樊本 內集에 37통, 樊本 遺集內篇에 2통, 遺集外篇에 1통이 추가로 실렸다. 〔資料考〕奇大升에게 보낸 편지들 가운데 일부는 退溪가 편찬한 《自省錄》에도 실려 있고, ᄀ 대부분은 《兩先生往復書》(이하 《往復書》), 《兩先生四七理氣往復書》(이하 《四七往復書》)에도 실려 있다. 모두 對校本으로 활용하였다. 이 편지는 《往復書》권1에 전문이 실려 있다. 《往復書》에는 〈明彦拜謝奇先達前〉으로 되어 있다.

2 白 : 《往復書》에는 뒤에 "溟"이 더 있다.

3 己未年(明宗14, 1559년, 59세) 1월 5일 서울에서 쓴 편지이다. 〔資料考〕《往復書》권1에 전문이, 《四七往復書》권1에는 일부가 실려 있다. 中本·擬本·樊本·上本에는 〈與奇明彦【己未】〉으로 되어 있고, 《往復書》에는 〈明彦拜問。奇正字宅〉으로 되어 있고, 《四七往復書》에는 〈退溪與高峯書【節略】〉으로 되어 있다. 中本·擬本·樊本·上本에는 〈與奇明彦【己未】〉으로 되어 있고, 《往復書》에는 〈明彦拜問奇正字宅〉으로 되어 있고, 《四七往復書》에는 〈退溪與高峯書【節略】〉으로 되어 있다.

4 附 : 鄭校에 "'附'字可疑. 似是'俯'字。【吳】"라고 하였다. 〔今按〕여기의 鄭校는

深慰企渴。仍想榮歸以來, 履趣日益珍茂, 外有變更而內加省養, 無非進德熟仁之地, 其樂詎有涯耶?

滉一昧所向, 觸事成誤, 病轉深痼, 而恩愈荐加, 瀝懇乞免, 率歸於虛空無益。工曹雖號無事, 豈吾養病坊耶? 則行謀引退, 又不得不爲。無狀如此, 時論尙不以退歸爲然, 處世之難, 一至於此, 奈何奈何?

頃者雖遂旣見之願, 倏如一夢, 未暇深扣[5], 而猶有契合欣然處。又因士友間傳聞所論四端、七情之說。鄙意於此亦嘗自病其下語之未穩, 逮得砭駁, 益知疎繆, 卽改之云:"四端之發, 純理故無不善;七情之發, 兼氣故有善惡。"未知如此下語無病否?

又聞〈與王龜齡書〉"古人"字, 誤合爲"克"字, 舊疑頓釋。孤陋之所資於博洽者, 已多於傾蓋之日, 況得與相從, 則何可勝道哉? 所難料者, 一南一北, 或成燕鴻之來去耳。

曆日一部, 呈似, 可副鄰里之求。欲言多矣, 遠紙不宣。惟愛[6]加重。滉頓首[7]。

鄭經世의 교정 기록이 아니라 吳 성을 가진 다른 이의 교정 기록일 수 있다.

5 扣 : 樊本・上本에는 "叩"로 되어 있다.
6 愛 : 鄭校에 "'愛'字可疑. 恐有闕誤.【鄭。】"라고 하였다.
7 惟愛……頓首:《往復書》에는 "惟爲時加重。謹拜問。己未五月初五日, 滉頓首。"으로 되어 있다.

KNL0550(書-奇大升-3)(癸卷16:2右)(樊卷21:2右)

答奇明彥[8]

春初一紙, 遠付南鴈, 未幾東歸, 潛深伏隩, 京信且不得時聞, 況於湖南更在千里外耶? 中間問知公來都下, 欲爲一書致意, 而復計公方困一新字, 滉亦自困於積病, 無暇修人事, 但每以子中之來, 擬聞公之動靜, 而子中又遲來。及至前月旬時, 子中伻來, 始獲承八月望間兩書及追寄三月初五日答書幷所著說一篇。其爲慰釋, 不可勝云。因而[9]反復三書之意, 見公傾倒於滉, 而又令人慨嘆無已也。

　　大抵出處去就, 當自決於心, 非可謀之於人, 亦非人所能與謀。胡康侯所見, 卓然可法, 第患平時理有所未精, 志有所不剛, 則其所自決, 或不免昧於時義, 奪於願慕, 而失其宜耳。

8　己未年(明宗14, 1559년, 59세) 10월 24일 禮安에서 쓴 편지이다. 〔資料考〕《自省錄》(18)에 전문이 실려 있고,《往復書》권1에도 전문이,《四七往復書》권1에는 일부가 실려 있다. 모두 校本으로 활용되었다. 〔年代考〕이 글, 그리고 〈別紙【見《自省錄》】〉(KNL0550A), 〈答奇明彥【論四端七情第一書】〉(KNL 0551), 〈附奇明彥非四端七情分理氣辯〉(KNL0551A)은 모두 1559년 9월 9일 鄭惟一을 통해 받은 기대승의 편지(〈上退溪先生〉)와 四端七情을 논한 글(〈高峯上退溪四端七情說〉)에 대한 답장이다. 退溪는 이 답장을 쓰고 나서 바로 부치지 못하고 庚申年(1560년, 60세) 2월 5일, 서울로 올라가는 鄭惟一에게 맡겨 光州에 있는 奇大升에게 전달하도록 하였다. (《月日條錄》2, 1559년 10월조 참조.)《往復書》에는 뒤에 "歲方寒冱, 惟爲時珍懋萬萬。謹拜白。嘉靖己未陽月二十四日, 病人滉拜。"라고 하여 작성연월일이 기록되어 있다. 中本(권9)에는 〈答奇明彥【己未】〉로 되어 있고, 中本(권11)에는 〈答奇明彥【己未 見《自省錄》】〉으로 되어 있고, 樊本・上本에는 〈答奇明彥【見《自省錄》】〉으로 되어 있고,《自省錄》에는 〈答奇正字明彥【大升】〉으로 되어 있다.

9　而 : 樊本・上本에는 "以"로 되어 있다.

今[10]觀來喩之意, 自謂學未成而遽出, 恐仕宦之奪志, 欲歸而卒究大業爾, 此乃古人之所難得, 而今世之所未見。滉所以爲公斂衽者特深, 而亦不能不爲公憂且懼也。

姑以滉身親經歷者言之。滉少嘗有志於學, 而無師友之導, 未少有得, 而身病已深矣。當是時, 正宜決山林終老之計, 結茅靜處, 讀書養志, 以益求其所未至, 加之三數十年之功, 則病未必不痊, 學未必無成, 天下萬物, 如吾所樂何哉? 顧不出此, 而從事於應擧覓官, 以爲我姑試之, 如或不可, 欲退則退, 誰復絆我。初不知今時與古時大異, 我朝[11]與中朝不同, 士忘去就, 禮廢致仕, 虛名之累, 愈久愈甚, 求退之路, 轉行轉險。至於今日, 進退兩難, 謗議如山, 而危慮極矣。嘗自念山野之性, 雖不由爵祿之慕, 而學不明理, 昧於時義, 一誤其初, 後雖有悟, 難於收拾以至此。

然而猶有可質於古義者, 身病如許, 國人所共見, 天地鬼神所共鑑, 非有託也。若在公之身, 則[12]處之之難, 又有甚於滉者。旣辱見謀, 不得不略陳鄙意。公以英拔[13]之氣、棟梁之具, 未出而名播遠邇, 始出而一國盡傾。長途[14]逸駕, 發靷伊始, 而身非有如滉之病, 持此欲舍而退藏, 時人肯舍公哉? 時人不舍, 而已欲舍之, 愈舍而愈不免, 雖欲如病臣[15]之屢乞辭退, 不

---

10 今 : 中本·樊本·上本·《往復書》에는 "細"로 되어 있다.

11 朝 : 中本·樊本·上本·《往復書》에는 "東"으로 되어 있다.

12 則 : 中本·樊本·上本·《往復書》에는 없다.

13 拔 : 上本에는 "發"로 되어 있다.

14 途 : 中本·樊本·上本·《往復書》에는 "塗"로 되어 있다.

15 臣 : 中本·樊本·上本·《往復書》에는 "者"로 되어 있다.

亦難乎？人之歸責, 無亦有甚於責病愚者乎？此滉所以爲公憂且懼也。

　是故爲公之計, 當其未出世[16], 而早決其志, 則學可專而道可得, 雖由是豎赤幟於一世, 爲東方絶學之倡, 蔑不可矣。今旣不然而應擧覓官矣, 又旣屈首忍辱而行免新矣, 始乃謀之於人, 欲退而畢願, 無乃見事之晚？而所謂"違俗就已之願, 素定於心[17]"者, 恐未可以必得也。

　來喩曰："處世之難, 亦患吾學之未至耳。吾學若至, 則處之必無難矣。"此固切至之言也, 而所示四端、七情說, 其所造亦可謂邃矣。然而自愚揆之, 高明之學, 有見於正大廣博之域, 而或[18]未融貫於細密精微之蘊也；其處心制行, 多得於疎達曠[19]坦之意, 而尙欠於收斂凝定之功也。故其發爲言論者, 雖甚超詣, 而或不免有出入矛盾之病；其所自爲謀者, 雖非常人所及, 而猶未脫於安排前却之中。則其於擔當一大事, 佩負一大名, 以處於衝風激浪之際, 何可謂無難乎？

　夫士生於世, 或出或處, 或遇或不遇, 歸潔其身行其義而已, 禍福非所論也。然嘗怪吾東方之士, 稍有志慕道義者, 多罹於世患, 是雖由地褊人澆之故, 亦其所自爲者, 有未盡而然也。其所謂未盡者無他, 學未至而自處太高, 不度時而勇於經世, 此其取敗之道, 而負大名當大事者之切戒也。故爲公今日

---

16 世 : 中本(권11)·樊本·上本에는 "時"로 되어 있다.
17 心 : 中本·樊本·上本에는 "內"로 되어 있다.
18 或 : 中本·樊本·上本·《往復書》에는 "猶"로 되어 있다.
19 曠 : 上本에는 "廣"으로 되어 있다.

之道, 勿太高於自處, 勿遽勇於經世, 凡百勿太過於自主張。身旣出世而許國, 則何可專守其退志? 志以道義爲準則, 則又何可有就而無去? 直以夫子學優仕優之訓, 爲處身之節度, 而精審[20]於義理之所安。其行於世, 則職思其憂之外, 常須退一步低一頭, 而專意於學曰: "我學未至, 何遽任經濟之責乎?" 其違於時, 則一絲莫管於外, 必須或乞閑或圖退, 而專意於學曰: "我學未至, 靜修進益, 今其時矣。"如是久遠爲期, 一進一退, 莫不以學爲主, 深[21]知義理之無窮, 常[22]歉然有不自滿之意, 喜聞過, 樂取善, 而眞積力久, 則道成而德立, 功自崇而業自廣, 向之所云經世行道之責, 至是始可任[23]矣。

　　竊觀來喩, 意在於欲退, 而滉之言, 兩持出處之說, 其無乃見斥爲世俗常情, 同於鄭生之爲公謀者乎? 鄭生之見, 固有所未至, 而其言未知其何如也。以滉所見豈[24]不知勸公之高翔遐擧, 一往不返, 以應古人隱居求志之義, 可出於常情之表, 爲甚快樂也? 顧嘗聞之, 朱先生與門人論程子不請俸之事, 其意若曰: "今人若由科目入仕者, 不得不以常調處之。"今公旣失堅臥於初, 又非病廢於後, 而入仕由科目, 則爲公忠謀者, 安得一切以出世之事奉勸乎? 或者鄭生之意, 其亦出於此否乎?

　　雖然, 滉之此言, 一蹉則入於安常襲故, 隨俗俯仰之陋。必

---

20 審 : 樊本·上本에는 "深"으로 되어 있다.
21 深 : 中本·樊本·上本에는 없다.
22 常 : 中本·樊本·上本에는 없다.
23 任 : 中本·樊本·上本·《往復書》에는 "言"으로 되어 있다.
24 豈 : 中本·樊本·上本·《往復書》에는 "非"로 되어 있다.

常有不可奪之志、不可屈之氣、不可昧之識見, 而學問之力,
日淬月鍛, 然後庶可以牢著脚跟, 不爲世俗聲利、威風所掀倒
也。不然, 味無味而無得, 鑽彌堅而不入, 少間不免[25]心懶意
闌, 志慮回撓, 而世俗利害、禍福之說, 又從而恍迫恐喝, 寢銷
寢[26]鑠, 則其不變其初服, 而以諧世取容, 背道趨利, 爲得計者
鮮矣, 是[27]尤可懼之甚者也。未知公意以爲如何?

　　本原[28]之地下功, 滉方此求之, 而未審其可否。今承俯詢,
敢擧以取止焉。聞之, 心爲萬事之本, 性是萬善之原, 故先儒
論學, 必以收放心、養德性, 爲最初下手處, 乃所以成就本原
之地, 以爲凝道廣業之基, 而其下功之要, 何俟於他求哉? 亦
曰主一無適也, 曰戒愼恐懼也。主一之功, 通乎動靜; 戒懼之
境, 專在未發。二者不可闕一, 而制於外以養其中, 尤爲緊切。
故三省、三貴、四勿之類, 皆就應接處言之, 是[29]亦涵養本原
之意也。苟不如是, 而一以[30]心地工夫爲主, 則鮮不墮於釋氏
之見矣, 如何? 四端、七情之辯[31], 旣辱[32]提誨, 不可無三隅之
反, 聱說錄在別紙[33], 僭率爲愧, 幸垂折衷。

25　免 : 中本・樊本・上本・《往復書》에는 뒤에 "於"가 더 있다.
26　寢 : 中本(권9)의 부전지에 "傳本作寖"라고 하였고, 또 "'寢', '浸'"이 있다. 定草本의 추기에 "寖"으로 되어 있다.
27　是 : 中本・樊本・上本・《往復書》에는 "此"로 되어 있다.
28　本原 : 中本・樊本・上本・《往復書》에는 앞에 "所謂"가 더 있다.
29　是 : 中本・樊本・上本・《往復書》에는 앞에 "以爲"가 더 있다.
30　一以 : 中本・樊本・上本・《往復書》에는 "惟"로 되어 있다.
31　辯 : 定草本・庚本擬本・《往復書》・《自省錄》에는 "辨"으로 되어 있다.
32　辱 : 中本・樊本・上本・《往復書》에는 "蒙"으로 되어 있다.
33　紙 : 中本・樊本・上本・《往復書》에는 "幅"로 되어 있다.

且如"心之虛靈, 分屬理氣", "理虛無對"等語, 但諭以未安, 而不示[34]其所以未安之故。不知回稟之說, 當出於何旨, 故不爲條報, 并望垂示以發蒙蔀。

　　子中以護送之命不意還[35]都, 不及附音, 追寫此書, 因便寄子中, 冀以轉呈。但未知公已下湖南, 或猶在都下, 而書之得不浮沈, 又未可[36]卜也。臨紙耿耿, 不能裁悉[37]。

KNL0550A(書-奇大升-3-1)(癸卷16:7左)(樊卷21:7左)
別紙[38]

鄙書多慮患之語, 似乎無端。老生更歷世故之日多, 自然慮至於此, 幸勿爲怪。愚見此事, 極一生辛苦工夫, 僅可庶幾, 而擧足之始, 虛聲[39]先播於世, 此古今之通患, 甚可懼也。凡所願所學, 未爲實得, 而人之處我已可駭, 不以聖賢地位[40]推之, 則以聖賢

34　示 : 中本・樊本・上本・《往復書》에는 "及"으로 되어 있다.
35　還 : 中本・樊本・上本・《往復書》에는 "赴"로 되어 있다.
36　可 : 中本・樊本・上本・《往復書》에는 없다.
37　不能裁悉 : 中本・樊本・上本에는 뒤에 "歲方寒沍, 惟爲時珍懋萬萬。謹拜白。"이 더 있고, 《往復書》에는 뒤에 "歲方寒沍, 惟爲時珍懋萬萬。謹拜白。嘉靖己未陽月二十四日, 病人滉拜。"가 더 있다.
38　己未年(明宗14, 1559년, 59세) 10월 24일 禮安에서 쓴 편지이다. 〔資料考〕《自省錄》권2와《往復書》권1에 전문이 실려 있다. 모두 校本으로 활용하였다. 中本・樊本에는 〈別紙【見《自省錄》】〉으로 되어 있고,《自省錄》에는 〈與奇明彦書別紙【書見上】〉으로 되어 있다.
39　聲 : 上本에는 "名"으로 되어 있다.

事業[41]責之。若不知懼，又受而[42]自處，則其名實未[43]副之處，不[44]免有文飾蓋覆，以自欺而欺人，此勢所必至。然則其末之顚躓，何足異哉？故吾儕一爲人所知所譽，便是不好消息，其驟有進用於時，殊非可喜可願之事。若至居要地，爲衆所趨，則是決無善後之圖矣。公在今日，未必知鄙言之切，異時身履其地，當思此言。願公留意愼密爲上。今日書札往復[45]，且可如此，若公柄[46]用巍顯之日，散人亦難以此等閑言語往復矣，故聲言之耳。

KNL0551(書-奇大升-4)(癸卷16:8右)(樊卷21:8左)

答奇明彥【論四端七情第一書】[47]

性情之辯，先儒發明詳矣，惟四端、七情之云，但俱謂之情，而未見有以理氣分說者焉。往年鄭生之作圖也，有"四端發於理，

---

40 位 : 中本·樊本·上本에는 없다.
41 業 : 中本·樊本·上本에는 없다.
42 而 : 中本·樊本·上本에는 "以"로 되어 있다.
43 未 : 中本(권9)·《往復書》에는 "不"로 되어 있다.
44 不 : 中本·樊本·上本에는 뒤에 "【不,《錄》作未。】"가 있다.〔今按〕《自省錄》에도 "不"로 되어 있다. 中本 등의 《自省錄》 小註에는 무언가 착오가 있는 듯하다.
45 往復 : 中本·樊本·上本·《往復書》에는 없다.
46 柄 : 中本·樊本·上本·《往復書》에는 "秉"으로 되어 있다.
47 己未年(明宗14, 1559년, 59세) 10월 24일 禮安에서 쓴 편지이다.〔編輯考〕中本에서는 奇大升의 편지(〈附奇明彥非四端七情分理氣辯〉)를 먼저 실었다.〔資料考〕《四七往復書》권2에 전문이 실려 있다.《自省錄》(19)에도 전문이 실려 있는데, 〈改本〉(KNL0554A 書-奇大升-7-1)에서 退溪가 고친 내용이 거의 다 반영되어 있는 것을 볼 때, 《自省錄》의 〈答奇明彥四端七情分理氣辯第一書〉는 改本을 수록한 것으

七情發於氣"之說。愚意亦恐其分別太甚, 或致爭端, 故改下
"純善⁴⁸"、"兼氣"等語。蓋欲相資以講明, 非謂其言之無疵也。
今者蒙示辯說, 摘抉差謬, 開曉諄悉, 警益深矣。然猶有所不
能無惑者, 請試言之而取正焉。

　　夫四端, 情也; 七情, 亦情也。均是情也, 何以有四七之異
名耶⁴⁹? 來喩所謂"所就以言之者不同"是也。蓋理之與氣, 本
相須以爲體, 相待以爲用, 固未有無理之氣, 亦未有無氣之理。
然而所就而言之不同, 則亦不容無別。從古聖賢有論及二者,
何嘗必滾合爲一說⁵⁰而不分別言之耶?

　　且以"性"之一字言之, 子思所謂天命之性、孟子所謂性善
之性, 此二性字, 所指而言者何在乎? 將⁵¹非就理氣賦與之中,
而指此理原頭本然處言之乎? 由其所指者在理不在氣, 故可
謂之純善無惡耳。若以理氣不相離之故, 而欲兼氣爲說, 則已
不是性之本然⁵²矣。

　　夫以子思、孟子, 洞見道體之全, 而立言如此者, 非知其
一不知其二也, 誠以爲雜氣而言性, 則無以見性之本善故也。

로 추정된다. 擬本에는 〈答奇明彦【非四端七■■】〉으로 되어 있고,《四七往復書》에
는 〈退溪答高峯四端、七情分理氣辯〉으로 되어 있다.

48 善 : 鄭校에 "'善'恐當作'理'。考此卷首一書, 可知。【鄭。】"라고 하였고, 養校에
"'善'恐'理'。"라고 하였다.

49 耶 : 樊本·上本에는 "也"로 되어 있다.

50 說 : 두주에 "'說', 一本作'物'。"라고 하였다. 中本·樊本·上本·《四七往復書》에는
"物"로 되어 있다. 養校에 "'說',《自省錄》作'物'。"라고 하였다.

51 將 : 中本의 두주에 "'將',《錄》作'初'。"라고 하였다.

52 然 : 中本에는 뒤에 "【'然'一作'善'。】"이 더 있다. 〔今按〕定草本에는 "然"과 "矣"
사이에 공백과 삭제표시가 있는데, 中本의 小註를 지운 것으로 추정된다.

至於後世程、張諸子之出, 然後不得已而有氣質之性之論, 亦非求多而立異也。所指而言者, 在乎禀生之後, 則又不得純[53]以本然之性混[54]稱之也。

故愚嘗妄以爲情之有四端、七情之分, 猶性之有本性、氣禀之異也。然則其於性也, 旣可以理氣分言之, 至於情, 獨不可以理氣分言之乎? 惻隱、羞惡、辭讓、是非, 何從而發乎? 發於仁義禮智之性焉爾。喜怒哀懼愛惡欲, 何從而發乎? 外物觸其形而動於中, 緣境而出焉爾。

四端之發, 孟子旣謂之心, 則心固理氣之合也, 然而所指而言者則主於理, 何也? 仁義禮智之性, 粹然在中, 而四者其端緒也。七情之發, 朱子謂"本有當然之則", 則非無理也。然而所指而言者則在乎氣, 何也? 外物之來, 易感而先動者, 莫如形氣, 而七者其苗脈也。安有在中爲純理, 而才發爲雜氣; 外感則形氣, 而其發爲理之本體耶?

四端皆善也, 故曰"無四者之心, 非人也", 而曰"乃若其情則可以爲善矣"。七情善惡未定也, 故一有之而不能察, 則心不得其正, 而必發而中節, 然後乃謂之和。由是觀之, 二者雖曰皆不外乎理氣, 而因其所從來, 各指其所主與所重[55]而言之, 則謂之某爲理、某爲氣, 何不可之有乎?

竊詳來喻之意, 深有見於理氣之相循不離, 而主張其說甚

---

53 不得純以 : 中本에는 "不得以"로 되어 있고 추기에 "純"로 되어 있다.《四七往復書》에는 "不得以"로 되어 있다.

54 混 : 養校에 "混削。"라고 하였다.

55 與所重 : 改本에는 삭제되어 있는데,《自省錄》에는 그대로 실려 있다.

力, 故以爲: "未有無理之氣, 亦未有無氣之理", 而謂"四端、七情非有異義"。此雖近是, 而揆以聖賢之旨, 恐有所未合也。

大抵義理之學, 精微之致, 必須大著心胸, 高著眼目, 切勿先以一說爲主, 虛心平氣, 徐觀其義趣, 就同中而知其有異, 就異中而見其有同, 分而爲二, 而不害其未嘗離, 合而爲一, 而實歸於不相雜, 乃爲周悉而無偏也。

請復以聖賢之說明其必然。昔者孔子有繼善成性之論, 周子有無極太極之說, 此皆就理氣相循之中, 剔撥而獨言理也。孔子言"相近相遠之性", 孟子言"耳目口鼻之性", 此皆就理氣相成之中, 偏指而獨[56]言氣也。斯四者豈非就同中而知其有異乎? 子思之論中和, 言喜怒哀樂, 而不及於四端; 程子之論好學, 言喜怒哀懼愛惡欲, 而亦不言四端。是則就理氣相須之中而渾淪言之也。斯二者豈非就異中而見其有同乎?

今之所辯, 則異於是, 喜同而惡離, 樂渾全而厭剖析, 不究四端、七情之所從來, 槪以爲兼理氣有善惡, 深以分別言之爲不可。中間雖有"理弱氣強"、"理無眹, 氣有跡"之云, 至於其末, 則乃以氣之自然發見, 爲理之本體然也, 是則遂以理氣爲一物而無所別矣。近世羅整菴倡爲理氣非異[57]物之說, 至以朱子說爲非是。滉尋常未達其指, 不謂[58]來喩之意亦似之也。

且來喩旣云: "子思、孟子所就而言之者不同。" 又以四端爲剔撥出來, 而反以四端、七情爲無異指, 不幾於自相矛盾

---

56 獨: 養校에 "'獨'改'主'。"라고 하였다.
57 異: 《四七往復書》에는 "二"로 되어 있다.
58 謂: 樊本·上本에는 "意"로 되어 있다.

乎? 夫講學而惡分析, 務合爲一說, 古人謂之鶻圇吞棗, 其病
不少。而如此不已, 不知不覺之間, 駸駸然入於以氣論性之蔽,
而墮於認人欲作天理之患矣, 奚可哉?

自承示喩, 卽欲獻愚, 而猶不敢自以其所[59]見, 爲必是而無
疑, 故久而未發。近因看《朱子語類》論孟子四端處末一條, 正
論此事, 其說云:"四端是理之發, 七情是氣之發。"古人不云
乎?"不敢自信而信其師。"朱子, 吾所師也, 亦天下古今之所
宗師也。得是說, 然後方信愚見不至於大謬, 而當初鄭說亦自
爲無病, 似不須改也。乃敢粗述其區區[60]以請敎焉, 不審於意
云何? 若以爲理雖如此, 名言之際, 眇忽有差, 不若用先儒舊
說爲善, 則請以朱子本說代之, 而去吾輩之說, 便爲穩當矣。
如何如何?

KNL0551A(書-奇大升-4-㉑)(癸卷16:12左)(樊卷21:12左)

附奇明彦非四端、七情分理氣辯[61]

子思曰:"喜怒哀樂之未發, 謂之中; 發而皆中節, 謂之和。"孟

---

59 其所: 두주에 "'其所'二字, 一本作'己'."라고 하였고, 甲本·樊本·上本에도 同一한 두주가 있다.

60 粗述其區區: 樊本·上本에는 "粗述區區"로 되어 있고, 두주에 "一本'述'下有'其'字."라고 하였다.

61 己未年(明宗14, 1559년, 59세) 3월에 기대승이 보낸 편지이다. 〔資料考〕《四七往復書》권1에도 전문이 실려 있다. 《四七往復書》에는 〈高峯上退溪四端七情說〉로 되어 있다.

子曰:"惻隱之心, 仁之端也; 羞惡之心, 義之端也; 辭讓之心, 禮之端也; 是非之心, 智之端也。"此性情之說也, 而先儒發明盡矣。

然竊嘗考之, 子思之言, 所謂道其全者, 而孟子之論, 所謂剔撥出來者也。蓋人心未發則謂之性, 已發則謂之情, 而性則無不善, 情則有善惡, 此乃固然之理也。但子思、孟子所就以[62]言之者不同, 故有四端、七情之別耳。非七情之外, 復有四端也。今若以謂"四端發於理而無不善, 七情發於氣而有善惡", 則是理與氣判而爲兩物也, 是七情不出於性, 而四端不乘於氣也。此語意之不能無病, 而後學之不能無疑也。

若又以"四端之發, 純理故無不善; 七情之發, 兼氣故有善惡"者而改之, 則雖似稍勝於前說, 而愚意亦恐未安。蓋性之乍發, 氣不用事, 本然之善, 得以直遂者, 正孟子所謂四端者也。此固純是天理所發。然非能出於七情之外也, 乃七情中發而中節者之苗脈也。然則以四端、七情, 對擧互言, 而謂之純理、兼氣, 可乎? 論人心、道心, 則或可如此說, 若四端七情, 則恐不得如此說, 蓋七情不可專以人心觀也。

夫理, 氣之主宰也; 氣, 理之材料也。二者固有分矣, 而其在事物也, 則固混淪而不可分開。但理弱氣强, 理無眹而氣有跡, 故其流行發見之際, 不能無過不及之[63]差。此所以七情之發, 或善或惡, 而性之本體, 或有所不能全也。然其善者乃天命之本然, 惡者乃氣禀之過不及也, 則所謂四端、七情者, 初

---

62 以 : 上本에는 "而"로 되어 있다.
63 則謂……及之 : 定草本에는 없고 부전지에 "落張。"라고 하였다.

非有二義也。近來學者,不察孟子就善一邊,剔出指示之意,例以四端、七情,別而論之,愚竊病焉。

朱子曰:"喜怒哀樂,情也。其未發則性也。"及論性情之際,則每每以四德、四端言之,蓋恐人之不曉而以氣言性也。然學者須知理之不外於氣,而氣之無過不及,自然發見者,乃理之本體然也,而用其力焉,則庶乎其不差矣[64]。

SNL0552(書-奇大升-5)(續卷3:35右)(樊續卷3:36左)
與奇明彥【庚申】[65]

《歲律更新,履此泰慶,沖茂日增,瞻慕曷喩?去年冬初,修一書,欲送都下,托子中轉[66]呈,而復慮子中奉使命,當作南行,若已發京,則相失不傳,遷延過冬,及子中來南,又久不返。至今日,始得囑傳,又不知何時可徹座下也。》

此間恒絶邸報,不審歲終殿最,何以處公耶?其可得數年間耶?歸後溫理舊學,當益有緒有味,恨不得相從款扣也。溼

---

64 矣:《四七往復書》에는 뒤에 "【己未三月。】"이 더 있다.

65 庚申年(明宗15, 1560년, 60세) 2월 5일 禮安에서 쓴 편지이다. [資料考]《往復書》권1에도 전문이 실려 있다. [年代考] 당시 鄭惟一이 서울로 올라가기 전에 退溪를 찾아왔는데, 退溪는 그 편에 1559(己未)년 10월 24일에 써두었다가 부치지 못한 편지(KNL0550, KNL0550A, KNL0551, KNL0551A)들과 함께, 답장이 늦어진 사정을 밝힌 본 편지를 奇大升에게 보냈고, 鄭之雲의 편지에 대한 답장(〈答鄭靜而(之雲)○庚申)〉)도 함께 부쳤다.《往復書》에는 〈明彥拜問 奇正字光州〉라고 되어 있다.

66 轉:上本에는 "傳"으로 되어 있다.

冬間, 寒疾屢作, 僅僅弭攝, 心眼俱昏, 幾於專廢, 難冀[67]有進步處, 無可奉告。惟願耳中逮聞賢契如公, 學業成就, 有以淑人心而裨聖治也。

　　四七瞽說, 鄭靜而苦要一見, 故不封而寄靜而, 經見後, 令子中取還, 幷書呈納。切望一言之復, 亦送于子中處, 宜不至浮沈。《餘惟爲時加愛。不宣[68]。》

KNL0553(書-奇大升-6)(癸卷16:14左)(樊卷21:14左)

答奇明彥[69]

滉[70]戊午入都之行, 極是狼狽, 而猶爲[71]自幸者, 以得見吾明彥故也。南來屛迹, 邈無再款之期, 而馳溯靡已。適得子中所傳手書及四端、七情說, 而後喜可知也。因修一書, 略見區區,

---

67 冀 : 樊本·上本에는 "期"로 되어 있다.
68 宣 : 《往復書》에는 뒤에 "庚申二月初五日, 滉又白。"이 더 있다.
69 答奇明彥 : 庚申年(明宗15, 1560년, 60세) 9월 1일 禮安에서 쓴 편지이다. 〔資料考〕《自省錄》(23)과 《往復書》권1에도 전문이 실려 있다. 〔年代考〕이 편지는 奇大升이 1560년 8월 8일에 보낸 〈答上退溪先生座前〉(《往復書》권1), 책자로 만든 四端七情第二書(〈附奇存齋論四端七情第二書〉·〈高峯答退溪論四端七情書〉《四七往復書》권1), 그리고 〈小貼子〉와 李恒·金麟厚·奇大升이 太極에 대해 논한 편지(〈贈奇正字〉·〈湛齋與一齋小束〉·〈贈奇正字書〉·〈重答湛齋書〉·〈答一齋書〉·〈奉復奇正字〉, 이상 《往復書》권1) 등에 대한 답장이다. 四端七情說과 관련한 자세한 논변은 후일을 기약했다. 樊本·上本에는 〈答奇明彥【見《自省錄》】〉으로 되어 있고, 《往復書》에는 〈答上存齋契右〉로 되어 있다.
70 滉 : 中本·樊本·上本에는 앞에 "滉頓首再拜。"가 더 있다.
71 爲 : 中本·樊本·上本·《往復書》에는 "有"로 되어 있다.

復於四七文字, 有不能無疑處, 不敢苟同, 則亦粗述鄙見[72], 以代就正焉。蓋所以求直諒之益, 爲發蒙之地, 不得不然, 而其事則殊甚率易也。旣而思[73]得鄙說中[74]有一二段未安處, 當改而未及耳。

　　今秋, 子中自京下鄕, 示以吾友所與鄭靜而[75]書兩紙[76], 其所論[77]鄙說, 凡有幾段, 而向所自覺者, 亦在其中矣[78]。其末云: "將[79]條析以見報[80]。" 自是渴於承獲者有日[81]。千里伻來, 辱書諄誨, 副以正謬文字一冊[82], 論辯援證, 至贍且悉, 所以爲指迷之慮者, 無餘蘊矣。仍審潦收凉進, 素履淸福, 神相燕超[83]。

　　滉薄劣無狀, 平生以病自繞, 進則有叨冒尸曠之誅, 退則有稽遁慚負之責。而癃老委篤, 心目昏眩[84], 身若枯藤, 無復齒人之理。過去光陰, 已不可追[85], 雖有朝聞夕可[86]之願, 無[87]明

72　見 : 中本・樊本・上本・《往復書》에는 뒤에 "託子中轉致"가 더 있다.
73　思 : 中本・樊本・上本・《往復書》에는 뒤에 "之覺"이 더 있다.
74　中 : 中本・樊本・上本・《往復書》에는 없다.
75　靜而 : 中本・樊本・上本・《往復書》에는 "秋巒"으로 되어 있다.
76　兩紙 : 中本・樊本・上本・《往復書》에는 없다.
77　論 : 中本・樊本・上本・《往復書》에는 "駁"으로 되어 있다.
78　亦在其中矣 : 中本・樊本・上本・《往復書》에는 "亦在焉"으로 되어 있다.
79　將 : 中本・樊本・上本・《往復書》에는 "當"으로 되어 있다.
80　見報 : 中本・樊本・上本・《往復書》에는 "報之"로 되어 있다.
81　日 : 中本・樊本・上本・《往復書》에는 뒤에 "矣"가 더 있다.
82　文字一冊 : 中本・樊本・上本・《往復書》에는 "書一冊"로 되어 있다.
83　神相燕超 : 中本・樊本・上本・《往復書》에는 뒤에 "其於欣濯, 有難名言"이 더 있다.
84　昏眩 : 中本・樊本・上本・《往復書》에는 "眩瞀"로 되어 있다.
85　不可追 : 中本・樊本・上本・《往復書》에는 뒤에 "至於此日"이 더 있다.
86　可 : 鄭校에 "'可'恐似'死'。【鄭。】"라고 하였다.

師彊輔日相策勵, 但知從事於殘編[88]敗冊之中, 管窺蠡測, 所得非全, 銖累寸積, 隨手消散。所以談名義則如繫風捕影[89], 准心迹則若掣肘矛盾, 雖蒙吾友忠告而善導之如此其至, 猶恐無以爲虛受之地、服膺之實, 而副[90]盛意之萬一也。

然厚逮, 不可不條報以求終誨, 而鈍根之於文字、義理, 非積日精思, 不能有所悟解[91]。略觀所論, 浩瀚微妙[92], 茫無涯畔, 未得其[93]要領, 加以[94]連日客至, 無暇尋繹, 來使又不可久留。故今且粗修此[95]報, 而留此辯目, 以俟後日柳太浩便人, 容謝不敏焉[96], 其亦可乎?

抑吾友以如此[97]博學、深造, 縱之以修途逸駕。自常情言之, 宜以爲吾事已了, 方自大自滿之不暇[98], 顧乃慊然於外得, 而慨然於求志, 殿考之事, 又適其會。天之所以玉成於吾友者, 何其幸也? 則往歲鄙書云云, 皆吾友所已獨得者[99], 而非私憂

---

87 無 : 中本・樊本・上本・《往復書》에는 "未有"로 되어 있다.
88 編 : 上本에는 "篇"으로 되어 있다.
89 繫風捕影 : 中本・樊本・上本・《往復書》에는 "捕風繫影"으로 되어 있다.
90 而副 : 中本・樊本・上本・《往復書》에는 "而仰副"로 되어 있다.
91 有所悟解 : 中本・樊本・《往復書》에는 "有所解悟"로 되어 있고, 上本에는 "有解悟"로 되어 있다.
92 浩瀚微妙 : 中本・樊本・上本・《往復書》에는 뒤에 "除善惡未定等條, 自覺其謬之外"가 더 있다.
93 其 : 上本에는 없다.
94 以 : 中本・樊本・上本・《往復書》에는 "之"로 되어 있다.
95 此 : 中本・樊本・上本・《往復書》에는 "書"로 되어 있다.
96 焉 : 中本・樊本・上本・《往復書》에는 없다.
97 此 : 中本・樊本・上本・《往復書》에는 "是"로 되어 있다.
98 暇 : 中本・樊本・上本・《往復書》에는 뒤에 "矣"가 더 있다.

過計之所當及也。來書不以爲不當，而每言以反復之，又可見大度之無不容，邇言之無不察矣[100]，幸甚幸甚。

　出處去就之說，有疑於康侯之自決，而質之以晦菴之咨友，果如所喩。然晦菴平日定見，壁立萬仞，不以人言而少有前却，此又不可不知者耳。所云經歷、世患之故，乃處地、處時甚不得已之義，而其言太近於老人摧縮眇屑之發，其於盛年[101]剛氣，若在斥外[102]，而乃反深有味於其間，非熟於義理，審於酬[103]世者[104]，能若是乎？

　至若受病根源[105]，固非庸醫所能知，況可責之以下藥乎？雖然，嘗聞之，朱夫子之言曰："知其病而欲去之，則只此欲去之心，便是能去之藥。"願吾友勿訪藥於他人，卽於此句內求之，而痛下砭治，則必有神驗，非苦口之藥，所能及者矣。

　"學至則處世無難"一條，當時謬見，實不能無疑於高明之[106]自處如是，今[107]得示，方釋然自知不能盡乎人言之失矣[108]。"兩持出處"以下，高明之所處所言甚善，來書所云[109]若燭照數計

99　者：中本·樊本·上本에는 없다.
100　矣：中本·樊本·上本·《往復書》에는 "也"로 되어 있다.
101　年：中本·樊本·上本·《往復書》에는 "節"로 되어 있다.
102　斥外：中本·樊本·上本·《往復書》에는 "鄙斥"으로 되어 있다.
103　酬：中本·樊本·上本·《往復書》에는 "應"으로 되어 있다.
104　者：中本·樊本·上本·《往復書》에는 "其"로 되어 있다.
105　源：中本·樊本·上本·《往復書》에는 "原"으로 되어 있다.
106　之：中本·樊本·上本·《往復書》에는 뒤에 "所"가 더 있다.
107　今：中本·樊本·上本·《往復書》에는 뒤에 "焉"이 있다.
108　矣：中本·樊本·上本·《往復書》에는 "也"로 되어 있다.
109　云：中本·樊本·上本·《往復書》에는 "謂"로 되어 있다.

而龜卜者, 非所以施於老謬,¹¹⁰ 而在高明則旣當之耳¹¹¹。其中 "無骨蟲"一語, 眞可以發一大笑。此蟲旣不可爲, 而¹¹²覆轍又當戒蹈, 此正投刃之¹¹³所不敢輕處。

細觀程叔子、朱夫子以至剛大名行於世, 每事不放過如彼, 而不嬰於世患者¹¹⁴, 徒以纔遇未安處, 力辭而得遂其志故也。今則此¹¹⁵一路旣已絶塞而永廢, 故一或有之, 則非唯不聽¹¹⁶, 必至於衆怒群猜, 窘逼多端, 使不得再有辭避, 同¹¹⁷與爲波瀾而後已焉。夫如是, 士苟一¹¹⁸立於朝, 則皆爲中鉤之魚, 其剛腸疾惡者, 多至於不免, 依阿巽懦者, 不過相戒¹¹⁹爲模稜容悅之態而已, 是二者, 皆可悶也。而況蓋棺之前, 此事不容中悔; 發軔之初, 此聲已覺四馳。德之未崇, 而遽任經綸¹²⁰, 覆餗之階也; 誠之未孚, 而強聒不舍, 辱身之道也。鑑前人之顚沛, 率由於此, 欲此學之專攻, 莫善於藏。

左見偶及於此, 故前書發之, 蓋蛾之赴燭, 人不當似¹²¹之,

110 老謬 : 中本·樊本·上本·《往復書》에는 "謬妄"으로 되어 있다.
111 耳 : 中本·樊本·上本·《往復書》에는 "矣"로 되어 있다.
112 而 : 中本·樊本·上本·《往復書》에는 없다.
113 正投刃之 : 中本·樊本·上本·《往復書》에는 "正庖丁投刃之"로 되어 있다.
114 世患者 : 中本·樊本·上本·《往復書》에는 "今世之所患者"로 되어 있다.
115 今則此 : 中本·樊本·上本·《往復書》에는 "今則人臣辭免得請"으로 되어 있다.
116 聽 : 中本·樊本·上本·《往復書》에는 "許"로 되어 있다.
117 同 : 中本·樊本·上本에는 앞에 "而"가 더 있다.
118 一 : 上本에는 없다.
119 相戒 : 中本·樊本·上本·《往復書》에는 "淪胥"로 되어 있다.
120 綸 : 中本·樊本·上本에는 "濟"로 되어 있다.
121 似 : 中本·樊本·上本·《往復書》에는 "效"로 되어 있다.

立巖墻之下, 以取覆壓, 自非道理云爾。若夫疾病, 非如區區
之甚, 而不得已出於世者, 其盡分盡責, 各有當然, 熊魚取舍,
截有定則, 所謂"殀壽不貳, 修身以俟死"者, 出與處何殊觀[122]
耶? 來喩所謂盡誠以聽命者盡之。要之, 能以其從來冀廢之
心, 而堅守此一句[123], 終始不變, 則庶乎其不負所學矣。惟吾
友勉之, 以副[124]吾徒[125]之慕望, 幸甚。

　　金河西芹宮、玉堂, 相與周旋, 其人遊於域[126]中, 而放懷
物表, 其初入處多在老莊。故中年頗爲詩酒所壞, 爲可惜, 而
聞其晚年留意此學。近方得見其論學文字, 其見識儘[127]精密,
想其閑中所得如此, 甚可嘉尙, 而遽爲古人, 聞來悲痛[128], 又
非尋常之比也。今送其子處慰狀, 傳致是懇[129]。

　　李一齋久聞其名, 未知其學之如何。今蒙示以論太極相與

---

122 觀 : 中本·樊本·上本·《往復書》에는 없다.
123 句 : 中本·樊本·上本·《往復書》에는 "語"로 되어 있다.
124 副 : 中本·樊本·上本·《往復書》에는 "慰"로 되어 있다.
125 徒 : 中本·樊本·上本에는 "道"로 되어 있다.
126 域 : 《往復書》·《自省錄》에는 "城"으로 되어 있다.
127 儘 : 中本·樊本·上本·《往復書》에는 뒤에 "爲"가 더 있다.
128 痛 : 中本·樊本·上本·《往復書》에는 "慟"으로 되어 있다.
129 懇 : 中本·樊本·上本·《往復書》에는 뒤에 "別紙所喩前日三書, 令兒輩謄寫呈上。
所需存齋大字及白紙唐牋, 所要皆不敢率意辭拒, 姑竝奉留。但苦乏精力, 常時寫得數
幅紙書, 或覺倦彌日, 何能强作此等事盡如意耶? 雖作, 正不足溷浼於雅賞, 况銘記述
作事耶? 凡此皆擬於冬間尋得太浩家便人往來時附謝, 其果未果如何耳。太浩家距此
不甚邇, 太浩雖來, 千里之行, 又何能訪人? 其相見未卜, 故欲附其便人, 而覺得此事
勝於從都下友人轉致者, 彼有廣布之嫌而此無之耳。餘惟爲斯文萬加崇珍。不宣。謹拜
狀。"이 더 있는데, 《往復書》에는 그에 이어서 "上存齋賢契座下。嘉靖三十九年庚申九
月初一日, 病人眞城李滉, 眼昏亂草悚汗。"이 더 있다.

往復之說,雖亦未暇參詳,猶¹³⁰見其大槩,幸甚幸甚¹³¹。其言之得失,非區區所及,當¹³²俟後日¹³³,獻所疑也。但¹³⁴覺有古人所謂"但知有己,不知有他人"之病,此¹³⁵不是小病,奈何奈何?其¹³⁶一二段,文義錯看,不足論也¹³⁷,惟當先去此病,然後可與論此學耳。滉僭率之甚,竊觀左右¹³⁸鍼一齋病處,似¹³⁹一一中的¹⁴⁰,而於¹⁴¹自家亦似未免微有此患,何耶?抑滉亦落在裏許,出脫不得,故錯認吾友說如此耶?當更詳之¹⁴²。王元澤是何如人?其言出何書?是其何義?後須明以敎我,懇祈懇祈¹⁴³。餘¹⁴⁴竝俟後¹⁴⁵。

130 猶:中本·樊本·上本·《往復書》에는 뒤에 "可"가 더 있다.
131 幸甚幸甚:中本·樊本·上本·《往復書》에는 "幸荷幸荷"로 되어 있다.
132 當:中本·樊本·上本·《往復書》에는 앞에 "亦"이 더 있다.
133 日:中本·樊本·上本·《往復書》에는 없다.
134 但:中本·樊本·上本·《往復書》에는 뒤에 "已"가 더 있다.
135 此:中本·樊本·上本·《往復書》에는 뒤에 "恐"이 더 있다.
136 其:中本·樊本·上本·《往復書》에는 뒤에 '有'가 있다.
137 也:中本·樊本·上本에는 없다.
138 竊觀左右:中本·樊本·上本·《往復書》에는 "吾友"로 되어 있다.
139 似:中本·樊本·上本·《往復書》에는 앞에 "乍看覺"이 더 있다.
140 中的:上本에는 "的中"으로 되어 있다.
141 於:中本·樊本·上本·《往復書》에는 없다.
142 詳之:中本·樊本·上本·《往復書》에는 "熟思而悔之耳"로 되어 있다.
143 祈:中本·樊本·上本·《往復書》에는 뒤에 "澹菴失節事,前輩屢形於嘆惜,而所謂貪生荳豆事,則此亦未見其出處,每深爲撓。然以靦面重來蹂俊遊之'蹂'字觀之,無乃爲他人事而澹菴未免蹂其故云爾耶?亦未可知耳。"가 더 있다.
144 餘:中本·樊本·上本·《往復書》에는 "他"로 되어 있다.
145 後:中本·樊本·上本·《往復書》에는 뒤에 "滉又覆。"이 더 있다.

BNL0553A(書-奇大升-6-㉔)(樊卷21:20右)

附奇存齋論四端七情第二書[146]

伏蒙垂示〈四端七情分理氣辯〉一篇，其於性情、理氣之際，旁引曲譬，反復發明，可謂詳且盡也。玩而復之，思而繹之，所感發者多矣。而於其中亦有所不能無疑者，豈非以義理難窮，而人之所見，或有異同而然耶？ 此正講究體察，以求至當之歸者，敢因來辯，逐條詳稟，以冀先生之終有以教之也。伏惟先生明賜訂[147]砭，以惠後學，千萬幸甚。

辯曰："性情之辯"【止】"未見有以理氣分說者焉[148]。"

大升謂性情之說，先儒論之，固無餘蘊矣。然亦或詳或略，而不能盡同焉。此在後之學者，但當因其所論之詳略，反復究窮，以求自得於吾心，可也。不可徒据見成說話，略略領會，而謂其理之眞，不過於如是也。

朱子曰："心、性、情之分，自程子、張子，合下見得定了，便都不差。如程子諸門人，傳得他師見成說，却一

---

146 庚申年(明宗15, 1560년, 60세) 8월 8일 奇大升의 편지이다. 〔編輯考〕 中本에는 KNL0551 뒤에 첨부되어 있고, 樊本과 上本에는 KNL0553 뒤에 첨부되어 있다. 〔資料考〕 奇大升은〈答上退溪先生座前〉를 보내면서〈高峯答退溪論四端七情書〉(《四七往復書》권1)를 함께 보냈는데, 그것이 이 글이다. 《四七往復書》권1에 전문이 실려 있다. 中本에는〈第二書〉로 되어 있다.

147 訂 :《四七往復書》에는 "證"으로 되어 있다.

148 辯曰……者焉 :《四七往復書》에는 "第一節"로 되어 있다.

齊差却。"夫以程子門人，傳得師說，尚不免差却，況後之學者乎？竊詳今之所辯，於其大綱上，雖若不至有礙，而其曲折之際，亦多有所未安，政恐不能無豪釐之差也。

朱子曰："諸儒論性不同，非是於善惡上不明，乃'性'字安頓不著。"愚意亦以爲今之所辯，非是於理氣上不明，亦恐於心、性、情字，安頓不著而然也。按《語類》中一條曰："性纔發便是情，情有善惡，性則全善，心又是一個包總性情底。"又一條曰："性、情、心惟孟子、橫渠說得好。仁是性，惻隱是情，須從心上發出來。心，統性情者也，性只是合如此底，只是理，非有個物事。若是有底物事，則既有善，亦必有惡。惟其無此物，只是理，故無不善。"又一條曰："性無不善，心所發爲情，或有不善，說不善非是心亦不得。却是心之本體，本無不善，其流爲不善者，情之遷於物而然也。性是理之總名，仁義禮智，皆性中一理之名；惻隱、羞惡、辭遜、是非，是情之所發之名，此情之出於性而善者也。"觀此三條，則於心、性、情字，可以思過半矣。

以四端、七情分理氣爲說者，前此蓋未之見。今奉來辯，乃引《語類》云云，然則先儒已嘗言之矣，特以孤陋之學未之見耳。雖然，所謂"四端是理之發，七情是氣之發"者，亦恐不能無曲折也。來辯以爲："情之有四端、七情之分，猶性之有本性、氣稟之異也。"此言甚當，正與朱子之言，互相發明，愚意亦未嘗不以爲然也。然而朱子有曰："論天地之性，則專指理言；論氣質之性，則以理與氣雜而言之。"以是觀之，所謂四端是理之發者，專指理言；所謂七情是氣之發者,以理與氣雜而言之者也。而是理之發云者,固不可易,是氣之發云者,非專指氣也,此所謂不能無曲折者也。

大抵來辯與鄙意,所同者雖多,而所異者亦不少。況所異之處,正是大節目,於此既不能同,則其他說之同異、得失,亦不須論。必當於此處,明辯篤信,然後其他說之同異、得失,有可得而言者矣。

蓋來辯以爲:"四端發於仁義禮智之性,故雖是理氣之合,而所指以言者,則主於理。七情,外物觸其形而動於中,緣境而出,故非無理也,而所指以言者,則在乎氣。是故,四端在中爲純理,而才發不雜於氣,七情外感於形氣,而其發非理之本體,而四端、七情之所從來者不同。"此數語者,實先生之所自得,故一篇之中,雖縷縷多端,而其大意仍不出乎是也。

若大升之愚見,則異於是。蓋人之情,一也,而其所以爲情者,固兼理氣有善惡也。但孟子就理氣妙合之中,專指其發於理而無不善者言之,四端是也。子思就理氣妙合之中,而渾淪言之,則情固兼理氣有善惡矣,七情是也。此正所就以言之不同者也。然而所謂七情者,雖若涉乎氣者,而理亦自在其中。其發而中節者,乃天命之性本然之體,而與孟子所謂四端者,同實而異名者也。至於發不中節,則乃氣稟、物欲之所爲,而非復性之本然也。是故愚之前說以爲"非七情之外,復有四端"者,正謂此也;又以爲"四端七情,初非有二義"者,亦謂此也。

由是言之,以四端主於理,七情主於氣而云云者,其大綱雖同, 而曲折亦有所不同者也。夫以朱子之言, 明白簡約, 而學者之[149]所見, 不能無異同, 則豈非豪釐之差者乎? 然朱子所言, 解以先生之意, 則直截而易曉; 證以大升之見, 則曲折而難通。所謂豪釐之差者, 政恐不在於先生而在於大升也。但以《中庸章句》、《或問》及朱子平生諸說考之, 而疑其爲如是耳。伏乞詳察, 如何如何?

往年鄭生之作圖也【止】非謂其言之無疵也[150]。

"四端發於理, 七情發於氣"此二句, 鄭丈著之於圖者, 正與朱子所言不殊。若曉得時, 豈有病乎? 大升前日之所疑者, 正恐使曉不得者却生病痛也。蓋泛論四端、七情, 而曰"四者發於理, 七者發於氣", 固無不可矣。今乃著之於圖, 而以四端置理圈中, 而謂之發於理; 以七情置氣圈中, 而謂之發於氣, 雖寫成圖本, 勢不得不然, 而位置之際, 似不免離析太甚。若後學見之, 指其已定之形, 而分理與氣二者, 別而論之, 則其爲誤人, 不亦旣甚矣乎?

　後來伏奉示喻, 改之以"四端之發, 純理故無不善; 七情之發, 兼氣故有善惡"云云, 則視前語尤分曉。而鄙意亦以爲未安者, 蓋以四端、七情, 對擧互言, 而揭之於圖, 或謂之無不善, 或謂之有善惡, 則人之見之也, 疑若有兩情, 且雖不疑於兩情, 而亦疑其情中有二善, 一發於理, 一發

---

149 學者之 : 上本에는 "學之者"로 되어 있다.
150 往年……疵也 : 《四七往復書》에는 "第二節"로 되어 있다.

於氣者, 爲未當也。然大升向來所疑者, 猶在於是, 今詳來辯, 仍再檢圖說, 則其所可疑者, 不止於是也。此雖未知眞是非之在此乎在彼乎, 而向來所"疑使曉不得者生病痛"云者, 亦非過計之憂也。

今者蒙示辯說【止】請試言之而取正焉[151]。

大升疎迂蹇淺, 學不知方, 其於性情理氣之說, 蓋未嘗一日實下工夫, 況有反身體驗之效耶? 如是而不揆狂僭, 輒中所見, 亦可謂犯不韙之罪, 而爲無證之言者矣。豈意先生不賜譴斥, 而往復酬酢, 至於若是之惓惓耶? 此眞大升之所敬慕歎服而不能自已者, 幸甚幸甚。

夫四端, 情也; 七情, 亦情也。均是情也, 何以有四七之異名耶?【止】何嘗必滾合爲一物, 而不分別言之耶[152]?

四端、七情, 固均是情也, 而其立名有異者, 豈非所就而言之不同乎? 大升前說之意, 政是如此, 而來辯亦以爲然焉。然其所謂"所就而言之不同"一句, 若通之以鄙說則不妨, 本是一情, 而言之者有不同。若質之以來辯, 則四端、七情, 各有所從來, 而非但言之者不同也。是則雖同是一語, 而彼此主意, 各有所在, 不可不察也。而況子思、孟子

---

151 今者……正焉 : 《四七往復書》에는 "第三節"로 되어 있다.
152 夫四……之耶 : 《四七往復書》에는 "第四節"로 되어 있다.

所言不同者,則非特其言云爾,意亦各有所主也。

嘗觀朱子答陳器之書曰:"性是太極渾然之體,本不可以名字言,但其中含具萬理,而綱理之大者有四,故名之曰仁義禮智。孔門未嘗備言,至孟子而始備言之者,蓋孔子時,性善之理素明,雖不詳著其條,而說自具,至孟子時,異端蠭起,往往以性爲不善。孟子懼是理之不明,而思有以明之,苟但曰'渾然全體',則恐其如無星之秤、無寸之尺,終不足以曉天下。於是別而言之,界爲四破,而四端之說於是而立。"此豈非所就而言之者不同而意亦各有所主乎?

蓋子思論性情之德,以中和言之而曰喜怒哀樂,則情之兼理氣有善惡者,固渾淪言之,所謂道其全也。孟子發明性善之理,以仁義禮智言之而曰惻隱、羞惡、辭讓、是非,則只以情之善者言之,所謂剔撥出來也。古之聖賢論及理氣、性情之際,固有合而言之者,亦有別而言之者,其意亦各有所主,在學者精以察之耳。

且以"性"之一字言之,子思所謂天命之性、孟子所謂性善之性,此二性字,所指而言者何在乎?【止】然則其於性也,旣可以理氣分言之,至於情,獨不可以理氣分言之乎?[153]

此段所論,皆極精密,何敢更有擬議? 然亦有餘論可以相發者焉。朱子曰:"未有此氣,已有此性,氣有不存,而性

---

153 且以……之乎:《四七往復書》에는 "第五節"로 되어 있다.

却常在。雖其方在氣中，然氣自是氣，性自是性，亦不相夾雜。"又曰："天命之性，非氣質則無所寓。然人之氣禀，有淸濁、偏正之殊，故天命之正，亦有淺深、厚薄之異，要亦不可不謂之性。"又曰："天命之謂性，是極本窮原之性。"又曰："孟子是別出而言性之本，伊川是兼氣質而言，要之不可離也。"又曰："氣質之說，起於程、張。"觀此數段，則所謂天地之性與氣質之性者，尤覺明白，而思、孟、程、張所言之異同，亦可見矣。

又朱子曰："天地之所以生物者，理也；其生物者，氣與質也。人物得是氣質以成形，而其理之在是者，則謂之性也。"此就天地及人物上，分別理與氣，固不害一物之自爲一物也。若就性上論，則所謂氣質之性者，卽此理墮在氣質之中耳，非別有一性也。然則論性而曰本性、曰氣禀云者，非如就天地及人物上分理氣，而各自爲一物也，乃以一性隨其所在而分別言之耳。至若論其情，則緣本性墮在氣質，然後發而爲情，故謂之兼理氣有善惡。而其發見之際，自有發於理者，亦有發於氣者，雖分而言之，無所不可，而子細秤停，則亦似不能無礙。況以四端、七情，分屬理氣，則七情非但專指氣而言者。此處曲折，殊覺未安爾。

惻隱、羞惡、辭讓、是非，何從而發乎？【止】謂之某爲理、某爲氣，何不可之有乎[154]？

---

154 惻隱……有乎：《四七往復書》에는 "第六節"로 되어 있다.

按此數段，極論四端、七情之所以然，正是一篇緊要處。然太以理氣分開說去，而所謂氣者，非復以理與氣雜而言之，乃專指氣也，故其說多倚於一偏。今請先論七情之不專是氣，然後乃可逐段理會也。《中庸》曰："喜怒哀樂之未發，謂之中；發而皆中節，謂之和。中也者，天下之大本也；和也者，天下之達道也。"《章句》曰："喜怒哀樂，情也，其未發則性也，無所偏倚，故謂之中。發皆中節，情之正也，無所乖戾，故謂之和。大本者，天命之性，天下之理，皆由此出，道之體也。達道者，循性之謂，天下古今之所共由，道之用也。"此言性情之德，以明道不可離之意。

《或問》曰："蓋天命之性，萬理具焉，喜怒哀樂，各有攸當。方其未發，渾然在中，無所偏倚，故謂之中。及其發而皆得其當，無所乖戾，故謂之和。謂之中者，所以狀性之德，道之體也。以其天地萬物之理，無所不該，故曰天下之大本。謂之和者，所以著情之正，道之用也。以其古今人物之所共由，故曰天下之達道。蓋天命之性，純粹至善，而具於人心者，其體用之全，本皆如此，不以聖愚而有加損也。"《章句》輯註中，延平李氏曰："方其未發，是所謂中也、性也，及其發而中節也，則謂之和。其不中節也，則有不和矣。和不和之異，皆旣發焉而後見之，是情也，非性也。孟子故曰"性善"，又曰"情可以爲善"，其說蓋出於子思。"愚謂七情之說，若於此看得破，則所謂七情者，果非專指氣也決矣。

而況伊川〈顏子好學論〉、朱子〈樂記動靜說〉與《中庸》之旨亦無不脗合者，夫以子思述傳立言，以明性情之德, 其言豈有所偏? 而伊川、延平、晦菴諸先生之論亦皆如此, 則後學豈容別生異義耶? 然則七情豈非兼理氣有善惡, 而四端者豈非七情中理也、善也哉? 如是而欲以四端、七情, 分屬理氣, 而不相管, 亦可謂倚於一偏矣。

辯曰: "惻隱、羞惡【止】性焉爾。"

愚謂四端固發於仁義禮智之性, 而七情亦發於仁義禮智之性也。不然, 朱子何以曰: "喜怒哀樂, 情也, 其未發則性也乎?" 又何以曰: "情是性之發乎?"

辯曰: "喜怒哀懼【止】出焉爾。"

愚按"外物觸其形而動於中"一句, 出〈好學論〉, 然考本文曰: "形旣生矣, 外物觸其形而動於中矣, 其中動而七情出焉。" 其曰動於中, 又曰其中動云者, 卽心之感也。心之感而性之欲者出焉, 乃所謂情也。然則情見于外, 雖似緣境而出, 而[155]實則由中以出也。

辯曰: "四端之發【止】其端緖也。"

愚謂四端、七情無非出於心者, 而心乃理氣之合, 則情固

---

155 而: 中本의 小註에 "【而】, 他本無"라고 하였고, 樊本・上本의 두주에 "下'而'字, 他本無."라고 하였고, 《四七往復書》에는 없다.

兼理氣也，非別有一情，但出於理而不兼乎氣也。此處正要人分別得眞與妄爾。

辯曰："七情之發【止】其苗脈也。"

愚按《樂記》曰："人生而靜，天之性也；感於物而動，性之欲也。"朱子曰："性之欲，卽所謂情也。"然則情之感物而動者，自然之理也。蓋由其中間實有是理，故外邊所感，便相契合，非其中間本無是理，而外物之來，偶相湊著而感動也。然則"外物之來，易感而先動者，莫如形氣"一語，恐道七情不著也。若以感物而動言之，則四端亦然。赤子入井之事感，則仁之理便應，而惻隱之心，於是乎形。過廟過朝之事感，則禮之理便應，而恭敬之心，於是乎形。其感物者，與七情不異也。

辯曰："安有在中【止】爲理之本體耶？"

愚謂在中之時，固純是天理，然此時只可謂之性，不可謂之情也。若才發，則便是情，而有和不和之異矣。蓋未發則專是理，旣發則便乘氣以行也。朱子〈元亨利貞說〉曰："元亨利貞，性也；生長收藏，情也。"又曰："仁義禮智，性也；惻隱、羞惡、辭讓、是非，情也。"夫以生長收藏爲情，便見乘氣以行之實而四端亦氣也。朱子弟子問中亦曰："如惻隱者氣也，其所以能是惻隱者理也。"此語尤分曉，但其氣順發出來，非有翻騰紛擾之失爾。

來辯以七情爲緣境而出，爲形氣所感，既皆未安，而至乃謂之外感於形氣，而非理之本體，則甚不可。若然者，七情是性外之物，而子思之所謂和者非也。抑又有大不然者，孟子之喜而不寐，喜也；舜之誅四凶，怒也；孔子之哭之慟，哀也；閔子、子路、冉有、子貢侍側而子樂，樂也。茲豈非理之本體耶？且如尋常人亦自有天理發見時節，如見其父母、親戚，則欣然而喜；見人死喪疾痛，則惻然而哀，又豈非理之本體耶？是數者若皆形氣所爲，則是形氣、性情，不相干也，其可乎？

辯曰："四端皆善【止】可以爲善矣。"

愚謂此正延平先生所謂"孟子之說出於子思"者也。

辯曰："七情善惡【止】乃謂之和。"

愚按程子曰："喜怒哀樂未發，何嘗不善？發而中節，則無往而不善。"然則四端固皆善也，而七情亦皆善也。惟其發不中節，則偏於一邊而爲惡矣，豈有善惡未定者哉？今乃謂之"善惡未定"，又謂之"一有之而不能察，則心不得其正，而必發而中節，然後乃謂之和"，則是七情者，其爲冗長無用甚矣，而反爲心之害矣。而況發未中節之前，亦將以何者而名之耶？且一有之而不能察云者，乃《大學》第七章章句中語，其意蓋謂忿懥、恐懼、好樂、憂患四者，只要從無處發出，不可先有在心下也。

《或問》所謂"喜怒憂懼,隨感而應,姸蚩俯仰,因物賦形者,乃是心之用也,豈遽有不得其正者哉?唯其事物之來,有所不察,應之旣或不能無失,且又不能無與俱往,則其喜怒憂懼,必有動乎中,而始有不得其正耳",此乃正心之事,引之以證七情,殊不相似也。

夫以來辯之說,反復剖析,不啻詳矣,而質以聖賢之旨,其不同有如此者,則所謂"因其所從來,各指其所主與所重"者,雖若可以[156]擬議,而其實恐皆未當也。然則謂四端爲理,謂七情爲氣云者,亦安得遽謂之無所不可哉?況此所辯,非但名言之際,有所不可,抑恐其於性情之實、存省之功,皆有所不可也。如何如何?

竊詳來喩之意【止】恐有所未合也[157]。

大升非有所見者,特因前說有四端乘於氣,七情出於性之意,乃以有見於理氣之相循不離者許之,大升固不敢當,而鄙意亦不專在是也。先生於此,恐亦未免爲失言也。

若四端、七情,初非有二義云者,蓋謂四端旣與七情中發而中節者,同實而異名,則推其向上根源,信非有兩個意思也云爾,豈有直以爲元無異義也?若直謂之無異義,則豈不戾於聖賢之旨乎?

---

156 可以:上本에는 "不可"로 되어 있다.

157 竊詳……合也:《四七往復書》에는 "第七節"로 되어 있다.

大抵義理之學【止】乃爲周悉而無偏也¹⁵⁸。

此段所論, 乃讀書窮理切要之言, 敢不拳拳¹⁵⁹服膺乎? 幸甚幸甚。

請復以聖賢之說, 明其必然【止】斯二者豈非就異中而見其有同乎¹⁶⁰?

凡此數段, 皆据先儒舊說, 固無可議, 但中間偏指而獨言氣一節, 似覺未當。蓋旣謂之性, 則雖墮在氣質之中, 而不可專以氣目之也。

按《論語》, 子曰: "性相近也, 習相遠也。"註曰: "此所謂性兼氣質以言之。"然則性爲主而兼乎氣質也。孟子曰: "口之於味也, 目之於色也, 耳之於聲也, 鼻之於臭也, 四支之於安佚也, 性也, 有命焉, 君子不謂性也。"註程子曰: "五者之欲, 性也。然有分, 不能皆如其願, 則是命也。"但輯註朱子曰: "此性字, 指氣質而言; 此命字, 合理與氣而言。"此則可疑。然考《語類》有曰: "孟子謂性也有命焉, 此性是兼氣禀、食色言之。"然則凡言性者, 不偏指氣可見矣。今謂之偏指而獨言氣, 恐未然也。且辯曰: "子思之論中和, 是就理氣中渾淪言之。"則七情者豈非兼理氣乎? 來辯

---

158 大抵……偏也 : 《四七往復書》에는 "第八節"로 되어 있다.
159 拳拳 : 《四七往復書》에는 "眷眷"으로 되어 있다.
160 請復……同乎 : 《四七往復書》에는 "第九節"로 되어 있다.

之說亦不能無出入者如此, 幸更詳之何如?

今之所辯則異於是【止】不謂來喩之云亦似之也[161]。

喜同惡離, 樂渾全厭剖析, 乃末學之常累。然鄙意固未嘗以是自安也, 亦欲其一一剖析爾。四端、七情所從來及兼理氣有善惡等語, 皆已詳稟於前段矣。但所謂"氣之自然發見, 乃理之本體然也"之語, 則亦有說焉。蓋理無朕而氣有迹, 則理之本體, 漠然無形象之可見, 不過於氣之流行處驗得也。程子所謂"善觀者却於已發之際觀之"者此也。鄙說當初分別得理氣, 各有界限, 不相淆雜, 至於所謂"氣之自然發見, 乃理之本體然", 則正是離合處, 非以理氣爲一物也。

　　且《論語》子在川上章集註曰:"天地之化, 往者過, 來者續, 無一息之停, 是乃道體之本然也。"此豈非於氣上識取乎? 又或問:"理在氣中發見處如何?"朱子曰:"如陰陽五行, 錯綜不失端緒, 便是理。若氣不結聚時, 理亦無所附著。"然則氣之自然發見, 無過不及者, 豈非理之本體乎? 且如惻隱、羞惡, 亦豈非氣之自然發見者乎? 然其所以然者, 則理也, 是以謂之發於理爾。夫以四端發於理, 七情發於氣, 大綱固無不是, 而至於極論其所以然, 則乃以七情之發, 爲非理之本體, 又以氣之自然發見者, 亦非

---

161 今之……之也 : 《四七往復書》에는 "第十節"로 되어 있다.

理之本體,則所謂發於理者,於何而見之?而所謂發於氣者,在理之外矣。此正太以理氣分說之失,不可不察也。

　　羅整菴所論,不曾見得,不知如何,若據此一句,則其悞甚矣。若大升則固非以理氣爲一物,而亦不謂理氣非異物也。鄙說初無是意,亦無是語。誠恐先生於鄙說,見其有所不合,遂以爲無可取者,而更不之察也。不然,何以有是敎耶?伏乞更賜明訂,如何?

　　且來喩旣云:"子思、孟子所就而言之者不同【止】奚可哉¹⁶²?"

　　大升前者妄以鄙見撰說一篇,當時以爲子思就情上,以兼理氣有善惡者而渾淪言之,故謂之道其全;孟子就情中,只擧其發於理而善者言之,故謂之剔撥出來。然則均是情也,而曰四端、曰七情者,豈非以所就而言之者不同,而實則非有二情也。是以其下再結之,以爲四端、七情,初非有二義,而不自知其自相矛盾也。今承開喩,復自推詳,而亦不覺其然,豈非暗於自知而然乎?以氣論性,亦非鄙說之意也。若認人欲作天理之弊,則當深察而克治之耳。

　　自承示喩,卽欲獻愚,而猶不敢自以其所見爲必是而無疑,故久而未發【止】請以朱子本說代之,而去吾輩之說,便爲穩當矣。如何如何¹⁶³?

---

162 且來……可哉:《四七往復書》에는 "第十一節"로 되어 있다.
163 自承……如何:《四七往復書》에는 "第十二節"로 되어 있다.

朱子固天下古今所宗師, 學者當謹守其言可也。然其有異同處, 亦不可不子細消詳也。《中庸》未發、已發之義, 朱子嘗因程子"凡言心者, 皆指已發而言", 以致錯認語意。與南軒、西山論辯甚力後, 乃大晤,〈與湖南諸公書〉自言其失, 而謂"程子'凡言心者, 皆指已發而言', 此乃指赤子之心而言, 而謂凡言心者, 其爲說之誤, 故又自以爲未當而復正之。固不可執其已改之言, 而盡疑諸說之誤, 又不可遂以爲未當, 而不究其所指之殊也。"此言至公至明, 後學所當師也。然則謂"是理之發, 是氣之發"者, 與其他前後所論, 更互參較, 則其異同曲折, 自可見也。不知後學當遵前後備陳所周該之言乎？ 抑當守其一時偶發所偏指之語乎？ 此其從違, 亦不難決, 未委先生意以爲何如耶？

〈天命圖〉立象連類, 剖析該備, 所謂不易見得及此者。然以鄙意論之, 則其間似多有未安者, 須更契勘敎子細, 然後庶可不悖於古人矣。若或以爲未然, 則說中立論, 以兼破此義可也。不可謂用先儒舊說, 而只如此鶻突, 旣以自誤, 又將誤人也, 如何如何？

區區鄙見, 已具逐條之下, 然其可與不可, 不敢自信, 姑以是取正於先生, 伏惟先生試詳察焉。抑細看其間, 尙有未盡者, 敢復塵瀆, 倂祈亮采, 何如？

大升偶閱《朱子大全》, 見其中有論得此意 甚分明者。其〈答胡廣仲[164]書〉曰:"伊川先生曰:'天地儲精, 得五行之

---

164 仲 : 저본에는 "中"으로 되어 있다. 上本 및《晦菴集》〈答胡廣仲〉에 根據하여 修正하였다.

秀者爲人。其本也，眞而靜，其未發也，五性具焉，曰仁義禮智信。形旣生矣，外物觸其形而動於中矣。其中動而七情出焉，曰喜怒哀樂愛惡欲。情旣熾而益蕩，其性鑿矣。'熹詳味此數語，與《樂記》之說，指意不殊。所謂靜者，亦指未感時言爾。當此之時，心之所存，渾是天理，未有人欲之僞，故曰天之性。及其感物而動，則是非、眞妄，自此分矣。然非性則亦無自而發，故曰性之欲。'動'字與《中庸》'發'字無異，而其是非、眞妄，特決於有節與無節、中節與不中節之間耳。來教所謂'正要此處識得眞妄'是也。然須是平日有涵養之功，臨事方能識得。若茫然都無主宰，事至然後安排，則已緩而不及於事矣。"〈答胡伯逢〉書曰："蓋孟子所謂性善者，以其本體言之，仁義禮智之未發者是也；所謂可以爲善者，以其用處言之，四端之情發而中節者是也。蓋性之與情，雖有未發、已發之不同，然其所謂善者，則血脈貫通，初未嘗有不同也。"自註："程子曰：'喜怒哀樂未發，何嘗不善？發而中節，則無往而不善'是也。"觀此二書，則此間所辯，不難決也。想先生必已看過，但恐未及契勘，故今幷擧以求訂，未知先生果以爲何如也？

　　大升竊觀近世名公、鉅人，爲此學者亦不少，雖其淺深、疎密各有所就，而議論之間，多襲一軌。意其俚俗相傳之語，自有一種支節而然也。如四端、七情之說，曾聞長者之言，亦是分屬理氣之云。鄙心以爲疑，思欲質問，而顧自已元無工夫，不敢容易發言，以此嘿嘿悶督者有年矣。今幸得遇先生，以發狂瞽之言，雖僭妄之罪，所不敢逃，而亦庶幾其終祛蔽惑也，幸甚幸甚。

竊嘗考之，近世論性情者，其病根蓋出於雲峯胡氏。按《大學》經一章第四節輯註胡氏曰："性發爲情，其初無有不善；心發爲意，便有善有不善。"此數句本解章句"所發"二字，而其言之有弊，遂使學者別生意見，以爲情無不善，而以四端當之，則所謂七情者，乃無所當，而其中亦有不善，似與四端相反，故又以七情爲發於氣，歧而言之。夫豈知其性則無不善，性纔發便是情，而有善有不善哉？亦豈知其孟子所謂情可以爲善者，乃就善一邊剔出哉？以此紛紜舛錯，至以爲各有所從來，豈不惧哉？夫謂之各有所從來者，謂其原頭發端之不同也。四端、七情俱發於性，而謂之各有所從來可乎？若以四端、七情之中節、不中節者，爲各有所從來，則或庶幾也。凡此病根，皆原於胡氏之失，而後之學者，不能愼思明辨，以求至當之歸，良可嘆也。

縱言及此，僭越深矣。然先生若不遂以爲罪，而更加精察，則恐不能無補於萬分也。且朱子〈性圖〉，其曰"性善"者，謂性也，故其自註曰"性無不善"。其下兼列善、惡者，謂情也，故善下註曰"發而中節，無往不善"，惡下註曰"惡不可謂從善中直下來，只是不能善，則偏於一邊爲惡"。此圖見《性理大全》第二十九卷，可檢看也。

夫以四端之情，爲發於理而無不善者，本因孟子所指而言之也。若泛就情上細論之，則四端之發，亦有不中節者，固不可皆謂之善也。有如尋常人或有羞惡其所不當羞惡者，亦有是非其所不當是非者，蓋理在氣中，乘氣以發見，理弱氣强，管攝他不得，其流行之際，固宜有如此者，烏可以爲情無有不善？又烏可以爲四端無不善耶？此正學者精察之地, 若不分眞妄, 而但以爲無不善, 則其認人欲而作天理者, 必有不可勝言者, 如何如何? 然大升前[165]【"前"一本作"從"。】來所陳皆以四端爲理爲善, 而今又以爲四端之發亦有不中節者, 其語自相矛盾, 想先生更以爲怪也。然若究而言之, 則亦不妨有是理而自爲一說也。伏幸將入思議, 何如?

且前書僭禀以'理虛無對'、'心之虛靈, 分屬理氣'等語爲未安, 乃蒙下喩以求其說之所以, 其敢有所隱乎? 按此二條亦出近世之論, 恐非聖賢本旨也。朱子曰:"天下之理, 至虛之中, 有至實者存; 至無之中, 有至有者存。"然則理雖若虛, 而固不可謂之其體本虛也。或問太虛, 程子曰:"亦無太虛。"遂指虛曰:"皆是理, 安得謂之虛? 天下無實於理者。"然則理本是實, 而今乃謂之虛可乎? 其曰"虛故無對, 無對故在人在物, 固無加損而爲一焉"者, 亦似說"理"字不出。蓋理之無加無損, 豈以虛而無對之故乎? 若但以爲無對故無加損, 則恐所謂理者, 正在儱侗恍忽間也。

若心之爲物, 則其虛靈不昧者, 乃其本然之體也。朱子於論心處, 每每言虛靈, 或言虛明, 或言神明, 此皆專指心之本體而言也, 未嘗以虛與靈者分屬理氣也。蓋其虛靈者氣也, 其所以虛靈者理也。故論心者曰虛靈, 則專指體言; 曰虛靈知覺, 則兼擧體用而言也。

《大學》輯註北溪陳氏曰:"人生得天地之理, 又得天地

---

165 前:《四七往復書》에는 "從"으로 되어 있다.

之氣。理與氣合, 所以虛靈。"此言簡切有味, 固未嘗以虛者屬理而靈者屬氣也。至玉溪 盧氏, 乃以"虛靈"二字分釋之, 以虛爲寂, 以靈爲感, 而以具衆理、應萬事分屬之。此說經新巧之弊, 格以程、朱之說, 亦恐未合也。然盧氏之意, 只於虛靈二字上, 分別得章句語意, 以爲虛故能具衆理, 靈故能應萬事云爾, 亦未便謂虛是理而靈是氣也。

今乃著爲圖說曰"天之降命于人也, 非此氣, 無以寓此理也; 非此心, 無以寓此理氣也。故吾人之心, 虛而且靈, 爲理氣之舍焉"云云, 而虛字下註曰理, 靈字下註曰氣, 則其爲分裂, 亦太甚矣, 而其理亦有所未然也。

凡此二條, 恐皆世俗口耳相傳之說, 雖或未至礙理, 然亦當論辨究極, 以破世俗鄙陋之見。而乃反取爲成說, 以垂後來, 則將使學者胥爲虛無之論, 而淪於老、佛之域矣, 其可乎哉? 此實鄙意之所未安者[166], 【"者"一作"也"。】不審先生以爲何如耶? 猥以疎鹵之學, 妄論先輩, 固知僭率。然若不言, 又何用講究耶? 以此矢口盡言。伏乞先生倂加恕察, 幸甚幸甚。且此間疑憤山積, 所欲仰資質問者, 不可一二數, 而筆札所傳, 不盡言意, 唯有撫心長嘆, 東望隕涕而已, 奈何奈何? 伏惟垂諒。大升謹頓首再拜言。

---

166 者:《四七往復書》에는 "也"로 되어 있다.

BNL0553B(書-奇大升-6-나)(樊卷21:47右)

附奇存齋論四端七情書[167]

子思曰: "喜怒哀樂之未發"云云。【已見上。】[168]

　　右鄙說一篇, 欲見議論首末, 今併錄上。蓋大升當初略見得意思如此, 遂成鶻突之說, 褊淺誕妄, 固宜得罪於長者。然細看其間, 語雖未究而意似粗完, 意雖不切而理無太乖。若虛心平氣, 子細看過, 則亦恐不能無所助發也。來辯所指摘者, 皆於逐條下陳之, 不審先生以爲何如也。但其謂"四端發於理而無不善, 七情發於氣而有善惡"者, 大升曾見〈天命圖〉, 不能詳細記得, 只據大意以爲如是, 而著之於說。今而再檢之, 則只有"四端發於理, 七情發於氣"二句, 而"無不善"、"有善惡"等語則無之。此是看書麤疏之病, 所謂"不能盡乎人言之意"者, 其病亦不少, 深可愧悚。然考之說中, 則其意本亦如是, 故秋巒親見鄙說, 亦不以此訶之也, 如何如何? 似恐觀者或有不察, 故幷言之。大升拜覆。

---

167 庚申年(明宗15, 1560년, 60세) 8월 8일 奇大升이 쓴 편지이다. 〔編輯考〕이 편지는 中本・樊本・上本 모두 〈附奇存齋論四端七情第二書(BNL0553A)〉 뒤에 첨부되어 있다. 〔資料考〕《四七往復書》 권1에도 전문이 실려 있는데, 별도의 제목이 없이 〈高峯答退溪論四端七情書(〈附奇存齋論四端七情第二書〉BNL0553A)〉의 일부로 수록되어 있다. 이 편지는 〈奇存齋論四端七情第二書〉를 보낼 때 전에 보냈던 〈非四端七情分理氣辯〉(高峯 第1書)을 참고에 편리하도록 함께 다시 송부하면서 그 사정을 설명한 것으로서, 전체 편지(高峯 第2書)의 結語이자 附言이기도 하다.

168 子思……見上:《四七往復書》에는 "四端、七情說, 子思曰云云。【此卽高峯上退溪四端、七情說也。見第一板。"으로 되어 있다.

KNL0554(書-奇大升-7)(癸卷16:19右)(樊卷22:1右)

答奇明彥【論四端、七情第二書】[169]

頃承第二書誨諭,知滉前書語有疎謬失秤停處,謹已修改。今將改本,寫在前面,呈稟可否,其後乃繼以第二書,伏乞明以回敎。

KNL0554A(書-奇大升-7-1)(癸卷16:19右)(樊卷22:1右)

改本[170]

性情之辯,先儒發明詳矣,惟四端、七情之云,但俱謂之情,而未見有以理氣分說者焉。往年鄭生之作圖也,有"四

---

169 庚申年(明宗15, 1560년, 60세) 11월 5일 禮安에서 쓴 편지이다.〔資料考〕이 편지는 奇大升이 1560년 8월 8일에 보낸〈答上退溪先生座前〉(《往復書》권1)과, 책자로 만들어 보낸 四端七情第二書(〈附奇存齋論四端七情第二書〉/〈高峯答退溪論四端七情書〉《四七往復書》권1)에 대한 답장이다. 退溪는 자신의 四端七情第一書의〈改本〉(KNL0554A), 奇大升의 四端七情第二書에 대한 답변(〈答奇明彥非四端七情分理氣辯第二書〉), 그리고〈後論〉(KNL0554B)을 엮어 책자로 만들고, 이를 論太極書·宿梅溪館詩에 대한〈別紙〉(KNL0554C),〈與奇明彥〉(BNL0555), 武夷棹歌和韻詩에 관한〈別紙〉(BNL0555A)와 함께 奇大升에게 보냈다. 총 2통의 편지와 2개의 별지, 그리고 책자를 한꺼번에 보낸 것이다.《四七往復書》권1에도 전문이 실려 있다.〔年代考〕《往復書》권1〈明彥拜問 奇正字文右〉(BNL0555) 말미에 '庚申至月初五日'이라 발신일이 기록되어 있다. 上本에는〈答奇明彥〉으로 되어 있고,《四七往復書》에는〈退溪答高峯非四端七情分理氣第一書改本〉으로 되어 있다.

170 庚申年(明宗15, 1560년, 60세) 11월 5일 禮安에서 쓴 편지이다.〔資料考〕《自省錄》(19)와《四七往復書》권1에도 전문이 실려 있다.《自省錄》에는〈答奇明彥四端、七情分理氣辨第一書〉로 되어 있고,《四七往復書》에는 제목이 없다.

端發於理, 七情發於氣"之說, 愚意亦恐其分別太甚, 或致爭端, 故改下"純善[171]"、"兼氣"等語, 蓋欲相資以講明, 非謂其言之無疵也。今者蒙示辯說, 摘抉差謬, 開曉諄悉, 警益深矣。然猶有所不能無惑者, 請試言之而取正焉。

夫四端, 情也; 七情, 亦情也。均是情也, 何以有四七之異名耶? 來喩所謂"所就以言之者不同"是也。蓋理之與氣, 本相須以爲體, 相待以爲用, 固未有無理之氣, 亦未有無氣之理。然而所就而言之不同, 則亦不容無別。從古聖賢有論及二者, 何嘗必滾合爲一說[172]而不分別言之耶?

且以"性"之一字言之, 子思所謂天命之性、孟子所謂性善之性, 此二性字, 所指而言者何在乎? 將[173]非就理氣賦與之中, 而指此理源頭本然處言之乎? 由其所指者, 在理不在氣, 故可謂之純善無惡耳。若以理氣不相離之故, 而欲兼氣爲說, 則已不是性之本然矣。

夫以子思、孟子, 洞見道體之全, 而立言如此者, 非知其一不知其二也, 誠以爲雜氣而言性, 則無以見性之本善故也。至於後世程、張諸子之出, 然後不得已而有氣質之性之論, 亦非求多而立異也, 所指而言者在乎稟生之後, 則又不得純以本然之性【"純以"以下, 舊作"以本然之性混", 今改。】稱之也。故愚嘗妄以爲情之有四端、七情之分, 猶性之有本

---

171 善 : 鄭校에 "'善'似作'理'。鄭。"이라고 하였다.
172 說 : 두주로 "'說', 一本作'物'。"이 있고, 中本・樊本・上本・《四七往復書》에는 "物"로 되어 있다.
173 將 :《自省錄》에는 "初"로 되어 있다.

性、氣禀之異也。然則其於性也，旣可以理氣分言之，至於情，獨不可以理氣分言之乎？

惻隱、羞惡、辭讓、是非，何從而發乎？發於仁義禮智之性焉爾。喜怒哀懼愛惡欲，何從而發乎？外物觸其形而動於中，緣境而出焉爾。四端之發，孟子旣謂之心，則心固理氣之合也。然而所指而言者則主於理，何也？仁義禮智之性，粹然在中，而四者其端緖也。七情之發，程子謂之動於中，朱子謂之各有攸當，則固亦兼理氣【"程子謂"以下，舊作"朱子謂'本有當然之則'，則非無理"，今改。】也。然而所指而言者則在乎氣，何也？外物之來，易感而先動者，莫如形氣，而七者其苗脈也。安有在中爲純理，而才發爲雜氣，外感則形氣，而其發顧爲理不爲氣【"顧爲理"以下，舊作"爲理之本體"，今改。】耶？

四端皆善也，故曰："無四者之心，非人也"，而曰："乃若其情則可以爲善矣"。七情本善，而易流於惡，故其發而中節者，乃謂之和。一有之而不能察，則心已不得其正矣。【"本善而"以下，舊作"善惡未定也。故一有之而不能察，則心不得其正，而必發而中節，然後乃謂之和"，今改。】

由是觀之，二者雖曰皆不外乎理氣，而因其所從來，各指其所主【此間，舊有"與所重"三字，今去之。】而言之，則謂之某爲理、某爲氣，何不可之有乎？竊詳來喩之意，深有見於理氣之相循不離，而主張其說甚力，故以爲"未有無理之氣，亦未有無氣之理"，而謂"四端、七情非有異義"。此雖近是，而揆以聖賢之旨，恐有所未合也。

大抵義理之學，精微之致，必須大著心胸，高著眼目，切勿先以一說爲主, 虛心平氣, 徐觀其義趣, 就同中而知其有異, 就異中而見其有同, 分而爲二, 而不害其未嘗離, 合而爲一, 而實歸於不相雜, 乃爲周悉而無偏也。

請復以聖賢之說明其必然。昔者孔子有繼善成性之論, 周子有無極太極之說, 此皆就理氣相循之中, 剔撥而獨言理也。孔子言相近相遠之性, 孟子言耳目口鼻之性, 此皆就理氣相成之中, 兼指而主言【"兼指"以下, 舊作"偏指而獨言", 今改。】氣也。斯四者豈非就同中而知其有異乎? 子思之論中和, 言喜怒哀樂, 而不及於四端; 程子之論好學, 言喜怒哀懼愛惡欲, 而亦不言四端, 是則就理氣相須之中, 而渾淪言之也。斯二者豈非就異中而見其有同乎?

今之所辯則異於是, 喜同而惡離, 樂渾全而厭剖析, 不究四端、七情之所從來, 概以爲兼理氣有善惡, 深以分別言之爲不可。 中間雖有"理弱氣強"、"理無眹, 氣有迹"之云, 至於其末, 則乃以氣之自然發見, 爲理之本體然也, 是則似遂以理氣爲一物而無所分矣。若眞以爲一物而無所分, 則非滉之所敢知, 不然, 果亦以爲非一物而有所別, 故本體之下, 著然也二字, 則何苦於圖獨以分別言之爲不可乎? 【"似遂以"以下, 舊作"遂以理氣爲一物而無所別矣。近世羅整菴倡爲理氣非異[174]物之說, 至以朱子說爲非是。滉尋常未達其指, 不謂來喩之云亦似之也", 今改。】

且來喩旣云"子思、孟子所就而言之者不同", 又以四端

---

174 異:《四七往復書》에는 "二"로 되어 있다.

爲剔撥出來, 而反以四端七情爲無異指, 不幾於自相矛盾乎? 夫講學而惡分析, 務合爲一說, 古人謂之鶻圇吞棗, 其病不少。而如此不已, 不知不覺之間, 駸駸然入於以氣論性之蔽, 而墮於認人欲作天理之患矣, 奚可哉?

自承示喩, 卽欲獻愚, 而猶不敢自以其所見爲必是而無疑, 故久而未發。近因看《朱子語類》論孟子四端處末一條, 正論此事, 其說云: "四端是理之發, 七情是氣之發。" 古人不云乎? "不敢自信而信其師。" 朱子, 吾所師也, 亦天下古今之所宗師也。得是說, 然後方信愚見不至於大謬, 而當初鄭說, 亦自爲無病, 似不須改也。乃敢粗述其區區, 以請教焉, 不審於意云何? 若以爲理雖如此, 名言之際, 眇忽有差, 不若用先儒舊說爲善, 則請以朱子本說代之, 而去吾輩之說, 便爲穩當矣, 如何如何?

前者[175], 遠垂辱書, 副以論誨四端、七情書一冊, 其不棄愚妄, 諄諄開曉之意, 至深切矣。會値小冗, 不克究心悉意於其間, 輒自徇便, 粗先作報, 付回使去, 後始伺疾病稍間, 得以玩讀思繹, 欲窺其緖論之一二, 則旨意淵深, 援引浩博, 馳辭騁辯, 不窮不測。以老人衰耗精力, 許多義理, 包羅不得, 譬如決水於龍門, 而欲以一葦尋其源流, 其亦難矣。然其積日沿泝之餘, 若或有得於涓流之末, 則旣有以見其前說之差, 又因以發其新知之益, 學之所資於講論者, 豈少哉? 幸甚幸甚。

---

175 前者: 中本에는 "前者" 이하의 내용 앞에 〈答奇明彦非四端、七情分理氣辯第二書〉라는 제목이 붙어있다.

所謂說之差者, 謹已修改, 錄在前面, 以稟可否, 而所喩首末, 又欲逐一條對, 以見區區之意。第以前後諸說, 盤錯肯綮, 未易疏剔, 若一一從本文次第而爲之說, 則其勢未免於散漫重複, 反至於霧昏而榛塞。故謹就全篇, 每條撮其大要, 以類相從, 使略有倫敍, 因復揆之以愚見, 則其異同從違之際, 又有所難齊者焉。蓋有來語本無病而滉錯看[176]妄論者, 有承誨而自覺己語有失稱停者, 有來誨與鄙聞本同而無異者, 有本同而趨異者, 有見異而終不能從者。今以此五者彙分條列如左。

第十節: 氣之自然發見, 乃理之本體然也。【來辯分滉前書, 爲十二節。】

右一條, 來語本無病, 滉錯看妄論者, 今[177]改之。

第六節: 七情不專是氣之說。
同節中辯曰之二: "情雖緣境, 實由中出"之說;
辯曰之七: "善惡未定"之說。
第九節: 偏指而獨言氣之說。

右四條, 承誨覺己語有失稱停者, 亦已改之。

---

176 看 :《四七往復書》에는 "有"로 되어 있다.
177 今 : 두주에 "'今', 一本作'已'."라고 하였고, 樊本·上本에도 同一한 두주가 있다.《四七往復書》에는 "已"로 되어 있다.

第一節：引《朱子語類》論心、性、情三條。
第四節：引朱子答陳潛室書，以明所就而言者不同。
第五節：引朱子說第一條，明氣與性不相雜；
第二條，明氣稟之殊，天命亦異，亦不可不謂之性；
第三條，天命之性極本窮原之性；
第五條，程、張始言氣質。
第六節：引《中庸章句》、《或問》、延平說、程子〈好學論〉、朱子〈動靜說〉，皆明七情兼理氣。

右十三條，與鄙聞本同無異。以上不復論。

第一節：天地之性，專指理；氣質之性，理與氣雜。是理之發，固然，是氣之發，非專指氣。
第五節：就天地人物上分別理氣，不害就性上論理墮氣中。若論情則性墮氣質，兼理氣有善惡，分屬未安。
第六節：辯曰之一：七情亦發於仁義禮智；
辯曰之三：非別有一情但出於理，不出於氣[178]；
辯曰之四：非中無是理，外物偶相感動。感物而動，四端亦然；
辯曰之五：旣發，便乘氣以行云云，四端亦氣也。
第七節：推其向上根源[179]，元非有兩個意思。

---

178 但出於理，不出於氣：《定本 退溪全書》〈附奇存齋論四端、七情第二書〉(BNL 0553A/書-奇大升-6-(1))에는 "但出於理，而不兼乎氣也."로 되어 있다.

179 源：中本·定草本·庚本·擬本·甲本에는 "原"으로 되어 있다.

第九節: 凡言性, 不偏指氣云云, 七情亦兼理氣。

右八條, 本同而趨異。

第一節: 同實異名, 非七情外復有四端, 四七非有異義。
第二節: 泛論無不可, 著圖離析太甚, 恐惧人。
或云無不善, 或云有善惡, 恐人疑有兩情有二善。
第四[180]節: 如來辯則四七各有所從來, 非但言之者不同。
第五節: 引朱子說第四條, 孟子剔言, 伊川兼言, 要不可離。
第六節: 辯曰之五, 來辯謂"七情外感於形氣, 而非理之本體", 則甚不可。若然者, 七情是性外之物云云。孟子之喜而不寐【止】豈非理之本體耶?;

辯曰之七, 一有之而不能察, 其末論所從來與所主之說之非。

第十二節: 朱子錯認心爲已發之語, 久後乃悟, 仍論理發氣發之語, 爲偶發而偏指。

右九條, 見異而終不能從。以上皆有論辯在後。

來喩雖縱橫變化, 往復百折, 約而言之, 除其錯看一條外, 類成四截, 而四截之中, 又約而言之, 不過爲二截而已, 何者?

180 三: 두주로 "'第三'之'三', 一本作'四'."라고 하였고, 甲本에도 同一한 두주가 있다. 中本의 두주에 "'三'當作'四'."라고 하였고, 樊本의 두주에 "'三'一本作'四'."가 있다. 이에 근거할 때 "四"가 되어야 할 듯하다.

承誨而覺失稱停者, 固皆本同之類也。本同而趨異者, 卒亦同歸於終不能從者矣, 請試詳之。

夫理氣之不相離、七情之兼理氣, 滉亦嘗與聞於先儒之說矣。故前辯之中, 累累言之。如統論性情, 則曰"未有無理之氣, 亦未有無氣之理", 如論四端, 則曰"心固理氣之合", 論七情, 則曰"非無理也", 如此之類, 不一而足, 是鄙人所見, 何以異於第二截十三條之所論乎？ 然而未免有第一截四條之差說者, 口耳之學, 無得於心, 而揣摩以爲言, 所以失於稱停而有病痛。此深可恐懼也。惟公詳其所改之語, 則其有得於誨語而旋歸於本同之旨, 可知耳。

朱子謂："孔穎達非不解撰法, 但爲之不熟, 故其言之易差。"此則君子恕人之論也。若滉論學而易差如此者, 乃是心不能眞知之故, 正當以不知自處, 而閉口不談可也。然旣不能無所異, 而不竟其說, 則又非講磨求益之道, 故其前二截同者不論, 而於後二截者, 敢論其所以不得苟同之意焉。

夫四端非無氣, 七情非無理, 非徒公言之, 滉亦言之; 非徒吾二人言之, 先儒已言之; 非先儒强而言之, 乃天所賦、人所受之源流脈絡固然也。然其所見始同而終異者無他, 公意以謂四端、七情皆兼理氣, 同實異名, 不可以分屬理氣。滉意以謂就異中而見其有同, 故二者固多有渾淪言之, 就同中而知其有異, 則[181]二者所就而言, 本自有主理主氣之不同, 分屬何不可之有。斯理也, 前日之言, 雖或有疵, 而其宗旨則實有所從

---

181 則 : 上本에는 "故"로 되어 있다.

來,盛辯一皆詆斥,無片言隻字之得完。今雖更有論說,以明其所以然之故,恐其無益於取信,而徒得嘵嘵之過也。

辯誨曰:"天地之性,專指理;氣質之性,理與氣雜。是理之發,固然,是氣之發,非專指氣。"

滉謂天地之性,固專指理,不知此際只有理還無氣乎?天下未有無氣之理,則非只有理。然猶可以專指理言,則氣質之性,雖雜理氣,寧不可指氣而言之乎?一則理爲主,故就理言;一則氣爲主,故就氣言耳。四端非無氣,而但云理之發,七情非無理,而但云氣之發,其義亦猶是也。公於理發則以爲不可易,氣發則以爲非專指氣,將一樣語,截作兩樣看,何耶?若實非專指氣而兼指理,則朱子於此不應與理之發者,對擧而併疊言之矣。

辯誨曰:"就天地人物上,分理與氣,不害就性上論理墮在氣中。若論情則性墮在氣質,兼理氣有善惡,分屬未安。"

滉謂就天地人物上看,亦非理在氣外,猶可以分別言之,則於性於情,雖曰"理在氣中,性在氣質",豈不可分別言之?蓋人之一身,理與氣合而生,故二者互有發用,而其發又相須也。互發則各有所主可知,相須則互在其中可知。互在其中,故渾淪言之者固有之,各有所主,故分別言之而無不可。論性而理在氣中,思、孟猶指出本然之性,程、張猶指論氣質之性。論情而性在氣質,獨不可各就所發而分四端、七情之所從來乎?

兼理氣有善惡,非但情爾,性亦然矣。然安得以是爲不可分之
驗耶?【從理在氣中處言,故云性亦然矣。】

辯誨曰:"七情亦發於仁義禮智。"

滉謂此卽所謂就異而見同,則二者可渾淪言之者也。然不
可謂只有同而無異耳。

辯誨曰:"非別有一情但出於理,而不出於氣。"

滉謂四端之發,固曰非無氣,然孟子之所指,實不在發於
氣處,若曰兼指氣,則已非復四端之謂矣。而辯誨又何得以四
端是理之發者,爲不可易耶?

辯誨曰:"非中無是理,外物偶相感動。感物而動,四端亦
然。"

滉謂此說固然。然此段所引《樂記》、朱子之說,皆所謂渾
淪言之者,以是攻分別言之者,不患無其說矣。然而所謂分別
言者,亦非滉鑿空杜撰之論,天地間元有此理,古之人元有此
說,今必欲執一而廢一,無乃偏乎?蓋渾淪而言,則七情兼理
氣,不待多言而明矣。若以七情對四端,而各以其分言之,七
情之於氣,猶四端之於理也,其發各有血脈,其名皆有所指,
故可隨其所主而分屬之耳。雖滉亦非謂七情不干於理,外物偶
相湊著而感動也。且四端感物而動,固不異於七情,但四則理

發而氣隨之，七則氣發而理乘之耳。

辯誨曰：「旣發，便乘氣以行云云，四端亦氣也。」

滉謂四端亦氣，前後屢言之，此又引朱子弟子問之說，固甚分曉。然則公於孟子說四端處，亦作氣之發看耶？如作氣之發看，則所謂仁之端、義之端、仁義禮智四字，當如何看耶？如以些兒氣參看，則非純天理之本然，若作純天理看，則其所發之端，定非和泥帶水底物事。公意以仁義禮智是未發時名，故爲純理，四端是已發後名，非氣不行，故亦爲氣耳。愚謂四端雖云乘氣，然孟子所指，不在乘氣處，只在純理發處，故曰仁之端、義之端，而後賢亦曰：「剔撥而言善一邊爾。」必若道兼氣言時，已涉於泥水，此等語言，皆著不得矣。

古人以人乘馬出入，比理乘氣而行，正好。蓋人非馬不出入，馬非人失軌途，人馬相須不相離。人有指說此者，或泛指而言其行，則人馬皆在其中，四七渾淪而言者是也；或指言人行，則不須幷言馬，而馬行在其中，四端是也；或指言馬行，則不須幷言人，而人行在其中，七情是也。公見滉分別而言四七，則每引渾淪言者以攻之，是見人說人行馬行，而力言人馬一也，不可分說也。見滉以氣發言七情，則力言理發，是見人說馬行而必曰人行也；見滉以理發言四端，則又力言氣發，是見人說人行而必曰馬行也。此正朱子所謂與迷藏之戲相似，如何如何？

辯誨曰：「推其向上根源，元非有兩個意思。」

滉謂就同處論，則非有兩個者似矣。若二者對擧，而推其向上根源，則實有理氣之分。安得謂非有異義耶？

辯誨曰："凡言性者，不偏指氣，今謂偏指而獨言氣，恐未然。且辯曰：'子思之論中和，渾淪言之。'則七情豈非兼理氣乎？"

滉謂言性非無指氣而言者，但鄙說"偏獨"二字，果似有病，故依諭已改之矣。然與七情兼理氣渾淪言者，所指本自不同。今以是爲鄙說之不能無出入，其實非出入也，指旣不同，言不得不異耳。

辯誨曰："同實異名，非七情外復有四端，四七非有異義。"

滉謂就同中而知實有理發、氣發之分，是以，異名之耳。若本無所異，則安有異名乎？故雖不可謂七情之外復有四端，若遂以爲非有異義，則恐不可也。

辯誨曰："泛論曰'四端發於理，七情發於氣'，固無不可，著圖而置四於理圈，置七於氣圈，離析太甚，惧人甚矣。"

滉謂可則皆可，不可則皆不可，安有泛論則分二發而無不可，著圖則分二置而獨爲不可乎？況圖中四端、七情，實在同圈，略有表裏，而分註其旁云耳，初非分置各圈也。

辯誨曰:"或云無不善, 或云有善惡, 恐人疑若有兩情有二善。"

滉謂純理故無不善, 兼氣故有善惡, 此言本非舛理也。知者就同而知異, 亦能因異而知同, 何患於不知者錯認, 而廢當理[182]之言乎? 但今於圖上, 只用朱子說, 故此語已去之耳。

辯誨曰:"如來辯則四七各有所從來, 非但言之者不同也。"

滉謂雖同是情, 而不無所從來之異, 故昔之言之者有不同矣。若所從來本無異, 則言之者何取而有不同耶? 孔門未備言, 子思道其全, 於此固不用所從來之說, 至孟子剔撥而說四端時, 何可不謂指理發一邊而言之乎? 四之所從來旣是理, 七之所從來, 非氣而何?

辯誨引朱子說孟子剔而言之, 伊川兼氣質而言, 要不可離。

滉謂公之引此, 蓋言性之不可離, 以明情之不可分耳。然上文所引朱子說不曰"性雖其方在氣中, 然氣自是氣, 性自是性, 亦不相夾雜"云乎? 妄意朱子就孟子剔言、伊川兼言處而言, 則曰"要不可離", 卽滉所謂異中見其有同也, 就性在氣中而言, 則曰"氣自氣, 性自性, 不相夾雜", 卽滉所謂同中知其有

---

182 理 : 上本에는 "然"으로 되어 있다.

異也。

辯誨曰:"來辯謂'七情外感於形氣,而非理之本體',則甚不可。若然者,七情是性外之物云云。孟子之喜而不寐【止】豈非理之本體耶?"

滉謂當初謬說謂"安有外感則形氣,而其發爲理之本體耶?"云者,言當其感則是氣,而至其發則是理,安有此理耶? 但覺語有未瑩,故已改之矣。今來誨變其文,直曰"外感於形氣,而非理之本體,"則旣與滉本意遠矣,而其下詆之曰:"若然者,七情是性外之物。"然則朱子謂七情是氣之發者,亦以七情爲性外之物耶?

大抵有理發而氣隨之者,則可主理而言耳,非謂理外於氣,四端是也。有氣發而理乘之者,則可主氣而言耳,非謂氣外於理,七情是也。孟子之喜、舜之怒、孔子之哀與樂,氣之順理而發,無一毫有礙,故理之本體渾全。常人之見親而喜、臨喪而哀、,亦是氣順理之發,但因其氣不能齊,故理之本體亦不能純全。以此論之,雖以七情爲氣之發,亦何害於理之本體耶? 又焉有形氣、性情不相干之患乎?

辯誨曰:"來辯謂'一有之而不能察,則心不得其正,而必發而中節,然後乃謂之和',則是七情者,冗長無用甚矣,而反爲心害矣。"

滉謂此處前說語意,失其先後故有病,今謹已改之,爲賜甚厚。但來誨又斥一有之而不能察之語，以爲："此乃正心之事，引之以證七情，殊不相似。"此則似然而實不然也。

蓋此雖正心章，而此一節則以喜怒憂懼之不可有諸心下，說心之病，使人知病而下藥耳，非直說正心事也。夫四者之所以易爲心病者，正緣氣之所發雖本善而易流於惡故然耳。若四端之理發，則何遽有此病乎？又何得謂"心有所惻隱，則不得其正；心有所羞惡，則不得其正"云爾耶？

〈定性書〉曰："人之心易發而難制者，惟怒爲甚。第能於怒時遽忘其怒，而觀理之是非，亦可見外誘之不足惡云云。"夫所謂易發而難制者，是爲理耶？爲氣耶？爲理則安有難制？惟是氣，故決驟而難馭耳。又況怒是理發，則安有忘怒而觀理？惟其氣發，故云忘怒而觀理，是乃以理御氣之謂也。然則滉之引此語，以證七情之屬氣，何爲而不相似乎？

同上節末段，論因其所從來，各指其所主之說之非，又云："所辯非但名言之際，有所不可，抑恐於性情之實、存省之功，皆有所不可。"

滉謂所從來及所主之說，因前後辯論而可明，不必更論於此。若其名言之際、性情之實，毫忽未安處，或因於承誨，或得於自覺，已謹而改之矣。已而看得未安處旣去，則義理昭徹，分明歷落，八窓玲瓏，庶無有含糊鶻圇之病矣。其於存省之功，雖未敢僭云，恐未至大不可也。

辯誨謂"朱子錯認心爲已發之語，久而乃悟"，仍論理之發、氣之發一語, 爲偶發而偏指。

滉謂觀公此段語意, 若以朱子此說, 爲未滿足, 此尤未安也。夫程、朱語錄, 固未免時有差誤, 乃在於辭說鋪演, 義理肯綮處, 記者識見有未到, 或失其本旨者有之矣。今此一段, 則數句簡約之語, 單傳密付之旨。其記者, 輔漢卿也, 實朱門第一等人。於此而失記, 則何足爲輔漢卿哉?

　使吾友平時看《語類》見此語, 則必不置疑於其間。今旣以鄙說爲非而力辯之, 而朱子此語乃滉所宗本, 則不得不幷加指斥而後, 可以判鄙語之非, 而取信於人, 故連累至此。此固滉儳援前言之罪。然滉於吾友此等處, 雖服其任道擔當之勇, 得無有不能虛心遜志之病乎? 如此不已, 無乃或至於驅率聖賢之言, 以從己意之弊乎? 顔子有若無, 實若虛, 惟知義理之無窮, 不見物我之有間。不知還有如此氣象否? 朱先生剛勇, 百世一人, 然少覺己見有誤處, 己言有未安處, 無不樂聞而立改之, 雖至晩年道尊德盛之後, 猶然。豈嘗纔發軔於聖途, 而已向吾無間然上坐在耶? 乃知眞剛眞勇, 不在於逞氣强說, 而在於改過不吝, 聞義卽服也。

KNL0554B(書-奇大升-7-2)(癸卷16:39右)(樊卷22:21右)
後論[183]

竊觀辯誨之文, 竑言大論, 疊見層出; 博識高見, 曠絕常情。區區不勝其望洋向若之歎, 而管窺所不能無疑者, 謹已具稟於前矣。後論餘誨, 砭藥尤切, 盆荷君子愛人無已之盛心也。其中以"理氣"二字, 分註"虛靈"字下, 滉雖存靜而本說, 亦固疑其析之太瑣, 每看到此句, 濡毫欲抹者數矣, 尙喜其創新而止。今得垂曉[184], 釋然於心, 亦當告靜而抹去矣。但於其他諸說, 則亦未免有同有異, 不能以盡相從也。

其所引朱先生答胡廣仲、胡伯逢書及〈性圖〉三條, 皆不過明四端、七情非有二之義, 此卽前所謂渾淪言之者。滉非不知此, 惟以七情對四端, 則不得不分而言之耳。前說已盡, 不煩重論。至其論虛靈處, 以虛爲理之說, 則亦有所本, 恐未可以分註二字之非, 倂與此非之也。

今且就所引數說而論之, 朱子謂"至虛之中, 有至實者存", 則是謂[185]虛而實耳, 非謂無虛也。謂"至無之中, 有至有者存", 則是謂無而有耳, 非謂無無也。程子之答或曰"亦無太虛"而遂指虛爲理者, 是亦欲其以虛言理者, 非謂本無虛而但有實也。故程、張以來, 以虛言理者, 故自不少。如程子曰:"道, 太虛也, 形而上也。" 張子曰:"合虛與氣, 有性之名。"朱子曰:"形而上底虛, 渾是道理。" 又曰:"太虛便是〈太極圖〉上面一圓圈。" 如此之類, 不勝枚擧。

至於朱子論無極而太極處, 亦曰:"不言無極, 則太極同於

---

183 庚申年(明宗15, 1560년, 60세) 11월 5일 禮安에서 쓴 편지이다. 〔資料考〕《四七往復書》에도 전문이 실려 있다.

184 曉 : 두주로 "'曉', 一本作'誨'."라고 하였고, 樊本·上本의 두주에 "'曉', 一本作'論'."라고 하였다. 《四七往復書》에는 "誨"로 되어 있다.

185 謂 : 樊本·上本에는 "爲"로 되어 있다.

一物, 而不足爲萬化之根; 不言太極, 則無極淪於空寂, 而不能爲萬化之根。"嗚呼! 若此之言, 可謂四方八面, 周徧不倚, 攧撲不破矣。今徒欲明理之實, 而遂以理爲非虛, 則周、程、張、朱諸大儒之論, 皆可廢耶? 大《易》之形而上、《中庸》之無聲無臭, 其與老、莊虛無之說, 同歸於亂道耶? 公慮"虛"字之弊, 將使學者胥爲虛無之論, 而淪於老、佛之域。滉亦慮不用"虛"字, 膠守"實"字, 又將使學者想像料度, 以爲實有無位眞人閃閃爍爍地在那裏看也。

且四端亦有不中節之論, 雖甚新, 然亦非孟子本旨也。孟子之意但指其粹然從仁義禮智上發出底說來, 以見性本善, 故情亦善之意而已。今必欲舍此正當底本旨, 而拖拽下來, 就尋常人情發不中節處, 滾合說去。夫人羞惡其所不當羞惡, 是非其所不當是非, 皆其氣昏使然, 何可指此儳說以亂於四端粹然天理之發乎? 如此議論, 非徒無益於發明斯道, 反恐有害於傳示後來也。

滉前謂: "公所見有似於羅整菴理氣非二物之說。"此則滉妄說也。今竊睨公意, 非如整菴之誤, 但於四七之分則不過憂其位置之離析, 將使不知者認作二情; 理虛之論則不過憂其語涉於空無, 將使不知者向別處走, 此語[186]非不善矣。

然而鄙見以爲凡建圖立說, 固爲知者而作, 不當爲不知者而廢也。若爲不知者而慮其分析之弊, 則濂溪之圖不應挑出太極圈在陰陽之上矣, 既有在上之太極, 不應復有在中之太極

---

186 語: 두주에 "'此語'之'語', 一本作'意'。"라고 하였고, 甲本・樊本・上本에도 同一한 두주가 있다. 《四七往復書》에는 "意"로 되어 있다.

矣,五行之圈又不應置在陰陽之下矣。慮其虛無之弊,則太極之眞實無妄, 濂溪不應曰無極矣; 道與性與太極之實, 程、張、朱子不應皆以虛言之矣。後來諸儒果謗濂溪圖說者,紛紛而起,向非朱子論著發明之力,其廢而不行久矣。

試玩朱子圖解後論定諸人辯詰處, 則可見不妨分析之意,何必過憂於流俗之弊乎? 吾所謂虛,虛而實,非彼之虛; 吾所謂無,無而有,非彼之無,何必過憂於異端之歸乎? 是故在滉讀書之拙法,凡聖賢言義理處,顯則從其顯而求之,不敢輕索之於微; 微則從其微而究之, 不敢輕推之於顯; 淺則因其淺, 不敢鑿而深; 深則就其深, 不敢止於淺; 分開說處, 作分開看而不害有渾淪; 渾淪說處, 作渾淪看而不害有分開,不以私意左牽右掣,合分開而作渾淪,離渾淪而作分開。如此久久,自然漸覷其有井井不容紊處,漸見得聖賢之言,橫說豎說,各有攸當,不相妨礙處,其或以是自爲說,則亦庶幾不戾於義理素定之本分。如遇見差處、說差處,因人指點, 或自覺悟, 而隨手改定,亦自快愜,何能一有所見,遽執已意,不容他人一喙耶? 又何得於聖賢之言,同於已者則取之,不同於已者則或強之以爲同,或斥之以爲非耶? 苟如此,雖使當時舉天下之人,無能與我抗其是非者,千萬世之下, 安知不有聖賢者出, 指出我瑕隙, 覷破我隱病乎? 此君子之所以汲汲然遜志察言,服義從善,而不敢爲一時蘄勝一人計也。

所云 "近世名公鉅人爲此學者,未免多襲於俚俗相傳" 之語, 是則不可謂不然矣。滉山野樸學, 於其相襲之說, 專未習聞。往年忝國學,見諸生所習,率用其說,試從而廣求得之,合衆說而觀之,誠有不可曉處,多有悶人意處。錯看鑿認,拘辭曲說, 其弊有不可勝救者, 獨未見所謂四端、七情, 分屬理氣之說。

今圖中分屬, 本出於靜而, 亦不知其所從受者, 其初頗亦以爲疑, 思索往來於心者數年, 而後乃定, 猶以未得先儒之說爲慊。其後得朱子說爲證, 然後益以自信而已, 非得於相襲之說也。而況胡雲峯之說, 止論性情心意, 而非有理氣之分, 自與四七分理氣者所指各殊, 定非鄙說所從出也。

由是言之, 四七之分, 乃滉過信朱子說之故耳。來誨乃以爲出於俚俗, 而歸罪於雲峯, 竊恐不獨雲峯先生不甘引過, 而近世諸公亦必稱冤不已於斯也。

來誨又痛詆"理虛故無對, 無對故無加損"之語。今詳此語之病, 只在"無對故"三字, 今當改之曰:"理虛故無對, 而無加無損。"如此則似庶幾矣。然公所詆不在語病, 而專以其語爲出於謬妄之見, 滉竊以爲[187]此乃看理到解悟處, 說理到極至處。在滉則積十年之功, 僅得其髣髴, 而猶未能眞知, 故有語病如此, 在公則一筆句斷於立談之頃。人之有智無智, 何止於三十里而已耶? 此何可復以口舌爭耶? 只當爾月斯征, 我日斯邁, 又積十餘年之功, 然後各以所造看如何, 彼此得失, 於此始可定耳[188]。

抑愚聞之, 道同則片言足以相符, 不同則多言適以害道。吾二人所學, 不可謂不同矣, 乃不能相符於片言, 而多言至此, 誠恐未有以發明, 而反有所撓害也。雖然, 亦有二焉。其心求

---

187 爲 : 定草本·中本에는 "謂"로 되어 있다.
188 耳 : 《四七往復書》에는 뒤에 "若於此而又不能定, 則必當待後世之朱文公, 而後可判其是否如何?"가 더 있다.

勝而不揆諸道者, 終無可合之理, 只待天下之公論而已。志在明道而兩無私意者, 必有同歸之日, 此非達理好學之君子, 不能也。滉老昏如此, 深懼學退私勝, 而妄爲無益之言, 以自外於切偲之厚。惟願恕其僭而垂仁終幸焉。

KNL0554C(書-奇大升-7-3)《癸卷16:45右)(樊卷22:27右)

別紙[189]

卷末錄示與李、金兩君論太極書五六道, 往復辯難, 足以發人意思, 開人眼目。滉在此, 人無肯與之講學, 或有一二同志, 亦未免從宦奔走, 白首病夫, 離群索居, 恒抱鈍滯之憂。今因見此, 乃知湖南有如此人物議論, 實乃吾東魯鮮見之事, 深用歎慕, 不任傾馳。若其論之是非得失, 則昔之群賢, 皆有一定之說, 非今日之所當爭, 而公之擧似一齋以辯明微義者, 皆已得之; 湛翁雖只有寂寥數語, 亦已見其大旨。滉何敢更冒入於是非林中耶? 但一齋公隱居樂志, 篤於自信如此, 誠可嘉尙。然觀其識趣議論, 不能無病, 亦在夫過於自信, 堅於自用而已。且太極陰陽道器之別, 聖賢發明不啻如衆曜之麗乎天。斯人也, 其初旣不能細心耐煩, 硏精微密, 只就圖說上略見一個影象, 掇取數句緒論, 遽執以爲定見, 謂天下道理不過如此, 已非善爲學者。今也, 又不肯因人攻己, 惕慮自反, 謀所以弘德

---

189 庚申年(1560, 明宗15, 60세) 11월 5일 禮安에서 쓴 편지이다. 〔資料考〕《兩先生往復書》에도 전문이 실려 있다. 《兩先生往復書》에는 〈答示論太極書書〉로 되어 있다.

廣業者, 考諸說之同異, 商彼此之得失, 質之以往哲之言, 參之以事理之實, 濯去舊見, 以發新知, 顧乃力主前說, 強辯自是, 於古人言語, 不復思繹, 於他人說話, 一向揮斥, 更不讓與他人一頭地, 更不知虛心遜志擇善求益之爲何事。夫所貴於自信之篤者, 爲其聞正道而固守之耳。今則所見如是之差, 而自守如是之固, 豈不爲可惜耶? 自古有所謂賢智之過, 而不屑於學問者, 在所不論, 其或從事於學者, 率多有自喜欲速之弊, 自喜則不聽人言, 欲速則不究衆理。如是而望其入道積德, 以近聖賢之門墻, 豈不如却步而求前乎? 蓋嘗深思古今人學問道術之所以差者, 只爲理字難知故耳。所謂理字難知者, 非略知之爲難, 眞知妙解, 到十分處爲難耳。若能窮究衆理, 到得十分透徹, 洞見得此個物事至虛而至實, 至無而至有, 動而無動, 靜而無靜, 潔潔淨淨地, 一毫添不得, 一毫減不得, 能爲陰陽五行萬物萬事之本, 而不囿於陰陽五行萬物萬事之中, 安有雜氣而認爲一體看作一物耶? 其於道義, 只見其無窮, 在彼在我, 何有於町畦? 其聽人言, 惟是之從, 如凍解春融, 何容私意之堅執? 任重道悠, 終身事業, 安有欲速之爲患哉? 假有初間誤入, 一聞人規, 便能自改而圖新, 安忍[190]護前而無意於回頭乎? 誠恐循此不變, 處而論道則惑於後生, 出而用世則害於政事, 非細故也。其以博覽群書爲非, 而欲人默思自得, 其意之落在一邊, 可知。公之報書所以正其偏而砭其病者, 得矣。而其復書又云:"聖學只在四書, 而尤主於《大學》。"此固至言,

---

190 忍 :《兩先生往復書》에는 "用"으로 되어 있다.

而其落在一邊之病, 仍見於此。然則公所謂交修之地之言, 終不入於一齋之耳歟? 此深可歎息。雖然, 在人則知之, 在己則不知, 乃恒物之大情, 若吾輩名爲學道, 而猶不免此病, 則豈曰有得於學力者哉? 以滉觀之, 一齋之據徑約一邊而譏誚務博, 固爲大病, 若吾友之學, 似不免騖於該博而忽於斂約。如何如何? 滉於吾友, 尙未窺其涯涘, 而率然發此語, 或蒙怪訶, 未可知也。然只看今來辯書之文, 眞莊子所謂猶河、漢也, 而其於至親切至精約處, 疑若有一重膜子未徹[191]處也。願兩公各勿以所長自矜而惟攻人之短, 皆務反身自考以矯其所偏, 使交修之言不墜於地, 則幸甚。至如[192]謬拙, 少不讀書而老眛存心, 欲博則聰明不及, 欲約則精力已耗, 徒知人病而不知己病, 倀倀於二者之間, 而不得與於交修之末, 是慚是懼。尙冀吾友不卽鄙外, 時惠策勵, 以畢[193]麗澤之義, 無任懇懇之至。

　　晦菴〈宿梅溪館詩〉, 如所戒寫呈, 但讀示諭, 知深創兩斧之爲害, 欲消除防檢[194]以免於坑塹之辱, 此意甚善。顧滉乃是十許年前坑塹中人耳, 至於老病摧頹, 始得抽身出來, 猶且時時有暮歸喜獵之病, 常自懍惕, 以再見墮落爲戒, 何暇爲公謀耶? 而況凡告人之道, 必積厚於己, 然後其言有力而能動人, 安有自身未大相遠而言能動人者哉? 然旣以道義相待, 不容默然於相規之間[195], 敢欲獻忱, 亦不須別立話頭, 只以今寫去

---

191 徹 : 《兩先生往復書》에는 "了"로 되어 있다.
192 如 : 《兩先生往復書》에는 "於"로 되어 있다.
193 畢 : 擬校에 "'畢', 初本作'終'."라고 하였다.
194 檢 : 《兩先生往復書》에는 "險"으로 되어 있다.

銘詩爲法, 足矣。蓋知尊德性, 則必不忍褻天明慢人紀而爲下流之事; 知收放心, 則必勉於持敬、存誠、防微、愼獨, 而窒其欲[196]守其身矣。雖然, 人慾之險, 乃有以拄[197]天地貫日月之氣節, 一朝摧銷[198]陷沒於一妖物頰上之微渦, 取辱至此, 爲天下詬笑, 如胡公者, 其可畏如此。故朱夫子尙云:"寄一生於虎尾春冰。"而常持雪未消草已生之戒。在我輩, 當如何哉? 言之不盡, 請以戰喩。滉之於制欲, 如敗軍之將, 憒回溪之垂翅, 堅壁淸野, 枕戈嘗膽, 厲兵誓士, 而敵自不至, 其或遇敵, 或多設方略, 不與交鋒, 而坐銷西羌之變, 或不得已至於用兵, 則當鑿城怒牛, 一擧而掃盪[199]燕寇, 斫樹發弩, 頃刻而斃死窮龐, 可也。如公則自負萬人敵之氣、多多益辦之略, 居四散四戰之地, 日與勍敵相遇, 將反驕, 卒反惰, 師律不嚴, 或與之盪[200]狎, 雖幸而克之, 得一夕安寢, 起視四境, 而秦兵又[201]至矣, 更迭無已, 兵安得不疲? 氣安得不餒? 至此則其爲謀必出於下策, 以爲當持和戰竝用之說, 或拔士[202]王畿, 以赴戌申之役,

---

195 間 : 《兩先生往復書》에는 "問"으로 되어 있다. 擬校에 "'間'字, 手本作'問'."이라고 하였다.

196 欲 : 두주에 "'欲', 一本作'慾'."이라고 하였고, 甲本・樊本・上本에도 동일한 두주가 있다. 定草本・《兩先生往復書》에는 "慾"으로 되어 있다. 擬校에 "'欲', 初本作'慾'."이라고 하였다.

197 拄 : 《兩先生往復書》에는 "柱"로 되어 있다.

198 銷 : 《兩先生往復書》에는 "消"로 되어 있다.

199 盪 : 《兩先生往復書》에는 "蕩"으로 되어 있다.

200 盪 : 《兩先生往復書》에는 "蕩"으로 되어 있다.

201 又 : 上本에는 "已"로 되어 있다.

202 士 : 두주에 "'士', 一本作'卒'."이라고 하였고, 樊本・上本에도 동일한 두주가 있

或運米枋頭, 以濟符²⁰³丕之飢, 則吾恐超乘之勇, 蓋未可恃, 而隸楚之兵, 已入於鄀都矣。故爲公計, 莫若濟河焚舟, 破釜甑, 燒廬舍, 持三日糧, 示士卒無還心, 乃可以成功也。

BNL0555(書-奇大升-8)(樊卷22:46右)

與奇明彥²⁰⁴

信後秋²⁰⁵盡, 冬又將半, 不審閑居味道爲況何如? 想溫故知新, 富有日進矣。老物, 頃來幸免時議之撓, 守拙纏病, 他無足云。向蒙辨喩, 不敢虛負厚意, 區區寫在冊子, 但義旨膚淺, 而辭說汗漫, 甚愧枉煩披閱也。且柳太浩便人往來, 未可遙度, 故但送于其家幹僕處, 使遇便附上, 未卜何時可徹案下。諸帖額亦具依上。所欲稟甚多, 煩猥姑此。因風企切辱回, 臨紙忉忉。謹拜²⁰⁶。

九曲十絶, 亦希一粲。

다. 擬校에 "'士'本作'卒'."이라고 하였다.
203 符 : 養校에 "'符'作'苻'."라고 하였다.
204 庚申年(1560, 明宗15, 60세) 11월 5일 禮安에서 쓴 편지이다. 〔資料考〕《兩先生往復書》에도 전문이 실려 있다.《兩先生往復書》에는 〈明彥拜問 奇正字文右〉로 되어 있다.
205 秋 : 上本에는 "春"으로 되어 있다.
206 謹拜 : 拾遺에는 없다.《兩先生往復書》에는 뒤에 "庚申至月初五日, 滉."이 있다.

KNL0555A(書-奇大升-8-1)(癸卷16:49左)(樊卷22:46左)

別紙[207]

滉閑中, 嘗讀《武夷志》, 見當時諸人和〈武夷櫂歌〉甚多, 似未有深得先生意者, 又嘗見劉棨[208]所刊行《櫂歌詩註》, 以九曲詩首尾爲學問入道次第。 竊恐先生本意不如是拘拘也。 近有茂長卞成溫嘗學於金河西云, 遠來相見, 見示河西所作武夷律詩一篇, 亦全用註意, 不知公尋常看作如何? 又滉嘗和櫂歌, 極知僭妄, 而不敢有隱於左右, 今錄寄呈, 望賜訂[209]評。 其中第九曲有二絕, 其一用註意者, 舊所作也。 後來反復[210], 其更覓除是等語意, 似不爲然, 故又別作一首。 不知於此兩義, 何取何舍? 蓋九曲乃是尋遊極處, 而別無奇勝, 若因其無勝, 而遂謂遊事了訖, 則興盡意闌, 而向來所歷奇觀, 都成虛矣。 故末句云云, 意若勸遊人須如漁人尋入桃源之境, 則當得世外別乾坤之樂, 至是, 方爲究竟處, 不但如今所見而止耳, 乃旣竭吾才後, 如有所立卓爾處, 亦百尺竿頭更進一步處。 然則此處及

---

207 庚申年(1560, 明宗15, 60세) 11월 5일 禮安에서 쓴 편지이다. 〔資料考〕《兩先生往復書》에도 전문이 실려 있다. 定草本·癸本·庚本·擬本·甲本·《兩先生往復書》에는 〈答奇明彦【論四端七情第二書】〉(KNL0554)의 〈別紙〉(KNL0554C) 끝에 별도의 제목 없이 별행으로 붙어 있다.

208 劉棨 : 中本·定草本·拾遺·庚本·樊本·上本·《兩先生往復書》에는 "別棨"로 되어 있다. 中本의 부전지에 "別棨" "高峯手錄亦作'別棨'."라고 하였다. 定草本의 부전지에 "(別)'恐作'劉'字。 諸{本}作'別'。 更詳之."라고 하였다. 鄭校에 "('別)'字恐當作'劉'。 見{淸州刊本}九曲詩{跋}。【吳】"라고 하였다.

209 訂 : 《兩先生往復書》에는 "證"으로 되어 있다.

210 復 : 拾遺에는 "覆"으로 되어 있다.

八曲所謂"莫言此地無佳境, 自是遊人不上來"之類, 可作[211] 學問造詣處看矣。然註家於八曲云:"已近於下學。" 旣以九曲 爲深淺次第, 而至八曲, 方云:"已近於下學"則其前所學, 何 事耶? 九曲註 "優入聖域, 而未始非百姓日用之常, 夫豈離人 絶世而有甚高遠難行之事哉?"此言非不美, 奈與更覓除是等 語不應? 如何如何? 若曰:"漁郞更覓以下, 非吾學當如是, 謂 索隱行怪之徒有如是者"云, 乃非彼而喩我之辭耳, 則似近。然 則本註所謂"此景非人間所多得"者, 又非矣。愚憒莫適所從, 垂示爲望。

BNL0556(書-奇大升-9)(樊卷22:48右)

答奇明彦【辛酉】[212]

前承諄誨, 不敢嘿然, 妄陳固鄙, 追思, 極有疎繆處, 徒自悚汗。 不意不外一一采錄回報, 喜且自幸。仍審神相頤閑, 體味勝適, 又不勝其欣慶也。如滉, 乖僻老拙, 與病相守, 日以益甚, 春間

---

211 可作 : 《兩先生往復書》에는 "可作比於"로 되어 있다.

212 辛酉年(1561, 明宗16, 61세) 5월 3일 禮安에서 쓴 편지이다.〔資料考〕《兩先生 往復書》에도 전문이 실려 있다.〔年代考〕退溪는 奇大升이 1561년 4월 10일 光州에 서 부친 편지(《先生前上狀》,《兩先生往復書》 권1)와 四端七情 第三書(〈附奇存齋答 論四端七情書〉 KNL0559A) 및 기타 몇 종의 글(〈卷末論太極書書〉,〈寫寄宿梅溪館 詩〉,〈別紙武夷櫂歌和韻〉,〈前秋所賜書〉,《兩先生往復書》 권1)을 5월 2일에 받고, 그 다음날인 5월 3일에 이 편지를 썼다.(《月日條錄》 3, 61세 5월조 참조)《兩先生往 復書》에는〈明彦拜復 奇正字侍史〉로 되어 있다.

行止之間, 狼狽特尤²¹³, 幸賴聖朝寬假, 苟此跧伏。然猶有未結末者, 懍懍²¹⁴度日耳。竊恐緣此益爲時賢所棄, 而今此與之反覆辨論, 可見大度之無不容也。適以節日上冢, 倚馬逢使, 還坐修報, 實未暇窺覘其一二, 故書中所誨, 未擧一言以謝垂意之厚, 愧不可勝。姑俟後日, 容得硏味, 如有所報之端, 亦當因光牧舍下往來之便以送, 可無患沈浮矣。但千里阻修, 面扣無期, 只憑文字, 恐無時可了, 徒召人笑謗耳。金季珍, 想歸臥漆上, 爲況何如? 問諸來人則答以不知, 又因事遽, 未付一字之問, 如或相遇, 語以此意, 何如? 亦當後便修問耳。幷照。餘萬不一, 惟爲道崇珍。謹拜草草。²¹⁵

---

213 特尤 : 두주에 "'尤'恐'甚'."라고 하였고, 樊本·上本에도 동일한 두주가 있다. 中本의 부전지에 "'尤'恐'甚'. 高峯錄本亦作'特尤'." "'特尤', 未詳."이라고 하였다.

214 懍懍 : 上本에는 "凜凜"으로 되어 있다.

215 謹拜草草 : 《兩先生往復書》에는 뒤에 "辛酉五月端陽前二日, 滉頓."이 있다.

退溪先生文集

卷十七

答奇明彥【辛酉】[1]

光牧來, 寄惠札, 獲審近況沖裕, 馳遡之餘, 大以慰豁。夏間, 奉承辱答, 旋卽修報, 未暇致詳, 草率殊甚。其後病中, 時讀來辯, 有以窺攬其旨意益邃益密, 老拙得聞及此, 幸莫大焉。其間或不能無異同處, 乃滉舊蔽未祛, 而新惑滋生故也。所當略擧其一二, 以復煩扣於左右, 而前所承誨錄本, 爲鄭子中取去, 必須索還其本, 而考校其前後之說而後, 可發疑問之端也。夏來, 子中在都, 近似當下鄕而猶未也。緣是, 今玆報書, 仍闕前來之辯報, 不敏之罪, 兼成逋慢, 愧不可言。秋巒未老傾逝, 哀惜無比。況如滉契分非偶然, 適玆廢遠, 不能一撫其柩, 其爲慚痛, 又無限極也。頃因子弟入都, 令其以草奠[2]抒告此情於其靈几而已。今見示詩一篇, 益見風義之篤爲斯文間惓惓若此。便遽, 未及奉賡以道區區之抱, 但忍涕撫攬[3], 以俟後日也。子中所云論述, 時不以相示, 實未知謂何? 若得見之, 後當有禀爾。朴和叔, 去後一未通問, 今承好音, 喜難具述, 亦以人忙, 未暇致書, 幸爲我布懇, 兼勉其閑中素業, 用慰遐嚮, 幸甚。《金正今

---

1 辛酉年(1561, 明宗16, 61세) 8월 4일 禮安에서 쓴 편지이다. 〔資料考〕《兩先生往復書》에 전문이 실려 있다. 〔年代考〕李滉은 奇大升이 1561년 7월 21일에 光州牧使 편에 부친 편지(《先生前答上狀》, 《兩先生往復書》 권1)를 받고 이 편지를 썼다. 中本·樊本·上本에는 〈答奇明彥〉으로 되어 있다. 《兩先生往復書》에는 〈明彥謝復 光州奇正字宅〉으로 되어 있다.

2 草奠 : 《兩先生往復書》에는 뒤에 "一杯"가 있다.

3 攬 : 《兩先生往復書》에는 "覽"으로 되어 있다.

次亦附書來, 故因作報簡去耳。》知入都不遠, 慶祝之中, 不勝愚者過計之憂。無因罄竭, 臨紙忉忉。切恐其後以閑慢文字, 相往復切磋, 亦不得如在村[4]野日也。惟冀爲道爲時愋珍。千萬不宣。《謹拜。》[5]

有無限合叩底, 限於此數言, 想默諭也。

KNL0558(書-奇大升-11)(癸卷17:2右)(樊卷23:1右)

與奇明彦【壬戌】[6]

湖、嶺、京、外, 隔歲綿時, 聞問相阻, 子中雖來, 時亦未見, 不審新去家食, 匪躬造端, 爲況如何? 平日所養, 試之應世, 能無脆脆否? 滉尙此屛僻, 愚分稍幸。惟是年與時馳, 病隨老劇, 其於志氣精力, 銷落可知。至此而始覺此事之不可不勉, 世有豪士, 必笑其迂晚而猶不知悔耳。向者往復, 至滉而止, 惟[7]是未結公案, 其間亦有一二欲畢其愚者, 中復思之, 辨析義

4　村 : 《兩先生往復書》에는 "草"로 되어 있다.
5　謹拜 : 《兩先生往復書》에는 "謹拜復. 辛酉八月初四日, 滉."으로 되어 있다.
6　壬戌年(1562, 明宗17, 62세) 10월 16일 禮安에서 쓴 편지이다. 〔資料考〕《兩先生往復書》에도 전문이 실려 있다. 〔年代考〕李滉은 奇大升이 1561년 11월 15일에 부친 《先生前上狀》(《兩先生往復書》권1)를 받고 이 편지를 썼다. 이황은 이 편지와 《別紙》(SNL0558A)를 함께 보냈다. 《兩先生往復書》에는 〈明彦拜問 奇正字寓所〉로 되어 있다.
7　惟 : 中本·定草本·樊本·上本·《兩先生往復書》에는 "猶"로 되어 있다.

理, 固當極其精博, 顧其所論, 條緒猥繁, 辭說汗漫, 或有鄙見包羅不周超詣未及處, 往往臨時搜採先儒之說, 以足己闕, 以爲報辨之說。此與擧子入場見題獵故實以對逐條者何異? 假使如此得十分是當, 實於身己無一毫貼近, 只[8]成閑爭競, 以犯聖門之大禁, 況未必眞能是當耶? 由是, 不復作意奉報如前之勇, 只因來誨兩人駄物之喩, 槀成一絶, 今以浼呈。兩人駄物重輕爭, 商度低昂亦已平。 更剋乙邊歸盡甲, 幾時駄勢得勻停? 呵呵。《看書有未達, 錄在別紙。此非前辨之比, 幸幾批示。餘在子中。[9]》

SNL0558A(書-奇大升-11-1)(續卷3:35左)(樊續卷3:37左)
別紙[10]

《朱子大全》續集〈答蔡季通書〉:"欲盡發天地之藏, 則癰痔果蓏之不能無憾於見傷。"癰痔果蓏之見傷, 不知何義?

《淵源錄》〈謝顯道遺事〉有云:"六文一管筆, 特地寫敎不好, 打疊了此心。"六文一管筆, 何謂也?

後人題武夷精舍詩:"疎簾透月山猿嘯, 竹案飛塵瓦雀行。"

---

8 近只 : 上本에는 "只近"으로 되어 있다.
9 餘在子中 : 《兩先生往復書》에는 뒤에 "謹拜。壬戌陽月旣望日, 滉白。"이 있다.
10 壬戌年(1562, 明宗17, 62세) 10월 16일 禮安에서 쓴 편지이다. 〔資料考〕《兩先生往復書》에 전문이 실려 있다. 中本·《兩先生往復書》에는 이 편지가 없다. 樊本·上本에는 〈答奇明彦別紙〉로 되어 있다.

不記所出書, 未知瓦雀是何物?

〈遊南岳夜宿方廣聞長老守榮化去詩〉: "只麽虛空打筋斗." 虛空打筋斗, 何義?

諸書尊丈之丈, 多作文, 初以爲誤, 而遇輒改之, 後見其累累非一處, 不容盡誤。恐或呼尊丈以某文[11], 亦有例乎?

《心經附註》"以欲忘道"註胡氏說: "班伯所謂淫亂之原." 未知班伯何時人? 事出何書?

朱子〈答鞏仲至書〉言放翁事云: "無故被天津橋上胡孫擾亂, 却爲大耳三藏覷見." 此何等語意?

劉珙神道碑藝祖熏籠事, 亦不知。

SNL0558B(書-奇大升-11-(1))(續卷3:36右)(樊續卷3:38左)

附奇明彥別紙[12]

別錄所示, 多不可詳, 只以三條錄在別紙。[13] 癰痔果蓏之語, 出柳子厚〈天說〉, 未委是此意否?

班伯之語, 出《漢書》〈敍傳〉。

---

11 文 : 柳校에 "'文'恐當作'丈'."이라고 하였다.
12 癸亥年(1563, 明宗18, 63세) 2월 12일에 쓴 편지이다. 〔資料考〕이 편지는 李滉이 보낸 앞 편지, 《與奇明彥【壬戌】》(KNL0558)과 《別紙》(SNL0558A)에 대한 奇大升의 답장(〈先生前拜上狀〉,〈別紙〉,《兩先生往復書》권1) 중 일부이다. 《兩先生往復書》에도 전문이 실려 있다. 《兩先生往復書》에는 〈別紙〉로 되어 있다.
13 別錄……別紙 : 《兩先生往復書》에는 〈別紙〉가 아닌 《先生前拜上狀》에 포함되어 있다.

筋斗, 是優人翻倒之名。嘗見一僧云:"昔有一僧參長老有契, 卽筋斗而出, 語出《傳燈錄》云云。" 未知此意否?

KNL0559(書-奇大升-12)(癸卷17:3右)(樊卷23:2右)

答奇明彥【論四端七情第三書○先生旣答第二書, 明彥又以書來辯, 先生不復答, 只就書中, 批示數段。今略節來書, 而錄其批語。】[14]

《竊詳辯答條列, 凡三十五條, 而所謂錯看者一條, 覺失秤停者四條, 本同無異者十三條, 本同而趨異者八條, 見異而終不能從者九條, 其別亦有五焉。諭曰:"除錯看一條外, 類成四截, 而四截之中, 又約而言之, 不過爲二截而

---

14 壬戌年(1562, 明宗17, 62세) 겨울 禮安에서 쓴 편지로 추정된다. 〔編輯考〕 中本에는 이 편지가 後論(KNL0554B) 뒤에 기대승의 四端七情 第三書와 함께 실려 있다. 李滉은 1561년 4월 10일에 奇大升의 四端七情 第三書(書-奇大升-12-(1)〈附奇存齋答論四端七情書〉)를 받고, 1561년 8월 4일(KNL0557)까지만 하더라도 논쟁을 지속할 뜻을 보였지만, 1562년 10월 16일에 보낸 〈與奇明彥【壬戌】〉(KNL0538)에서는 四端七情 논쟁을 그만 둘 뜻을 알렸다. 이 편지는 題下 小注에 보이듯이, 奇大升의 四端七情 第三書에 대해 李滉이 평론한 것을 奇大升의 편지 원문과 함께 문집에 실어 놓은 것이다. 奇大升의 第三書를 받은 이후에 작성되었을 이 평론은 결국 奇大升에게 보내지지 않은 것으로 추정된다. 癸本의 편집자는 논변을 마감한다는 의미에서 退溪가 논변을 마감하겠다는 뜻을 분명히 한 〈與奇明彥【壬戌】〉 뒤에 실어둔 것으로 보인다. 이 책에서도 그 취지를 따라 이 편지를 〈與奇明彥【壬戌】〉 뒤에 싣고, 작성 연대도 그에 의거해서 62세 겨울로 기록해 두었다. 〔資料考〕《四七往復書》에도 전문이 실려 있다. 내용상 奇大升의 질문과 李滉의 답변이 잘 들어맞지 않는 것으로 판단될 수 있는 부분이 있고, 李滉의 後學들 사이에 그와 관련한 논란이 있었다. 그에 대해서는 정원재의 논문 〈論四端七情第三書의 재구성〉(《退溪學報》 제142집, 2017, 退溪學研究院)이 참고가 된다. 中本에는 〈條列〉로 되어 있다.

已, 而覺失秤停者, 固皆本同之類, 而本同趨異者, 卒亦同歸於終不能從云云。" 夫同異之辯, 旣不能齊, 則從違之論, 亦難以槪者, 固其理勢之必至, 何足怪哉? 雖然, 所謂覺失秤停者, 固皆本同之類, 則本同趨異者, 豈必同歸於終不能從者耶? 而況所謂終不能從者, 亦非如水火南北之相反, 特於毫釐之間有所未契耳。若虛心平氣, 從容反復, 則亦恐未必不歸於本同之類也。所諭有得於誨語之云, 則乃先生謙光之談也。大升固不敢當, 至於所見始同而終異之云, 則亦不敢不以爲稟焉。其曰"公意以爲云云"者, 適固已具稟於前段矣。其曰"二者所就而言, 本自有主理主氣之不同"者, 則愚竊惑焉。蓋)孟子剔撥而主[15]理一邊時, 固可謂之主理而言矣, 若子思渾淪而兼理氣言時, 亦可謂之主氣而言乎? 此實大升之所未能[16]曉者, 伏乞更以指敎, 如何?

旣[17]曰渾淪言之, 安有主理主氣之分? 由對擧分別言時, 有此分耳。亦如朱子謂"性最難說, 要說同亦得, 要說異亦得。"又云: "謂之全亦可, 謂之偏亦可。"[18]

---

15 主 : 두주에 "而主'之'主', 一本作"指."라고 하였다. 中本·樊本·上本·《四七往復書》에는 "指"로 되어 있다.

16 能 : 中本·樊本·上本에는 "敢"으로 되어 있다.

17 旣 : 中本에는 "先生曰"이 있다.

18 旣曰……亦可 :《四七往復書》에는 없다.

《首條, 第二條》

《今按此二條所諭, 皆精深微密, 直窮到底, 疎迂之見, 無所復發其喙矣。蓋如曰: "非只有理, 然猶可以專指理言, 則氣質之性, 雖雜理氣, 寧不可指氣而言之乎?", 又如曰"就天地人物上看, 亦非理在氣外, 猶可以分別言之, 則於性於情, 雖曰理在氣中性在氣質, 豈不可分別言之云云"者, 判得理氣界分, 以明分別之說, 可謂十分詳盡也。雖然, 以愚意推之, 則亦似未免微有主張分別之說之意, 故於古人言句, 或有蹉過實意之偏也。請試詳之。》朱子曰: "天地之性, 則太極本然之妙, 萬殊之[19]一本也; 氣質之性, 則二氣交運而生, 一本而萬殊也。"氣質之性, 卽此理墮在氣質之中耳, 非別有一性也。

前[20]書引性言者, 只爲在性猶可兼理氣說, 以明情豈可不分理氣之意耳, 非爲論性而言也。理墮氣質以後事[21]以下, 固然, 當就此而論。[22]

《愚謂天地之性, 是就天地上總說; 氣質之性, 是從人物稟受上說。》天地之性, 譬則天上之月也; 氣質之性, 譬則水中之月也。月雖若有在天在水之不同, 然其爲月則一而已

---

19 之 : 甲本의 두주에 "下'之'字, 一作'而'."라고 하였다.
20 前 : 中本에는 앞에 "先生曰"이 있다.
21 事 : 두주에 "'事', 一本無."라고 하였고, 甲本·樊本에도 동일한 두주가 있다.
22 前書……而論 : 《四七往復書》에는 없다.

矣。今乃以爲天上之月是月，水中之月是水，則豈非所謂不能無礙者乎？《至如就天地上分理氣，則太極理也，陰陽氣也；就人物上分理氣，則健順五常理也，魂魄五臟氣也。理氣在物，雖曰渾淪不可分開，然不害二物之各爲一物也。故曰："就天地人物上分理與氣，固不害一物之自爲一物也。"若就性上論，則正如天上之月與水中之月，乃以一月隨其所在而分別言之爾，非更別有一月也。今於天上之月則屬之月，水中之月則屬之水，亦無乃其言之有偏乎？》而況所謂四端七情者，乃理墮氣質以後事，恰似水中之月光，而其光也，七情則有明有暗，四端則特其明者，而七情之有明暗者，固因水之淸濁，而四端之不中節者，則光雖明而未免有波浪之動者也。伏乞將此道理，更入思議，如何？

"月[23]落萬川，處處皆圓"之說，嘗見先儒有論其不可，今不記得。但就來喩而論之，天上水中，雖同是一月，然天上眞形，而水中特光影耳。故天上指月則實得，而水中撈月則無得也。誠使性在氣中，如水中月影。撈而無得，則何以能明善誠身而復性之初乎？然此則就性而取比，猶或彷彿，若比於情，則尤有所不然者。蓋月之在水，水靜則月亦靜，水動則月亦動，其於動也，安流淸漾，光景映徹者，水月之動，固無礙也。其或水就下而奔流，及爲風簸而蕩，石激而躍，則月爲之破碎閃颭，凌亂滅沒，而甚則遂至於無月矣。夫如是，豈可曰水中之月有明

---

23 月：中本에는 앞에 "先生曰"이 있다.

有暗, 皆月之所爲, 而非水之所得與乎? 滉故曰:"月之光景, 呈露於安流清漾者, 雖指月而言其動, 而水動在其中矣; 若水因風簸石激, 而汨月無月者, 只當指水而言其動, 而其月之有無明暗, 系水動之大小如何耳。"[24]

《又按首條曰 :"不應與理之發者對擧而併疊言之矣。"大升以爲朱子謂"四端是理之發, 七情是氣之發"者, 非對說也, 乃因說也。蓋對說者, 如說左右, 便是對待底, 因說者, 如說上下, 便是因仍底。聖賢言語, 固自有對說因說之不同, 不可不察也。次條曰:"獨不可各就所發而分四端七情之所從來乎?" 大升以爲四端七情同發於性, 則恐不可各就所發而分之也。伏惟先生以天地之性、氣質之性, 對作一圖子, 又以四端之情、七情之情對作一圖子, 參互秤停看如何, 然後明以回敎, 幸甚幸甚。》

《第三條》
《互見上下條, 不煩重論。》

《第四條、 第六條》
《按此二條, 本因來辯下語有偏重處, 故聊復云云, 以明四端非無氣之實焉。鄙意亦非以孟子所指者爲兼指氣也。鄙說固曰 :"性之乍發, 氣不用事, 本然之善, 得以直遂者,

---

[24] 月落……如何耳:《四七往復書》에는 없다.

正孟子所謂四端者也。"蓋所謂四端者,雖曰非無氣,而其於發見之際,天理本體粹然呈露,無少欠闕,恰似不見氣了。譬如月映空潭,水旣清澈,月益明朗,表裏通透,疑若無水,故可謂之發於理也。若或以氣參看,則豈孟子之旨哉? 所訶迷藏之戲,雖非大升本意,而辭氣之間,不無如是之弊,尋常所自悔懊而不能免者,唯願先生指以警之爾。》

《第五條、第七條、第九條、第十二條、第十四條》
《謹按此五條,正是誨諭緊要處,正是議論盤錯處,故輒敢合而論之。第五條曰:"其發各有血脈,其名皆有所指。"第七條曰:"推其向上根原,則實有理氣之分。"第九條曰:"實有理發氣發之分,是以異名之。"第十二條曰:"四之所從來,旣是理。七之所從來,非氣而何?"第十四條曰:"孟子之喜,舜之怒,孔子之哀與樂,氣之順理而發。"凡此云云,皆是主張分別之說者。大升亦不敢逞氣強說,只當以誨諭之中之語明之耳。》敢問喜怒哀樂之發而中節者,爲發於理耶? 爲發於氣耶? 而發而中節無往不善之善,與四端之善,同歟異歟?

雖[25]發於氣,而理乘之爲主,故其善同也。[26]

---

25 雖 : 中本에는 앞에 "先生曰"이 있다.
26 雖發……同也 : 《四七往復書》에는 없다.

《若以爲發而中節者是發於理而其善無不同, 則凡五條云云者, 恐皆未可爲的確之論也；若以爲發而中節者是發於氣而其善有不同, 則凡《中庸章句》、《或問》及諸說皆明七情兼理氣者, 又何所着落？而誨諭縷縷以七情爲兼理氣者, 亦虛語也。詳此兩端, 其是非從違, 必有所歸一者, 未知先生果以爲何如也？若於此而猶有所未判, 則正所謂必待後世之朱文公者, 非大升之所敢知也。伏幸精察, 如何如何？》且"四則理發而氣隨之, 七則氣發而理乘之。"兩句亦甚精密, 然鄙意以謂此二個意思, 七情則兼有, 而四端則只有理發一邊《爾。抑此兩句》大升欲改之曰："情之發也, 或理動而氣俱[27], 或氣感而理乘。"如此下語, 未知於先生意如何？《子思道其全時, 固不用所從來之說, 則孟子剔撥而說四端時, 雖可謂之指理發一邊, 而若七情者子思固已兼理氣言之矣。豈以孟子之言而遽變爲氣一邊乎？此等議論, 恐未可遽以爲定也。》氣之順理而發, 無一毫[28]有礙者, 便是理之發矣。若欲外此而更求理之發, 則吾恐其揣摩摸索, 愈甚而愈不可得矣。此正太以理氣分說之弊, 前書亦以爲稟, 而猶復云云, 苟曰未然, 則朱子所謂"陰陽五行, 錯綜不失端緒, 便是理"者, 亦不可從也。《幸乞詳訂[29], 何如？》

27　俱：樊本·上本에는 "具"로 되어 있다.
28　毫：中本·定草本·樊本·上本에는 "毫"로 되어 있다.
29　訂：《四七往復書》에는 "證"으로 되어 있다.

"道³⁰卽器, 器卽道"、"沖漠之中, 萬象已具", 非實以道爲器, 卽物而理不外是, 非實以物爲理也。³¹

《第八條、 第十六條》
《按鄙書所禀"來辯之說, 不能無出入"及"存省之功, 有所不可"者, 乃率意妄肆之語, 固可恐懼。然當時下語, 亦有所指而發日。今條列中七情不專是氣之說、善惡未定之說, 猥蒙印可, 而第一書亦已修改, 則前日狂誕之言, 乃成虛設³²矣, 不須更以云云也。伏惟垂亮。》

《第十條、第十一條》
大升謂泛論則無不可者, 以其因說者而言之也; 著圖則有未安者, 以其對說者而言之也。若必以對說者而言之, 則雖³³用朱子本說, 恐未免錯認之病也³⁴。《如何如何?》

以³⁵氣順理而發爲理之發, 則是未免認氣爲理之病。若以爲不然, 則上何以云云?³⁶

---

30 道 : 中本에는 앞에 "先生曰"이 있다.
31 道卽器……理也 : 《四七往復書》에는 없다.
32 設 : 上本·《四七往復書》에는 "說"로 되어 있다.
33 雖 : 《四七往復書》에는 없다.
34 也 : 《四七往復書》에는 없다.
35 以 : 中本에는 앞에 "先生曰"이 있다.
36 以氣……云云 : 《四七往復書》에는 없다.

《第十三[37]條 : 孟子剔言, 伊川兼言。》
《大升引朱子說凡五條, 蓋欲發明本性氣質之說, 所謂餘論相發者, 初非有意於引此以明情之不可分也。先生反以主張分別之意, 而乃併此條疑之, 置之於終不能從之類。雖大升之愚陋, 在所不取, 而其如朱子之言, 何哉? 恐非明道無私之旨也。若必欲就此言而窮究之, 則孟子剔出而言性之本者, 似就水中而指言天上之月也; 伊川兼氣質而言者, 則乃就水中而指其月耳。此所以爲不可離也。若氣自是氣性自是性之云, 則正如水自是水月自是月, 固不相夾雜者也。鄙聞[38]如是, 伏乞批鑿可否, 何如?》

《第十五條 : 一有之而不能察。》
《謹詳此條所諭, 雖極反復, 而亦似[39]強說難通。蓋《章句》、《或問》之意, 本非如是, 而今乃云云, 不知先生何爲有此見解耶? 旣蒙提誨, 不敢不竭愚慮。按《大學》傳文"有所忿懥, 則不得其正云云", 凡四有字, 以愚觀之, 此有字非偶有之有, 乃故有之有。故《章句》以爲"一有之, 而不能察云云", 而輯註又有期待、留滯、偏繫之云也。又《語類》曰:"只是這許多好樂恐懼忿懥憂患, 只要從無處發出, 不可先有在心下。看來, 非獨是這幾項如此, 凡是先安排要恁地, 便不得。如人立心, 要恁地嚴毅把捉, 少間, 只管見

---

37 三 : 上本에는 "二"로 되어 있다.
38 聞:《四七往復書》에는 "見"으로 되어 있다.
39 似:《四七往復書》에는 "以"로 되어 있다.

這意思, 到不消恁地處, 也恁地, 便拘逼了; 有人立心要恁地慈祥[40]寬厚, 少間只管見這意思, 到不消恁地處, 也恁地, 便流入於姑息苟且." 詳此數段, 恐非如先生所解也. 況說心之病, 使人察以正之者, 乃是正心之事, 緣何更謂未說到正心處耶? 且此章之旨, 本欲使人心得其正, 如鑑之空, 如衡之平, 而感物之際, 應之皆中其節也. 若不當惻隱時, 先有惻隱之心, 不當羞惡時, 先有羞惡之心, 亦恐不得其正也. 〈定性書〉所謂"忘怒"云者, 乃指不中節者而言, 引以云云, 亦不敢曉. 若以爲不然, 則《語類》所謂"有件喜事, 不可因怒心來忘了所當喜處; 有件怒事, 不可因喜事來便忘了怒"者與〈定性書〉所云, 未知果何如也? 更望開示曲折, 何如? 區區不勝大願.》

《末條》
《伏詳此條誨諭, 說盡大升之病極其深痼處. 苟非先生愛人無已之盛德, 何以至此? 幸甚幸甚. 所當終身佩服不敢忘者也. 然亦有私懇, 不敢不布聞, 伏幸俯察, 何如? 大升前日之書, 引朱子與湖南諸公書云云者, 正欲發明學者不可偏執一語之意耳. 固無未滿朱子所說之意, 亦無指斥記者之語. 不知先生何以有此敎耶? 惶恐之懷, 無以仰喩. 但其中偶發而偏指之語, 似涉先生所訶者. 然此語乃對備陳周該之語而發也, 非敢以未滿而指斥之也. 嘗觀《中庸或

---

40 祥: 樊本·上本에는 "詳"으로 되어 있다.

問》曰:"聖賢之言, 固有[41]發端而未竟者。學者尤當虛心悉意以審其歸, 未可執其一言而遽以爲定也。"此言豈不公且明乎? 苟或不能虛心悉意, 而遽執一言以駕諸說, 則其驅率聖賢之言, 以從己意之弊, 必有不可勝言者矣。抑單傳密付之諭, 似所未安。朱子平生著書立言以詔後學, 煥然如日月行天, 使有目者皆可睹。豈有靳祕宗旨以付一人之理哉? 吾恐聖賢心事, 不如是之淺陋而隘也。若果如是, 則所謂"鴛鴦繡出從人看, 莫把金針度與人"者, 正不必訶也。且諭曰:"使吾友平時看《語類》見此語, 則必不置疑於其間。今既以鄙說爲非而力辨之, 而朱子此語乃某所宗本, 則不得不併加指斥而後, 可以判鄙語之非而取信於人, 故連累至此。"此固大升僭援前說之罪。大升之狂愚無知, 固宜有獲罪於先覺者。然若以此而獲罪, 則亦有未敢甘心者也。先生所諭, 無乃責人太迫而待人不恕者乎? 亦近於意有不平而反爲至公之累也。凡人爲學, 雖有淺深, 然其心則固欲其皆入於善爾, 非欲自處於詭詐之地而外徼爲學之名也。若爲學而先以此爲心, 則所謂爲學者, 果何心耶? 此雖世間反復[42]無狀之人, 亦有所不忍爲, 宜乎大升之所不敢甘心也。伏乞更加諒察, 何如? 無任愧懼之至。》

---

41 有:《四七往復書》에는 "無"로 되어 있다.

42 復:《四七往復書》에는 "覆"으로 되어 있다.

BNL0559A(書-奇大升-12-가)(樊卷22:31左)

附奇存齋答論四端七情書[43]

年前, 伏因來辯, 僭修論四端七情書, 仰徹左右, 非敢自以爲是也, 亦欲歷陳鄙見, 以覬大君子俯以正之爾。人回書至, 謹審不外之旨, 忻幸亡以喩。但承條報之示, 擬在冬間, 尋常瞻跂之切, 與日俱積, 乃於十一月晦間, 伏奉手札, 仍得拜領辯答書一通, 纖悉昭晣, 該盡同異, 伏而讀之, 蓋累日不能已焉。伏惟先生以盛德大度, 加之以日新之學, 其於性情之實、聖賢之言, 固已洞徹而無餘矣。然於辯論之際, 常若不自足者, 不以己能而忽人之言, 不以己長而愧人之短, 虛己受人, 不吝不厭, 一字之差, 必改而不掩, 一句之偏, 必陳而無隱, 旣有以自崇其知, 而又有以開牖乎人。夫如是, 雖以大升之無似而亦庶乎涵浸薰陶, 洗濯刻礪, 有以不廢乎問學焉。此誠古人之所難能者, 而先生能之。大升何幸於吾身親見之哉? 幸甚幸甚。竊詳辯答條疑, 凡三十有幾, 而所已同者十八條, 所未同者十七條, 而所已同者, 皆大節目, 所未同者, 或小小餘論也, 因其所已同, 而核其所未同, 則其所未同者, 亦將終歸於同而已矣。

---

43 辛酉年(1561, 明宗16, 61세) 1월 16일에 쓴 편지이다. 〔編輯考〕 이 편지는 奇大升이 李滉에게 보낸 것으로, 樊本과 上本에서는 〈答奇明彦【論四端七情第二書】〉(KNL0554)의 別紙(KNL0554C) 뒤에 이어서 배치했다. 하지만 여기에서는 癸本 편집자가 〈答奇明彦【論四端七情第三書○先生旣答第二書, 明彦又以書來辯, 先生不復答, 只就書中, 批示數段。今略節來書, 而錄其批語。】〉(KNL0559)를 1562년에 배치한 취지에 따라 그 대방편지를 여기에 첨부한다. 〔資料考〕《四七往復書》에도 전문이 실려 있다. 《四七往復書》에는 〈高峯答退溪再論四端七情書〉로 되어 있다.

而況其間又有本同而趣異者, 雖於下語之際, 或失秤停而似覺趣異, 至其大義所在, 則又未嘗不同乎？ 幸甚幸甚。

道理在天地間, 本無異致, 聖賢議論, 具在方策, 而今日所相講劚者, 初非求勝而不揆諸道, 乃欲明道而兩無私意者。其終歸於同者, 又可必也。或於其間, 頗有一二處未合, 雖曰所見之不能無偏, 而自是小疵, 唯不敢苟同, 而終欲切磋, 以求至當之歸者, 乃大人君子處心公正之所爲也。先生旣以此自任, 大升亦何心而敢欲自外耶？ 伏願先生終有以敎之也。

雖然, 此間亦有所可疑者, 不敢不仰禀焉。蓋大升前日之所論, 憂盛辯之似涉分開, 而剖析或過於偏重；先生今日之所諭, 慮鄙說之反歸鶻突, 而提誨又至於太拘。此等言論, 似皆欲申所見而反累正氣者, 亦不可不察也。此意固未知先生之謂何, 然若以愚度之, 不如虛心平氣, 各盡同異之見, 毋以彼而廢此, 毋以內而疑外, 毋以先入之言爲主, 毋以他人之說爲客, 博以考之, 精以察之, 然後庶幾弗畔於古人, 而爲講習之大益也。又請以一事譬之。有如兩人同驅一馬而有所載, 其所載之物, 不能無偏重, 行路搖搖, 左低右昂, 東邊一人, 慮其遂倒, 撑而起之, 則翻了西邊, 西邊一人, 慍其致翻, 乃復極力撑起, 則又倒了東邊。如此不已, 終無得平之勢, 將至於傾側而顚仆矣, 不如兩人協心齊力, 一時撑起, 或所載有偏重者, 亦須隨宜推移, 則庶無低昂傾側之患, 而可以終蹟絕險, 遠到而同歸矣。今段所爭, 頗亦類此, 伏乞以此意思看如何？ 幸甚幸甚。

辯答條列中, 蓋有鄙意所已同者, 亦有所未安者, 敢述管見, 仰承指敎。伏幸不惜反復, 何如？但大升於此道理, 素未精熟, 而信口覼縷之際, 尤覺易致差謬, 非徒辭氣精神不能無所撓害而惴惴焉, 惟獲罪於左右, 是懼。伏惟先生察其愚, 不錄其罪, 而垂仁終幸焉。

第一書改本[44]

大升狂妄抵冒, 敢於前日之書, 仰稟來辯有未安處, 固已犯不韙之罪矣。然鄙意所在, 則嘗竊以爲學者於講論道理之際, 不可苟且雷同, 故輒欲傾渴[45]下懷以祈鐫譬爾, 非欲詆斥之, 以逞私見也。伏蒙先生以包蒙納婦之量, 非唯不以爲罪, 而乃復虛受之, 俯賜諄諄之答, 倂於辯書本文, 多有修改, 以開迷惑之胸, 且誘之使言曰: "明以回敎。"此非盛德大度幾於無我者, 何以至是? 不勝幸甚。

謹詳辯中所論, 果如誨諭之云。如統論性情則曰: "未有無理之氣, 亦未有無氣之理", 如論四端則曰: "心固理氣之合", 論七情則曰: "非無理也"等語, 豈有不合於先儒之論者哉? 而眞所謂鄙意所同, 未有多於此段者也。但於其下, 乃以四端七情, 分理氣作對句子, 兩下說破, 則語勢似不能無偏重, 頗覺有撞翻了這坐子者。故鄙意曾以爲疑。今乃改其未安處, 則其分明歷落者, 又非前日之比也, 敢不更加精思以求自得之乎?

獨"外物之來, 易感而先動者, 莫如形氣"及"外感則形氣"等語, 尚恐不能無偏, 敢用再稟。幸乞秤停, 何如? 且"四端七情, 非

---

44 底本인 樊本에는 원래 極行으로 편집되어 있으나, 中本 편집에 의거하여 한 칸을 띄어 편집하였다. 이하 마찬가지이다.

45 渴:《四七往復書》에는 "竭"로 되어 있다.

有異義"及"反以四端七情爲無異指"等語，似非大升本意。蓋鄙說只作"四端七情，初非有二義"，而今曰："非有異義"，又曰："爲無異指"，則語意頗轉走了鄙說本意矣。又"不究四端七情之所從來，槪以爲兼理氣有善惡"之語，亦非大升本意。蓋鄙說以爲"四端，乃七情中發而中節者之苗脈"，而前書亦以爲"四端，與七情中發而中節者，同實而異名"，則固非槪以爲兼理氣有善惡也。

今乃不蒙細察，而誨諭又曰："公意以爲四端七情，皆兼理氣有善惡，同實異名，不可以分屬"云云，則是大升之意，終不能自伸於先生之崇聽也，如之何，如之何？

抑大升前書以爲"七情兼理氣有善惡，故其發而中節者，乃根於理而未嘗不善者也；其發不中節者，則乃雜於氣而或流於惡矣。而四端自是理也善也，故以爲與七情中發而中節者，同實而異名"云云，前後縷縷，皆不出是意，而其間又有四端亦氣之說者，乃爲來辯"安有在中爲純理，而才發爲雜氣"之語而發，以明四端非無氣之實也。又有四端不中節之說者，蓋常人之情不無氣稟物欲之累，或天理纔發，旋爲氣稟物欲之所拘蔽，則亦有不中節者爾，非固以四端亦兼理氣有善惡也。其曰"不可分屬"云者，則蓋鄙意以爲七情兼理氣有善惡者，前賢已有定論，而今乃與四端對擧互言，以四端爲理七情爲氣，則是七情理一邊，反爲四端所占，而有善惡云者，若但出於氣。此於著圖立象之意，似未爲盡耳，非專以爲不可也。不然，只以大綱說是理之發是氣之發，如所謂天地之性、氣質之性之說，則亦何有不可者乎？伏乞明訂[46]，何如？

〈後論〉⁴⁷以虛爲理之說

誨諭曰:"論虛靈處, 以虛爲理之說云云", 所諭至當, 無復改評矣。但鄙書本文, 則以論理虛爲一段, 論虛靈爲一段, 各成界限, 今乃合而言之也。然此則不必論也。諭引朱子論無極而太極處一段而曰:"若此之言, 可謂四方八面, 周徧不倚, 攧撲不破矣。"此固切至之論, 而所引諸書, 頗有偏舉之弊, 恐非周徧之旨也。謹按《易》〈大傳〉曰:"形而上者, 謂之道; 形而下者, 謂之器。"而程子曰:"唯此語截得上下最分明。"又曰:"須著如此說。器亦道, 道亦器也。"斯豈非周徧不倚攧撲不破者乎? 程子又曰:"離陰陽則無道。陰陽, 氣也, 形而下也; 道, 太虛也, 形而上也。"朱子曰"形而上底虛, 渾是道理; 形而下底實, 便是器"者, 皆謂此也。今乃獨遺下一截, 而偏舉上一截, 何也?《中庸》言君子之德, 始自下學爲己謹獨之事推而言之, 以馴致乎篤恭而天下平之盛, 又贊其妙, 至於無聲無臭而後已焉, 則其言固自有指, 而朱子亦曰:"'上天之載, 無聲無臭', 是就有中說無, '無極而太極', 是就無中說有", 則其意自可見也。

張子曰:"由太虛, 有天之名; 由氣化, 有道之名; 合虛與氣, 有性之名; 合性與知覺, 有心之名。"其言之似有支節也。然朱子於《中庸或問》, 以"虛者仁之原"爲未瑩, 而程子亦曰:"橫渠

---

46 訂:《四七往復書》에는 "證"으로 되어 있다.
47 後論: 中本에는 이하의 내용이 앞의 편지,〈答奇明彦【論四端七情第三書○先生旣答第二書, 明彦又以書來辯, 先生不復答, 只就書中, 批示數段。今略節來書, 而錄其批語。】〉(KNL0559) 바로 뒤에 본문의 일부로서 연결되어 있다.

清虛一大之說，使人向別處走，不若且只道敬"，則此等言句，亦或容有可思處也。以此推之，恐不可徒據虛之一字，而便欲著爲成說也。

朱子嘗論〈太極圖〉主靜之說曰："靜字只好作敬字看，若以爲虛靜，則恐入釋、老去。"此言固有味也。愚意以爲不若用眞實無妄、中正精粹等語以形容理字，庶可不偏而無弊也。若欲必用虛字，亦當改之曰："理之爲體，至虛而實，至無而有，故其在人物，無加無損而無不善。"如此下語，未知何如？伏幸深留商量，而更賜敎焉。

四端不中節之說

按四端不中節之云，乍看似可駭，鄙意亦疑其未蒙印可，今果然也。然鄙說初亦不謂孟子本旨如是也，特以常人之情不能無如是者耳，而其說亦有所從來也。

《語類》論孟子四端處一條曰："惻隱羞惡，也有中節不中節，若不當惻隱而惻隱，不當羞惡而羞惡，便是不中節。"此乃就孟子所已言，發明所未備，極有意思，不可不深察也。蓋孟子發明性善之理，而以四端言之，其大概雖曰無不善，而亦未說到細密處也。

自古聖賢者少而愚不肖者多，生知者少而學知困知者多。苟非生知之聖，其所發之四端，安能必保其粹然天理乎？亦恐不能無氣稟物欲之蔽也。今乃不察乎此，而徒以四端爲無不善，而欲擴以充之，則吾恐其明善之未盡而力行之或差也。況如大升者，在常人尤最下者，氣質駁雜，而物欲袞纏，常於日用之間，

密察其所發之端, 則中節者少而不中節者多。 故前者敢以爲
稟, 或意其幸有所契也, 今詳所諭, 固爲至當, 然以《語類》觀
之, 恐不可如是句斷也。伏乞精察, 如何？

建圖立說, 固當爲知者而作, 不當爲不知者而廢。

誨諭固當, 然嘗觀明道先生之言曰: "凡立言, 欲涵蓄意思, 不
使知德者厭, 無德者惑。"此意亦不可不察也。按〈天命圖〉, 雖
曰皆本聖賢之旨, 然細看其間, 不無支離破碎之病, 質以聖賢
之旨, 亦多有所未合, 何耶？今亦未暇逐一條稟, 只以鄙意擬
定圖子, 錄在左方[48], 仰祈裁正。此事固知僭踰, 然鄙意所未
安, 亦不敢不陳也。且從古圖書, 皆以上下爲位, 而擬上於南,
擬下於北。今此圖則乃以南北爲位, 而擬北於上, 擬南於下,
此甚未喩。《易》〈大傳〉曰: "天地定位", 而邵子曰: "乾坤定上
下之位。"此乃天地自然之易, 正朱子所謂更不可易者。今而易
之, 雖復費力分疏, 而亦恐其有所未合也。如何如何？伏幸重
賜詳訂[49], 以開蔽惑, 何如？

---

48 方：《四七往復書》에는 "右"로 되어 있다.

49 訂：《四七往復書》에는 "證"으로 되어 있다.

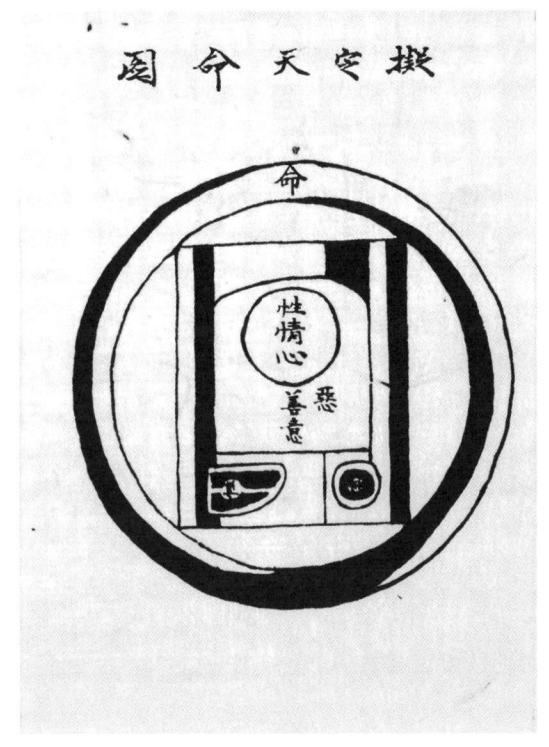

【擬定天命圖】

俚俗相傳之語, 非出於胡氏。

誨諭亦當, 然亦有說焉。大升憒陋寡與, 早歲雖嘗讀書作文, 然只[50]爲科名利祿計耳, 固未嘗知有聖賢之學也。二十歲後, 頗幸從遊於先生長者之後, 乃得粗聞其說, 而竊有志焉。然其鹵莽滅裂者亦甚矣。

嘗疑性情之說而問之於人, 則皆擧胡氏之說以應之。大升心以

---

50 只:《四七往復書》에는 "作"으로 되어 있다.

爲疑則問之曰: "情無不善, 四端固然。若七情, 又何爲有不善耶?"應之者曰: "七情乃發於氣耳。"大升尤以爲疑, 又從而再問之他人, 則其說皆然, 隨問輒然, 無復異趣, 此固若可信也。而鄙心未敢深以爲然, 時時讀聖賢之書, 以求其說, 則亦多有所未合者, 乃取《性理大全》論心性情處及《中庸》諸說, 反復參考, 則鄙心亦若有所得於其間者, 而前日之所聞, 尤覺未然也。前年在都下, 與鄭丈論此說, 鄭丈亦引胡氏語爲主, 大升以爲未然, 而引《中庸》諸說以證之, 則鄭丈於其分別言之者甚明, 而於其渾淪言之者, 頗似未瑩。於是, 乃知是說者果出於胡氏, 而近世諸公之論多襲一軌者, 亦出於是也。頃來, 伏奉辯諭, 兼得《語類》所論, 可以盡袪前疑, 合爲一說, 而又取諸書參訂[51]之, 則亦覺其說似是緒言餘論, 發明所未備, 非可以專主者也。故前日鄙書, 輒以爲稟焉。今者, 遠辱回諭, 至詳且悉, 向來之疑, 頗覺釋然, 而其所疑世俗之論出於胡氏者, 亦不敢自昧也。蓋鄭丈之說, 出於胡氏者, 大升所的知, 而近世諸公之論, 如此類者, 亦多有之, 不遡其源而探其流, 不循其本而逐其末, 又有旁落側出之說, 如"性先動"、"心先動"之云, 非常差謬, 不可諱也。然則諸公雖或稱寃不已, 而亦恐歸於無實妄訴之域也。縱言至此, 悚仄之深。伏惟恕裁, 幸甚幸甚。

右, 區區意見, 不敢有隱於左右, 謹已控瀝肺肝, 羅列而陳之矣。伏惟先生幸以一字示可否, 何如? 抑此間更有一言, 輒復

---

[51] 訂:《四七往復書》에는 "證"으로 되어 있다.

仰瀆, 倂乞俯採。

大抵性情之說, 以《中庸章句》、《或問》、延平說及程子〈好學論〉、朱子性圖、動靜說、答二胡書爲主, 而參以《語類》之說, 自覺大小大分明, 而先生必欲主張分別之說, 不以諸說爲主, 而寧以《語類》爲定, 至乃謂之單傳密付, 而其所以訂[52]之於圖蘞之於辯者, 必用對說, 皆成兩片, 如陰陽剛柔之有對待、上下四方之有定位, 無復渾淪貫徹之意, 此意未知果何如? 亦恐不無先入爲主之累也。伏幸窮索, 何如? 僭率之甚, 死罪死罪。大升謹稟。

此間有一後生, 從洛下遺書, 勸大升以姑停辯詰, 更以深思自得爲急務, 且曰:"紛然往復之際, 意味氣象不無爲辭氣所害云云", 此誠藥石之言, 於鄙心深有所感焉。今奉誨諭, 亦欲從此規益, 姑停論難, 而反復更思, 則此段所論, 其大處已同, 而只小小節目未契。若於此而遽止, 則恐終無以自信於性情之際, 故敢冒昧以畢其說焉。

抑程子所謂"不有益于彼, 則有益于我"者, 乃至公之論也, 固不可挾私避嫌, 而姑爲遷就其說也。此意如何? 幸乞勘破。大升又稟。

大升旣具此後, 又從而反復之, 則見得其間亦有說不盡處。蓋自家道理, 猶未能自信, 故其於議論之際, 亦不免避嫌遷就之私。此便是不忠不信之端, 深可恐懼也。

---

52 訂:《四七往復書》에는 "證"으로 되어 있다.

伏惟先生剛健篤實，輝光日新，固非新學小生所能窺其涯涘者。然比因往復之論，恒切鑽仰之心，則於其一二近似者，或可隱度論也。

竊觀誨諭之說，不無偏倚之弊，此正坐太以理氣分說之失。如第二條所謂"人之一身，理與氣合而生。故二者互有發用，而其發又相須也。互發則各有所主，可知；相須則互在其中，可知云云"者，實乃受病之原，不可不深察也。夫理氣之際，知之固難，而言之亦難。前賢尚以爲患，況後學乎？

今欲粗述鄙見，仰祈鐫曉，而辭不契意，難於正說出來，姑以一事譬之。譬如日之在空也，其光景萬古常新，雖雲霧渹浡，而其光景非有所損，固自若也。但爲雲霧所蔽，故其陰晴之候，有難齊者爾。及其雲消霧卷，則便得徧照下土，而其光景非有所加，亦自若也。理之在氣，亦猶是焉。

喜怒哀樂惻隱羞惡辭讓是非之理，渾然在中者，乃其本體之眞，而或爲氣稟物欲之所拘蔽，則理之本體，雖固自若，而其發見者，便有昏明眞妄之分焉。若盡去氣稟物欲之累，則其本體之流行，豈不猶日之徧照下土乎？

朱子曰："氣則能凝結造作，理却無情意，無計度，無造作，只此氣凝聚處，理便在其中"，正謂此也。今曰："互有發用，而其發又相須"，則理却是有情意，有計度，有造作矣，又似理氣二者，如兩人然，分據一心之內，迭出用事，而互爲首從也。此是道理築底處，有不可以毫釐差者，於此有差，無所不差矣。伏乞詳訂。[53] 何如？大升謹覆。嘉靖辛酉正月旣望，後學高峯奇大升，頓首再拜謹上退溪先生座前。[54]

KNL0560(書-奇大升-13)(癸卷17:6左)(樊卷23:14右)

答奇明彦【癸亥】[55]

《具景瑞來鄉, 奉承惠書, 備悉從去歲至今諸況, 復阻鬱懷, 不啻如冰釋霧披, 甚慰甚慰。》所居窮僻, 罕得京信, 其間下鄉病辭賜告還都等曲折, 都未聞知, 至見示札而後知之, 從而料得一番嘗試事不諧意之日情緒如何。此今之仕塗第一至艱處, 今人所以不及古人處, 亦由此一關而分。久久經歷, 當益知之矣。若如老拙微踪, 因病偸閑, 恩覆如天, 但以樞除至今未解, 自去年春, 因召命乞辭後, 更不敢辭, 非但自心未安, 似聞物論亦以不辭爲非, 此論甚當。然而思昔日因辭狼狽之故, 愈跼蹐不敢出意, 顯俟臺章劾罷而已, 可謂不成義理, 不識[56]廉隅矣。奈何奈何?

《冬[57]子中來時所以未及辱問之故, 子中已言之矣。》頰舌之競, 固爲無益, 眞實工夫, 每苦作輟。細思作輟之患, 亦不過氣習之偏、物累之蔽、世故之掣三者而已。幸此山居, 蔽掣稀鮮, 而偏處難矯, 盤桓三徑, 每思資彊輔之益而不可得。手誨之至,

---

53 訂 : 《四七往復書》에는 "證"으로 되어 있다.

54 退溪先生座前 : 《四七往復書》에는 없다.

55 癸亥年(1563, 明宗18, 63세) 2월 24일 禮安에서 쓴 편지이다. 〔資料考〕 이 편지는 奇大升이 癸亥年(1563년) 2월 12일 서울에서 부친 〈先生前拜上狀·別紙〉(《往復書》卷1)에 대한 답장이다. 《兩先生往復書》에도 전문이 실려 있다. 《兩先生往復書》에는 〈明彦謝復奇翰林宅〉으로 되어 있다.

56 識 : 《兩先生往復書》에는 "成"으로 되어 있다.

57 冬 : 樊本·上本에는 "去冬"으로 되어 있다.

如獲拱璧, 展玩佩服, 不敢以老昏而甘自棄外也.
固知左右以向來自放爲悔, 然而今日所以使人想味風義而不能已者, 因何致然? 願勿以擡不起轉不得而中自悠悠也.
別紙, 極荷破慳, 益知天下諸書皆不可不經眼也. 深幸深幸.
《景瑞還行, 附此布謝, 不宣. 伏惟照察. 謹拜上復.[58]》

KNL0561(書-奇大升-14)(癸卷17:7左)(樊卷23:15右)
答奇明彦[59]

子中寄來四月初二日惠書, 坼讀總訖, 景瑞傳致三月二十一日報書, 適又繼至. 合倂通看, 竊知盛意以前書有所未盡, 所以復有後書之誨諭, 眞所謂君子愛人以德不以姑息之心, 亦曾子爲人忠謀之意, 深用感佩.[60]
就中所云"與其不辭而恒懷未安之意, 寧辭而或有難處者, 亦可無吝於初心", 此誠切至之論. 然而此說, 施之於未嘗辭者之身, 則是正義明道不計利害之事, 固爲善矣. 若如滉者, 非不辭也, 實辭之至苦而致有難處之事, 懲此而今不敢復辭云耳.

58 謹拜上復 : 《兩先生往復書》에는 뒤에 "癸亥二月卄四日, 滉頓." 이 있다.
59 癸亥年(1563, 明宗18, 63세) 4월 17일에 쓴 편지이다. 〔資料考〕 이 편지는 奇大升이 癸亥年(1563년) 3월 21일 서울에서 부친《先生前答上狀》(《往復書》卷1)과 같은 해 4월 2일에 부친〈先生前上狀 李同知宅〉(《往復書》卷1)을 받고 보낸 답장이다. 《兩先生往復書》에도 전문이 실려 있다. 《兩先生往復書》에는〈明彦拜復奇注書侍史〉라고 되어 있다.
60 感佩 : 中本·定草本·《兩先生往復書》에는 "感佩感佩"라고 되어 있다.

且老病退閒, 古之人如飮食裘葛, 是以, 辭者期於必遂, 而人亦不以爲異。今世此道衰絶, 致仕一段事, 僅見於大臣年滿例辭之啓辭, 自餘庶僚, 不復知有此事矣, 而滉也不幸之甚, 以至愚而叨洪恩, 以沈痼而躋顯列, 義不可一日而安處, 則乞退之事, 不可以尋常。故數十年間, 入了許多文字, 說了許多道理, 援引故實, 披肝瀝血, 祈懇籲哀之至, 不覺遂致於狼狽, 不得不奔走遑遽, 爲高賢所笑。至於其末, 非徒辭免不遂, 反更竊忝命秩之加, 又力辭五六, 而愈無涯極, 則無所逃於天地之間, 而無如之何, 只得頳懦悶默而冒受之矣。然則如來敎所謂寧辭而無咎於初心者, 果如何哉! 果如何哉!

來敎又謂今日之辭, 與向來之辭不同者, 亦甚有理。但向來老病之實, 已如許矣, 而微誠猶不見孚, 今雖有益老加病之實, 何能計年數較病證而望所辭之必遂乎?

吾鄕前輩聾巖李先生年七十五而退來, 至八十八而乃終, 其間常授樞職, 其初每年一二次辭免, 輒不得請, 往往因而有褒賜之下, 後來斷不請辭曰: "不論無益, 最未安者, 致有恩命之至, 不如不爲。" 滉當時猶以聾巖爲未盡於義, 至今身履而後, 知其爲果然也。

抑且聞之, 昔朱先生之病辭南康而不得也, 告呂伯恭曰: "卽欲再請, 而諸公皆以爲雖大臣故老典藩, 亦必期年而後敢請。意若以爲[61]犯分僭越爲咎者。" 是以, 不免少忍踰冬, 以應期年之說云。以此言之, 身[62]在隴畝, 而頻煩上請, 期於得遞, 亦恐有

---

61 若以爲 : 養校에 "'若以爲', 大山曰 : 「'爲」据《朱書》, 當衍。'"이라고 하였다.
62 身 :《兩先生往復書》에는 "雖"로 되어 있다.

僭越之嫌。不然,但用一年一請之例,亦將視爲泛常,終歸於無得,決矣。

凡此曲折,思之爛熟,見之諳悉,所以自已未辭工曹辛酉辭召命之外,更不敢請辭樞職者,已五年矣。抱病窮山,名懸仕籍,質之古義而不合,告之方來而無說,每中夜以思,睡亦不著矣。今讀來喩云:"去就之難,有礙於一時;行藏之宜,將垂之萬世。"又云:"以道自任,無滯近規。"壯哉言乎!惟如此然後,始可謂大丈夫矣。故朱先生當僞禁方急之日,而辭職致仕,必得請而後已焉。

顧滉自念,本乏世用,早嬰身痾,中歲以前,七顚八倒,迨至桑楡之景,方欲收拾補塡,庶幾寡過,以畢素願,足矣。若不顧前後,不揆力量,獨於出處一事,必欲節節而反古之道,是所謂一脚短一脚長,其能免於顚仆之患乎?是以,雖知世有大丈夫事,而尙趑趄不敢奮發直前而承當也。雖然,滉亦何心膠守舊見而不知變哉?有感於來喩而深思之矣,亦或有相時[63]度義而試復陳請,豈可謂終無之耶?荷相與之厚,縷縷至此,伏惟垂察。餘祝珍愛萬重。《謹拜謝復。》[64]

---

63 時:上本에는"視"로 되어 있다.
64 謹拜謝復:《兩先生往復書》에는 뒤에 "癸亥四月望後二日,滉頓。"이 있다.

答奇明彦[65]

辱書, 承知得閑優游, 起處冲勝, 信乎槐院講席能轉人好田地上也。滉頃者忽罹雪上之霜, 跨經數朔, 賴朋舊之力, 多方治藥, 得見蘇歇, 而委頓特深於前, 更有何精力可及於素業耶? 中間, 雖幸得回頭轉腦, 而已迫遲暮, 難卜收功。今復鼎器之敝如此, 其何以鍊得丹成耶? 良自悶歎。

所論時異事殊, 所處不同, 及兩脚長短之喩, 理固有不得不然者。然鄙書前說, 皆只就自家身分上說, 故不得已拽轉來低平地占取了。蓋不敢處卑言高, 以自欺而欺人, 深不自滿, 恐大蒙訶斥於君子之論。來敎非但不加斥責, 乃反云云, 何耶? 或者壁立萬仞, 如矢而行, 雖在修塗逸駕之始, 亦有所不得盡如意者耶? 固知高明自有素定之見, 非因一時偶發於人言之餘也。然吾輩之論, 質之朱門, 則以爲如何? 萬一訶之曰:"汝輩何無壁矢之志, 而乃相學爲尺尋之論?" 則滉之首發, 尤恐責深也。呵呵。

子中得縣便養, 想甚適願, 縣殘, 不暇計矣。

病餘昏倦, 不能盡所欲言, 惟冀爲時自愛, 懋勉崇深。不宣。

《謹拜復。》[66]

---

65 癸亥年(1563, 明宗18, 63세) 8월 5일 禮安에서 쓴 편지이다. 〔資料考〕이 편지는 奇大升이 癸亥年(1563년) 6월 28일에 부친 〈先生前拜上狀 李同知宅〉(《往復書》卷1)을 받고 보낸 답장이다. 《兩先生往復書》에도 전문이 실려 있다. 《兩先生往復書》에는 〈明彦拜復 奇翰林宅〉으로 되어 있다.

66 謹拜復 : 《兩先生往復書》에는 뒤에 "嘉靖癸亥八月初五日, 老病人滉頓首。"가

片幅[67]所喩, 寧有是事? 雖有之, 世自有其人, 必不及滉。萬一誤而及滉, 滉之狼狽, 不可言也, 而其主議之人, 亦非所以占便宜也。蓋不度上下之意而爲之, 必有忤矣。公若有可置力於其間, 千萬留意, 切曉以他人則可, 及滉則不可之意, 乃救人坑塹之惠也。曾見蔡介夫與董某爲章楓山謀者否? 彼尙云云, 況於滉乎?

右書一幅與別小紙, 去八月初五日所遣也。令家姪在京者, 傳致左右, 未及傳而公有南行, 家姪携以東來, 卽又聞公復入翰苑, 欲再遣致, 而家姪未還京, 京中他親舊相戒以勿妄與人書, 無可託以傳書者, 兼亦絶不聞京信, 未知公幾時還都下, 遂淹過三冬, 已換歲矣。

今因兒子得馬官入都, 始此附遣, 庶冀左右因此而知滉當日意也。

因復思之, 從前滉所以爲公慮者及此書所以自爲慮者, 皆已略驗矣。然則此[68]吾輩所以觀爻象處時義者, 當如何而可? 妄謂不可變者, 愈當堅牢, 所當晦者, 且宜崇深, 他不能預料也, 亦不敢枚擧也。何者? 雖聖斷邪去之後, 吾輩被人指目者猶在故也。仍祈勿廣此紙, 兒還, 惠附數字之信, 釋此壹鬱, 又大幸耳。

있다.

67 片幅 : 中本에는 "片幅" 앞에 別行으로 "別紙"라고 추기하였고, 樊本·上本에는 "片幅" 앞에 別行으로 〈別紙〉라고 제목을 달았다.

68 此 : 養校에 "'此'下疑脫'後'字。"라고 하였다.

SNL0563(書-奇大升-16)(續卷3:36左)(樊續卷3:39右)

答奇明彥【甲子】[69]

《自承去二月初二日書後，荏苒夏秋，闕一報信，殆不近情。彼時敍復初還，加有夭殤之慘，想所難堪，猶未修慰，雖曰病廢，人事至此甚耶？田夫野老於入都消息，固難憧憧爾。卽日秋涼，愷悌神相，淸履日新。
滉龍鍾積痾，作一可笑人，而近患濕痺謇[70]脚蹣跚，尤可悶也。》所懷雖不敢廢，所疑無可告語，回憶曩時，相與大開口說話，今又不可得矣。然而來諭所云終身之憂，敢墜炯戒？《因兒子入都，草草不宣[71]。》

KNL0564(書-奇大升-17)(癸卷17:12左)(樊卷23:20左)

答奇明彥【甲子】[72]

《金而精來，得書未報，近兒子之還，又枉手札，兼而精在此，

---

69 甲子年(1564, 明宗19, 64세) 9월 10일 禮安에서 쓴 편지이다. 〔資料考〕《兩先生往復書》에도 전문이 실려 있다. 《兩先生往復書》에는 〈明彥拜復 奇修撰宅〉이라고 되어 있다.

70 謇 : 拾遺·樊本·上本·《兩先生往復書》에는 "蹇"으로 되어 있다. 中本의 부전지에 "蹇"이라고 하였다.

71 不宣 : 《兩先生往復書》에는 뒤에 "謹復。甲子九月初旬。滉頓。"이 있다.

72 甲子年(1564, 明宗19, 64세) 12월 27일 禮安에서 쓴 편지이다. 〔資料考〕《兩先生往復書》에도 전문이 실려 있다. 中本에는 〈答奇明彥〉으로 되어 있다. 《兩先生往復書》에는 〈明彥拜復 奇佐郎宅〉으로 되어 있다.

頻頻得信, 具審比來諸況淸茂, 感佩之餘, 欣慶無比。判尹公遽至於此, 此則有關時運, 嘆惜曷喩?

不知)左右素計, 其能遂否? 遂則想不久滯, 何時下南耶? 如願之懷, 固甚快適, 第恐期限忽過, 依舊牽制, 如魚中鉤, 維谷之患, 正在此際耳。然固當取合於目前爻象, 他何能預計耶? 滉病與老謀, 諸證交侵, 雪沍寒谷, 極費調救, 歲且不登, 窘窘尤甚, 惟幸塵編蠹簡, 聖賢遺馥, 不啻如蘭臭之襲人。常愛韓公贈人詩"於何玩其光, 以至歲向晚?"三復其言, 眞可謂先獲我心, 亦足以忘憂惱耳。公如得歸, 想所得於此, 非淺陋所及, 切祈時因便風, 寄示一二。

《不知光距樂安遠近如何? 其守金富仁吾鄕人, 時有人往來, 可付書也。不然, 而精還都後可附便至都, 令其轉致, 無不達也。至懇至懇。》

而精誤來久留, 不易得也, 但素來不甚讀書, 看義理多未浹洽耳。歲將改矣, 惟幾德義神相, 闇章多勝。不宣。《謹拜》[73]

《迷兒至都, 屢蒙存問, 至送于門外, 感悚無已。》〈握手說〉, 考據精審, 其別出劉說之誤, 尤有力。但其兩端有繫, 皆在下邊, 其先掩一端之繫, 仍自下邊繞擎一匝, 固順便; 其後掩一端, 則自下邊斜而向上, 鉤[74]中指, 勢不順便, 如何如何? "冢婦主祭", 前去鄙說有未盡處, 未知何條? 指出示破, 爲幸。

---

73 謹拜 : 《兩先生往復書》에는 뒤에 "甲子十二月廿七日, 滉。"이 있다.

74 鉤 : 《兩先生往復書》에는 "拘"로 되어 있다.

KNL0565(書-奇大升-18)(癸卷17:13左)(樊卷23:21左)

答奇明彥【乙丑】[75]

《正月卄三日書, 承諭意珍重, 兼有俯詢別紙, 皆非淺陋所及, 未敢率爾妄對, 鄭重因循, 亦緣疾病之纏, 修報闕然。義興金監來, 又蒙垂問, 益深愧荷愧荷。》

滉蹤跡乖礙, 辭避一事, 亦不敢爲, 近方冒昧拜上一狀, 其人在途, 而國有大喪, 想無緣上達。當此之時, 旣不奔走, 又不及籲免, 哀惶窘悶, 無以爲心。前書"作事不工, 如魚中鉤"之喩, 誠然誠然。

以滉積病顯作棄物, 尙有夏夏之難, 況在公無此一路而能如意去就乎? 向來滉所以每爲左右有過計之憂, 彼時未必深見信, 想今日方知老漢涉世苦心處也。尤可懼者, 旣不免波瀾於世, 自至於生媮[76]心, 改前度, 爲衰過了家計, 此亦必至之勢, 如何如何?

去兵郞, 歸湖堂, 幸甚。但適此多事, 能不有還推之撓否? 金而精, 甚可念。枉作遠遊, 遭此酷變, 又聞其無以治葬, 今得襄事。想[77]多左右周救之力, 無任慰嘆[78]。

---

75 乙丑年(1565, 明宗20, 65세) 4월 23일 禮安에서 쓴 편지이다. 〔資料考〕 이 편지는 奇大升이 부친 〈先生前上狀〉, 〈主祭說〉, 〈別紙〉, 〈握手說〉 및 《先生前上狀》(《往復書》 卷2)에 대한 답장이다. 《兩先生往復書》에도 전문이 실려 있다. 《兩先生往復書》에는 〈明彥拜復 奇佐郞侍史〉로 되어 있다.

76 媮: 柳校에 "'媮'偸'同。"이라고 하였다.

77 想: 《兩先生往復書》에는 "尙"으로 되어 있다.

78 慰嘆: 中本·定草本에는 "慰嘆慰嘆"으로 되어 있다. 上本에는 "慰歎"으로 되어

祧遷等事, 禮之大者, 而今世所爲, 似與古異, 所疑不敢不盡,
錄去別幅, 望須一一剖判回敎, 爲幸。

《所[79]惠臘藥, 感篆之至。而精在外, 傳書益似無便。今因縣人
入都附此, 未知其果無弊得達否也。萬萬不宣。謹拜復。[80]》

《同封李司評[81]而盛處小簡, 取付[82]李佐郎, 俾令 必達, 幸甚。
聞其遇梁上君子不見相饒, 令人懸念。傳書頻數, 正如所諭,
鄙懷不敢屢達, 亦以是也。然當呈簡時, 不犯人眼則無妨。只
緣都下無奴, 可使倩人傳簡, 誰能解人意而密傳者? 有一於
此, 如蒙預戒閽者以"遇人稱禮安 李某書而來者, 切勿輒呈於
客坐, 或姑受自藏, 或入內俟我獨處時呈來"云, 則可無他慮
意。[83] 如何?【時, 李樑當國用事, 謀不利於先生, 故如此。蓋微服之意也。
〚舊標〛】》

KNL0565A(書-奇大升-18-1)(癸卷17:14右)(樊卷23:23右)
別紙

所論祧遷之禮有難行者, 曲折甚悉, 兼及德門先世祧遷有疑礙

있다. 《兩先生往復書》에는 "慰歎慰歎"으로 되어 있다.
79 所 : 《兩先生往復書》에는 "前"으로 되어 있다.
80 謹拜復 : 《兩先生往復書》에는 뒤에 "乙丑四月二十三日, 滉。"이 있다.
81 評 : 樊本·上本에는 "平"으로 되어 있다.
82 付 : 《兩先生往復書》에는 "附"로 되어 있다.
83 意 : 中本·樊本·上本·《兩先生往復書》에는 "矣"로 되어 있다.

之故, 皆推說到極處, 不勝歎尙。

然所謂將有五代六代之祭者, 非獨德門爲然, 滉衰門亦正有此事而更甚焉。嘗因是思之, 其大要皆由於妻尙在、母尙在、祖母尙在之說而生出此許多違礙也。旣蒙不鄙, 敢先以躬所遭者言之。

滉曾祖神主在小宗家, 向來族姪主祀, 已爲祭四代也; 數三年前, 族姪死, 而族姪之子當主祀, 則爲五代矣; 俄而此子又死, 而族姪之孫, 今當主祀, 則又爲六代矣。若以今制處之, 當族姪主祀時, 曾祖當遷于最長之房, 第以門長曾有僉議謂"曾祖於吾門, 最有庇廕, 不當循例祧遷"云。

此雖出於一時之議, 有難遵行者。然若用《家禮》, 則祭及高祖不爲過, 故因仍未遷之間, 族姪父子相繼死亡, 猶以族姪妻尙在, 疑可以未遷, 今則姪妻又死, 曾祖遷奉, 在所不疑, 而主祀者尙守門議, 不欲遷出, 而其下亦有當祧二位, 方講求古禮, 欲各遷奉, 而時未行之矣。

冬春間, 有一二儒生來訪, 偶言及祧遷等事, 其所疑正與來喩同, 且云: "今日都中士大夫家, 率用母在不祧遷之說, 凡母在者, 父喪畢, 藏其主於別處, 以待他日與妣同入廟, 始行祧遷之禮。祖母、曾祖母皆然"云, 可知人情於此皆有所不安者, 意亦甚厚。然詳考禮文, 竊恐未爲得禮之正也。

謹按《文公家禮》祔章註, 高氏但言"父在而祔妣, 則不可遽遷祖妣云云", 不言"母在而祔考, 則不可遽遷祖考。"楊復亦但言"父在祔妣, 則父爲主云云, 喪畢未遷, 尙祔於祖妣, 待父喪畢遞遷祖考妣, 始考妣同遷"而已, 亦不言"母在祔考, 則母爲主云云, 喪畢未遷, 尙祔於祖考, 待母喪畢遞遷祖考妣, 始考妣同遷也。"

又大祥章改題遞遷新主入廟等事, 皆爲父喪而言, 而其禮之首末, 一直如此行將去, 未嘗言: "若母在, 則不可遽行改題遞遷等事, 且當置考主於別處, 俟他日母喪畢後, 方可行此禮也。"【此章註, 朱子與學者書及楊氏說, 雖皆有"新主且祔祖廟云云", 然至禫行合祭訖, 卽便[84]入廟, 非待他日母喪畢而同入也。

聖人非不知母在而遞代爲未安, 其所以如此者, 何也? 父旣死則子當主祭, 子旣主祭, 子之妻爲主婦, 行奠獻, 母則傳重而不奠獻。故曰: "舅沒則姑老不與於祭, 與則在主婦之前。"【〈內則〉註: "老謂傳家事於長婦也。"】此與冢婦不主祭之說, 當通爲一義矣。蓋夫者, 婦之天, 夫存則婦雖亡而不易代, 夫亡則婦雖存而以易代論, 斯固天地之常經、尊卑之大義。聖人之制禮, 以義裁之, 而孝子之情, 不得不爲所奪焉故也。

昔胡伯量問於朱子曰: "先兄旣娶而死, 念欲爲之立後。旣立則當使之主祭, 則某之高祖, 亦當祧去否?" 曰: "旣更立主祭者, 卽祠版亦當改題, 無疑。高祖祧去, 雖覺人情不安, 然別未有以處也。家間將來小孫奉祀, 其勢亦當如此。" 今詳此言, 亦不論母之在否, 而直如此斷置, 豈非所謂無可如何而然者耶?

由是觀之, 其以妻在、母在、祖母在而不行祧遷, 其可乎? 其不可乎? 可則已, 如以爲不可, 則來喩所謂"曾祖之妻尙在, 埋其曾祖之主, 奉祀者之祖母尙在, 埋其祖之主", 雖皆未安, 恐不得不限於禮而奪於義, 況可以二母在故遷奉其主而可行乎?

---

84 便 : 上本에는 "使"로 되어 있다.

在德門其他所處, 殆亦決於所稟可不可之間, 不敢重複妄陳。
其中有云:"曾祖於主祀者, 爲高祖, 在今當遷, 而勢難行焉",
則恐此事不須以母尙在爲說, 只據《家禮》祭四代之義而祭之,
雖若少違於今, 而正是得合於古。來喩以謂權宜可行者, 眞確
論也。至其上又一代, 則在古制當祧, 雖用母在之說, 猶未宜
留奉, 況不用乎? 恐於遷奉, 雖有難勢, 舍此更杜撰不得, 朱
先生所謂別未有以處者, 正謂是也。如何如何?

然德門六代, 預料而言之耳。如敝門, 已見其事, 而遷奉之擧,
尼[85]於門議, 雖考得禮意如右, 而事勢緯繣, 尙未能斷然行得。
承問之及, 深用愧惕。然又不可不盡於左右以求是正, 敢歷陳
瞽見。切望精加參訂[86], 復以辱曉之, 幸甚。

末段三代四代之定與主祭說一紙, 皆爲一件事, 故合而論
之。夫爲周人而從周制, 聖人所不免, 況今身非五宗之主, 而
令[87]於十餘派小宗, 欲通行古制, 豈不難乎? 此固一說也。然
今有人焉, 主祭而篤孝好禮, 自出意欲祭四代, 則是亦一道,
豈至於違條礙格而不可行乎? 故滉常以爲若此等事, 於己度
義量力而行之則可矣。諭人而人自樂從, 亦無不可。若欲率人
以强之必行, 則乃王公之事, 非匹士所敢爲也。

今也令伯氏書, 咨以當作幾龜, 是有欲遵古制之美意, 因
此而勸以成之, 正得好幾會也。吾非居位, 故於人或可從周,

---

85 尼:《兩先生往復書》에는 "泥"로 되어 있다.
86 訂:《兩先生往復書》에는 "證"으로 되어 있다.
87 令:《兩先生往復書》에는 "合"으로 되어 있다.

士貴稽古, 故於己不害返[88]古, 恐兩行而不相悖, 安有議禮拂時之嫌也? 然敝門未有此幾會, 而僭言之及此, 亦殊犯古者言不出之戒, 汗蹙無地。

"爲冢婦立法, 令其得所", 如所示, 乃出於義理之正, 使傳受者而吉人也, 固至善可行之法也。第念世降俗偸[89], 人率多如蠻如犂者, 又傳重之事, 不能皆在於叔姪至親之間, 或在於緦小功, 甚至無服之親, 如此而用此法, 勢必有難相容者。如欲救此, 請復爲之立一法, 嚴其不容不養之罪, 以糾督之, 其亦庶乎其可也乎!

父母生存, 長子無後而死, 爲長子立後, 而傳之長婦, 此正當道理也。若不立後, 而謾付之長婦, 則是使家婦主祭, 世或有此事, 而今所辨云云者也。如何?

且看人家遇此故, 父母之情, 多牽愛次子而欲與之, 爲次子者亦多不知爲兄立後之爲義, 而欲自得之, 因卒歸於不善處者, 比比有之, 尤可嘆耳。

握手下角之繫, 如所示。繞手一匝之際, 反繚之, 然後向上鉤之, 恐其不順便依然只在也。且疏所謂"反而上繞取繫"者, 以先有一匝向上之繫在手表, 故可依此而上繞。今方當繞手一匝

---

88 返 : 養校에 "'返'當作'反'."이라고 하였다.
89 偸 : 中本에는 "媮"로 되어 있고, 부전지에 "偸"라고 하였다. 養校에 "'偸'疑'渝'."라고 하였다. 癸本의 하란추기에 "'俗偸'之'偸'字, 恐'渝'字之誤."라고 하였다.

之際, 而欲繚之, 則無物可依以繚之, 恐其說又難施也。如何?

KNL0566(書-奇大升-19)(㴠卷17:19左)(樊卷23:28左)

答奇明彥[90]

《金而精人來, 拜領五月廿七日書, 欣悉近況, 續得小報, 審知去騎曹陞泮職, 幸甚幸甚。頃鄭子中入都, 附一書, 未知以時達否? 示患[91]攣緊等證, 始雖微輕, 積漸可畏, 尤宜愼防。李司評簡, 荷留意傳致。
幸今》天放野逸, 正當加勉, 而頹劣如許, 多愧古人, 但覺離索幽懷之日積于中, 而千里命駕之不易爲恨耳。所疑數條, 後便示幸。不宣。[92]

《禮記》註石梁王氏, 名字謂何? 何時何地何等人?

勿軒熊氏, 名剛大, 而註《性理群書》。
退齋熊氏, 名禾, 字去非, 而作《翰墨全書》。

---

90 乙丑年(1565, 明宗20, 65세) 6월 24일 禮安에서 쓴 편지이다. 〔資料考〕《兩先生往復書》에도 전문이 실려 있다.《兩先生往復書》에는 〈明彥拜復 奇直講宅〉으로 되어 있다.

91 患 : 底本에는 "悉"로 되어 있으나, 上本·《兩先生往復書》에 의거하여 "患"으로 수정하였다.

92 不宣 :《兩先生往復書》에는 뒤에 "謹拜。乙丑六月廿四日, 滉。"이 있다.

右分明二人, 而熊禾曾作〈考亭書院記〉, 其後丘錫作〈重修記〉, 引禾記中語, 而曰勿軒公[93], 兩記見《武夷志》下卷補闕處。又記得《性理大全》補註諸儒姓氏下, 二人又相混稱, 但此適無補註《大全》書, 不記分明, 并須考訂[94]辨示, 望望。

〈夙興夜寐箴〉, 南塘陳栢茂卿作。此人學問非常人, 而他無出處, 未知何代何許人?

KNL0567(書-奇大升-20)(癸卷17:20左)(樊卷23:29左)

答奇明彦【丙寅】[95]

去年冬末, 子中書報左右南歸, 似不爲速返, 卽欲奉一紙之問, 緣自無著身處, 未遑也。瞻慕之懷, 未嘗一日而去于心。今者, 子中轉致辱書, 具審歸後諸況, 鬱陶之餘, 豈勝披豁? 但恩候未快, 而除目忽至, 進退間, 果有撓念。然只是銓授, 可否之決, 豈不綽綽然有餘裕哉? 故應自度痊快與否而處之, 旣不可膠柱而鼓瑟, 又安有枉尺而直尋耶?
至如滉者, 從前處身失當, 馴致虛名, 上欺天日, 備嘗艱虞, 僅

---

93 勿軒公:《兩先生往復書》에는 "勿軒熊公"으로 되어 있다.
94 訂:《兩先生往復書》에는 "證"으로 되어 있다.
95 丙寅年(1566, 明宗21, 66세) 6월 16일 禮安에서 쓴 편지이다. 〔資料考〕《兩先生往復書》에도 전문이 실려 있다. 上本에는 〈答奇明彦〉으로 되어 있다. 《兩先生往復書》에는 〈明彦拜復 奇正郎宅光州〉로 되어 있다.

獲去年之閑放, 自幸以謂已結了三十年公案, 豈料乃更有今年事耶? 惟公知我以如許愚病老殘, 當如許委責, 其能堪乎? 小輕則苦辭, 大重則遽受, 滉雖無狀, 又豈忍爲此態耶? 此所以昧萬死而控免, 猶賴聖恩寬厚, 不惟不罪, 又許釋兩重, 感戴兢祝, 惟增愧負, 而濫秩知樞, 尙當倂乞改正, 乃爲索性, 而物論駭異, 譙責多聞, 且極以頻煩干冒爲恐, 事有難得盡如意者, 遲徊前却, 迨今悶嘿, 不知奈何, 然不得已從近爲之, 以聽於蒼蒼耳。

盧寡悔量移, 士類交慶。 知要見於路, 亦令人起懷想也。

就中別紙示及緖論, 謹已具悉。 卽當一一報稟, 自以蹤跡如此, 正當此時, 與人往復辨論, 聞見必致唇舌, 於理亦似不穩, 姑未果, 後日當不忘也。

大槪來喩得之矣。 年前, 偶得見寡悔人心道心兩絶, 心甚疑之。 今知其見如此, 大是朋友之憂也。 似聞都下諸人, 稍以此事爲意者, 見識議論, 亦多類此, 欲與之一一勘明, 則吾人中自相爭鬨矛盾, 爲卞莊子所乘, 不然則名爲此學, 而適以亂道, 不是小事, 奈何奈何?

《子中秋來必卜鄕, 及其在京日, 遇便附此書, 令其轉寄, 略陳一二, 病倦不宣。 謹拜復。[96]》

---

96 謹拜復 :《兩先生往復書》에는 뒤에 "丙寅六月十六日, 滉頓。"이 있다.

KNL0568(書-奇大升-21)(癸卷17:21左)(樊卷23:31右)

答奇明彦[97]

去秋, 子中自都下傳致七月十五日辱書, 疾病多故, 久稽報音, 恒懷慊然。涉冬來, 承聞召除荐沓, 不知行止之如何, 馳情悢悢, 倍於常日。昨日, 子中又致惠翰來, 知已趣命至都, 且復轉入中書, 此雖與前日引去本志不相爲謀, 然事至於此, 所處之時義, 又不得不隨而變。程子所謂"以從道也"者, 正謂此爾。如滉鄙賤, 固不足道, 然其老病不至如此之甚時, 每一承命, 無不卽趨, 八九年之間, 如是者三矣。況公之事, 與滉不同, 將何辭以爲膠柱鼓瑟之計耶? 第滉自戊午以後, 老病太劇, 而誤恩益重, 則冒受之, 極無說, 故前後猥[98]避, 輾轉狼狽, 以至今日。自聖旨觀之, 猶有待差病上來之諭, 而臣[99]病未有差期, 則非有督促之意, 惟上自公卿, 下及韋布, 移書譙責, 殆無虛月。雖各已費力分疏, 竝未見有省納之意, 或反以斥外之言來加, 令人憂惕, 罔知稅駕之所, 奈何? 其間朴和叔處報書, 頗盡底裏, 去後未得其報, 尙未知渠以爲何如?

七月望書別紙, 誨諭指迷之意, 甚善, 然亦是說滉事不著, 何也? 若使滉果賢而副吾君之求者, 公之言, 固至言也。正緣滉

---

97 丙寅年(1566, 明宗21, 66세) 閏10월 26일 禮安에서 쓴 편지이다. 〔資料考〕《兩先生往復書》에도 전문이 실려 있다.《兩先生往復書》에는〈明彦拜復 奇檢詳侍史〉로 되어 있다.

98 猥 : 中本·定草本·樊本·上本·《兩先生往復書》에는 "畏"로 되어 있다.

99 臣 : 養校에 "'臣'恐'身'。"이라고 하였다.

自覺非廊廟之器, 無經綸之具, 不足以副隆眷之萬一。若是而
安可持空手以進, 攬取莫大之王爵, 爲一己榮利, 又旋復求歸,
以圖自便其身乎？ 此與平時所講磨義利界分之說, 甚不相應,
他日見古人於地下, 定無以相告語, 故不敢耳。如何如何？
〈四端七情總說〉〈後說〉兩篇, 議論極明快, 無惹纏紛拏之病,
眼目儘正當, 能獨觀昭曠之原, 亦能辨舊見之差於毫忽之微,
頓改以從新意。此尤人所難者, 甚善甚善。所論鄙說中聖賢之
喜怒哀樂及各有所從來等說, 果似有未安, 敢不三復致思於
其間乎？ 兼前[100]示人心道心等說, 皆當反隅以求教, 今茲未
及, 俟子中西行日, 謹當一一。至寒, 惟對時茂養珍重。《謹拜
復。》[101]

KNL0569(書-奇大升-22)(癸卷17:23左)(樊卷23:32左)

重答奇明彦[102]

近得子中送傳入都後手翰, 卽修報, 還託子中寄去, 不審能以
時達否？ 冬候異常, 未知信後匪懈爲況如何？ 鳳池顯赫, 於我
何加？ 乍綴鵷班, 爻象當益佳矣。

---

100 前 :《兩先生往復書》에는 "所"로 되어 있다.
101 謹拜復 :《兩先生往復書》에는 뒤에 "丙寅閏十月六日, 滉頓."이 있다.
102 丙寅年(1566, 明宗21, 66세) 11월 6일 禮安에서 쓴 편지이다.〔資料考〕《兩先
生往復書》에도 전문이 실려 있다.《兩先生往復書》에는 〈明彦重答 奇舍人宅〉으로 되
어 있다.

拙者, 舊痾外, 耳患風鳴, 眼重花閃, 憒憒度日, 其於講修之憂, 何如也? 前寄示四七兩說, 反復玩[103]繹, 昔人所謂"始參差而異序, 卒爛熳而同歸", 眞不虛也。已於前書略道之, 非久想得浼聞。其所未盡者, 今言之。其以喜怒哀樂配仁義禮智, 固有相似而未盡然, 向者圖中亦因其近似而聊試分書, 非以爲眞有定分配合如四德之與仁義禮智也。

其言"是理之發, 專指理言; 是氣之發者, 以理與氣雜而言之", 滉曾以此言爲本同末異者。鄙見固同於此說, 所謂本同也; 顧高明因此而遂謂四七必不可分屬理氣, 所謂末異也。苟向日明見崇論, 如今來兩說之通透脫灑, 又何末異之有哉?

抑嘗欲謾取吾兩人往復論辨文字爲一冊, 時自觀省, 以改瑕纇, 而間有收拾不上者爲恨。其所謂絶句一首, 亦未記得, 後書漫及之, 若何?

人心道心, 諸人所論, 誠有可疑。曾得李剛而所示李一齋說, 幷剛而書鄙說二紙呈似, 試垂鑒裁, 因書誨及。仍請勿涉人人覘覷, 恐或無事生事也。[104]

KNL0569A(書-奇大升-22-1)(癸卷17:24左)(樊卷23:34右)
別紙[105]

往者, 人言寡悔頗悅禪味, 中間又聞其尊信《困知記》, 滉猶不

---

103 玩 : 上本에는 "思"로 되어 있다.
104 生事也 :《兩先生往復書》에는 뒤에 "丙寅至月初六日, 滉頓。"이 있다.

之信。及見其所爲〈人心道心吟〉二[106]絶句,心甚疑之,以爲寡悔不應至此,恐或好事者假稱。今得來示,乃親與之款叩,而其言論旨意如此,令人悼心失圖。奈何奈何? 大抵整庵於道,非不窺一斑,只是於大源頭處錯認了,其餘小小議論,雖多有合理處, 皆不足貴。 不謂寡悔許多年紀用力於此事, 想不草草, 而其見處乃不合於程、朱, 而反合於整庵也。李一齋甞與李剛而書, 論整庵之失, 剛而寄示來, 其所見果未精, 其爲說亦多誤, 正如來諭之云。然聞此老不甚讀書, 而徑自信太過,其所誤未必有所從來, 若寡悔誤處, 似是從禪學中錯入路頭來, 往者所聞, 爲不虛矣。故如來諭所謂"《語類》《輯註》之類,皆不取。"乃厭窮理之煩, 而欲徑趨簡捷, 此尤可憂之大者。然今若欲明其故, 其說甚長。來喩已皆得其梗槪, 又豈待愚昧之云云也?

但其間又有所未知者,寡悔旣以理氣爲一物,則似亦當以道器爲一物矣, 而其詩曰: "元來道與器非鄰云云", 是又判道器爲二致, 不相干涉。此病所從來處, 思之不得, 幸示破, 何如?

---

105 丙寅年(1566, 明宗21, 66세) 11月 6일 禮安에서 쓴 편지이다.〔資料考〕《兩先生往復書》에도 전문이 실려 있다.
106 二 : 庚本에는 "一"로 되어 있다.

KNL0569B(書-奇大升-22-(1))(癸卷17:25左)(樊卷23:35右)

附奇明彦四端七情後說[107]

四端七情之說, 前此認得七情之發而中節者, 與四端不異, 故有疑於理氣之分屬, 以爲情之發也, 兼理氣有善惡, 而四端則專指其發於理而無不善者言之, 七情則固指其兼理氣有善惡者言之焉。若以四端屬之理, 七情屬之氣, 則是七情理一邊, 反爲四端所占, 而有善惡云者, 似但出於氣, 此於語意[108]之間, 不能無可疑者也。

然以朱子所謂"四端是理之發, 七情是氣之發"者, 參究反覆, 終覺有未合者, 因復思之, 乃知前日之說, 考之有未詳, 而察之有未盡也。

孟子論四端, 以爲"凡有四端於我者, 知皆擴而充之。"夫有是四端, 而欲其擴而充之, 則四端是理之發者, 是固然矣。程子論七情, 以爲"情旣熾而益蕩, 其性鑿矣。故覺者約其情, 使合於中。"夫以七情之熾而益蕩, 而欲其約之以合於中, 則七情是氣之發者, 不亦然乎? 以是而觀之, 四端七情之分屬理氣, 自不須疑, 而四端七情之名義, 固各有所以然, 不可不察也。

然而七情之發而中節者, 則與四端初不異也。蓋七情雖屬於氣, 而理固自在其中, 其發而中節者乃天命之性、本然之體, 則豈可謂是氣之發而異於四端耶?【來書謂"孟子之喜、舜之怒、孔子之哀

---

107 丙寅年(1566, 明宗21, 66세) 閏10월 기대승이 쓴 글이다. 〔資料考〕《四七往復書》에도 전문이 실려 있다. 《四七往復書》에는 〈四端七情後說〉로 되어 있다.

108 語意:《四七往復書》에는 "言語"로 되어 있다.

與樂, 是氣之順理而發, 無一毫有礙。"及"各有所從來"等語, 皆覺未安。夫發皆中節, 謂之和, 而和卽所謂達道也。若果如來說, 則達道亦可謂是氣之發乎?】此又不可不察也。

朱子嘗曰: "論天地之性, 則專指理言; 論氣質之性, 則以理與氣雜而言之。"此正理發氣發之論也。大升曾引此語以爲"是理之發者, 專指理言; 是氣之發者, 以理與氣雜而言之"者, 無甚礙理, 而不蒙察納, 無乃下語不著而然耶?

來辨所謂"情之有四端七情之分, 猶性之有本性氣稟之異"者, 與鄙見似不異, 未知其何以不察, 以爲本同而趨異耶? 夫所謂"氣質之性, 以理與氣雜而言之"者, 蓋以本然之性墮在氣質之中, 故謂[109]雜而言之。然氣質之性之善者, 乃本然之性, 非別有一性也。然則鄙說謂"七情之發而中節者, 與四端同實而異名"云者, 疑亦未害於理也。

第於四端七情理氣之辨, 不能斷置分明, 故其說頗倚於一偏, 而辭氣之間, 亦不能無失。今敢撮而論之, 仰稟批誨焉。其他詞句之未當者, 今不暇一一剖析, 以祈鐫鑿, 亦以大者旣同, 則其小者無俟於強詰, 而終歸於必同也。伏乞明賜回諭, 幸甚幸甚。[110]

---

109 謂 : 《四七往復書》에는 뒤에 "之"가 있다.
110 幸甚幸甚 : 上本에는 "幸甚"으로 되어 있다.

KNL0569C(書-奇大升-22-(2))(癸卷17:28右)(樊卷23:37右)
附奇明彥四端七情總論[111]

朱子曰:"人受天地之中以生。其未感也,純粹至善,萬理具焉,所謂性也。然人有是性,則卽有是形,有是形,則卽有是心,而不能無感於物。感於物而動,則性之欲者出焉,而善惡於是乎分矣。性之欲,卽所謂情也。"此數言者,實釋《樂記》動靜之義,語雖約而理則該,其於性情之說,可謂竭盡無餘蘊矣。然其所謂情者,喜怒哀懼愛惡欲之情也,與《中庸》所謂喜怒哀樂者同一情也。夫旣有是心而不能無感於物,則情之兼理氣者,可知也;感於物而動,而善惡於是乎分,則情之有善惡者,亦可知也。

而喜怒哀樂發皆中節者,卽所謂理也善也,而其發不中節者,則乃由於氣稟之偏而有不善者矣。若孟子之所謂四端者,則就情之兼理氣有善惡上,剔出其發於理而無不善者言之也。蓋孟子發明性善之理,而以四端爲言,則其發於理而無不善者,又可知也。

朱子又曰:"四端是理之發,七情是氣之發。"夫四端發於理而無不善,謂是理之發者,固無可疑矣。七情兼理氣有善惡,則其所發雖不專是氣,而亦不無氣質之雜,故謂是氣之發。此正如氣質之性之說也。

蓋性雖本善,而墮於氣質,則不無偏勝,故謂之氣質之性。七

---

111 丙寅年(1566, 明宗21, 66세) 윤10월 기대승이 쓴 글이다. 〔資料考〕《四七往復書》에도 전문이 실려 있다. 中本·《四七往復書》에는 〈四端七情總論〉으로 되어 있다.

情雖兼理氣, 而理弱氣強, 管攝他不得, 而易流於惡, 故謂之氣之發也。然其發而中節者, 乃發於理而無不善, 則與四端初不異也。

但四端只是理之發, 孟子之意, 正欲使人擴而充之, 則學者[112]可不體認而擴充之乎？七情兼有理氣之發, 而理之所發, 或不能以宰乎氣, 氣之所流, 亦反有以蔽乎理, 則學者於七情之發, 可不省察以克治之乎？ 此又四端七情之名義, 各有所以然者, 學者苟能由是以求之, 則亦可以思過半矣。

且或問："看得來[113], 喜怒愛惡欲, 却似近仁義。"朱子曰："固有相似處", 其曰固有相似處, 而不正言其相似, 則意固有在也。今之論者, 多以喜怒哀樂配仁義禮智, 未知於朱子之意, 果何如也？ 蓋七情四端之說, 各是發明一義, 恐不可滾合爲一說, 此亦不可不知者也。

KNL0570(書-奇大升-23)(癸卷17:30右)(樊卷23:39右;樊遺外卷2:9)

答友人論學書今奉寄明彦[114]

湛氏之學, 曾於《白沙集》略見其病處, 其《格通》一書, 亦曾電披, 見其好爲異論, 心固厭之。今所擧數條中, 如以勿忘勿助

---

112 學者 :《四七往復書》에는 "學者於四端之發"로 되어 있다.

113 看得來 :《四七往復書》에는 "看得來如"로 되어 있다. 中本의 부전지에 "他本, '來'下有'如'字。"라고 하였다.

114 丙寅年(1566, 明宗21, 66세) 11월 6일 이전 禮安에서 쓴 편지이다.〔編輯考〕

爲敬, 愚意妄謂以勿忘勿助爲持敬之節度則可, 直指四字爲敬則非矣。至如訓危爲大微爲滅而曰：“人欲張大, 則天理微滅”, 此未論其義理如何, 其於訓詁文義, 亦甚乖舛, 蓋不足深辯。若羅氏《困知記》, 則又謂“道心, 性也；人心, 情也。至靜[115]之體不可見, 故曰微；至變之用不可測, 故曰危。”此其爲說頗近似, 非湛氏之比。然其爲害則爲尤甚。夫限道心於未發之前, 則是道心無與於敘秩命討, 而性爲有體無用矣；判人心於已發之後, 則是人心不資於本原性命, 而情爲有惡無善矣。如是, 則向所謂不可見之微、不可測之危, 二者之間, 隔斷橫決, 欲精以察之, 則愈精而愈隔斷, 欲一以守之, 則愈一而愈橫決。其視朱子說“體用精粗, 工夫功效, 該貫無遺”者, 爲如何哉？“學者當知性, 不必養心”。此說尤不可曉。孟子論“仁, 人心；義, 人路”, 而必以求放心終之, 苟如所云, 知仁知義足矣, 又何必要求放心耶？其論夜氣處, 初言仁義, 而至其論得養失養操存舍亡處, 不復言性而以心言, 論盡心知性, 亦必以存其心養其性歸結。蓋心統性情, 心苟失養, 性不能獨存故也, 而況世未有不養心而能眞知性者乎？

이 편지 말미의 추기를 살펴볼 때 이 편지는 1566년 11월 6일보다 훨씬 전에 서울의 友人에게 답한 문목을 다시 기대승에게 보낸 것임을 알 수 있다. 그러나 그 友人이 누구인지는 알 수 없다. 〈重答奇明彦〉(KNL0569)와 함께 부친 것임은 분명하므로 보낸 일자를 기준으로 〈重答奇明彦〉에 이어 편집하였다. 〔資料考〕《兩先生往復書》에도 전문이 실려 있다. 편지 말미의 "向者都中" 이하의 글은 樊本〈答奇明彦〔先生十代孫彙寅家藏。〕〉과 上本〈答奇明彦〉의 遺集外篇에 별도의 제목으로 중첩하여 실려 있다. 이는 아마도 수정 전의 원고일 가능성이 있다. 《兩先生往復書》에는 〈答友人論學書今奉奇存齋案下〉로 되어 있다.

115 靜：《兩先生往復書》에는 "精"으로 되어 있다.

"善惡, 天理之名", 亦不可如此鶻突說了。昔何叔京因論龜山人欲非性之語, 而問: "不知自何而有此人欲?" 朱子曰: "此問最緊要, 人欲云者, 正天理之反耳。謂因天理而有人欲則可, 謂人欲亦是天理則不可。蓋天理中本無人欲, 惟其流之有差, 遂生出人欲來。

程子謂'善惡皆天理,【朱子本註: "此句若甚可駭。"】謂之惡者本非惡,【本註: "此句都轉了。"】但過與不及便如此。'【本註: "自何而有此人欲之問, 此句答了。"】所引惡亦不可不謂之性, 意亦如此。"【以上, 朱子說。】

滉亦以謂"善惡, 天理之名", 來示所疑, 只當以程、朱此數說辨之, 可矣。蓋程子雖有善惡皆天理之云, 卽以下二句斡轉說破, 朱子引此段, 尤更分明解釋, 要使其始惡亦爲理之說, 洗滌無痕而後已。今則不然, 只如此鶻圇儱侗, 合作一塊說, 便休了, 豈不自誤而誤人耶?【學者當知性以下兩條, 友人自問同志間議論, 非湛氏、羅氏說也。】

向者都中有一友人書來, 辨問[116]此數條, 妄以己意, 答之如此。今得示喩人心道心等說[117], 因搜舊篋, 得向時謄本一紙。其中一段, 正論整菴此說, 未知與今所辯論之義有可相發與否? 謾以呈上, 其未中理者, 并其餘段所說, 痛加繩削, 却以垂教, 幸甚。[118]

---

116 辨問 : 樊本의 중첩서간 〈答奇明彦〉에 "先生十代孫彙寅家藏。"이라고 하였다. 上本의 중첩서간 〈答奇明彦〉에 "問"으로 되어 있다.
117 說 : 樊本·上本의 중첩서간에 "議論"으로 되어 있다.

KNL0571(書-奇大升-24)(癸卷17:32左)(樊卷23:41左)

與奇明彥【丁卯】[119]

近聞問兩阻, 勢之使然, 慕用之餘, 第劇忡悵。滉得病於歲前, 而暴發於歲初, 痰喘爲主, 諸證挾攻者尤多, 展轉困苦, 身不離席者數月, 衰殘血氣, 摧剝殆盡, 不知終何如? 奈何奈何? 就中傳聞中和郡刻一書曰《庸學釋義》, 附以語錄釋, 謂皆滉說云。聞之, 不勝駭窘。其所謂"語錄釋"者, 本非滉所知, 其《庸學釋》者, 曩見二書, 東人諸說紛糾, 妄欲裒集考校, 而商量去取, 庶幾得本旨而歸一義, 只緣自家所見未能明了, 或只存衆說, 而未決取舍, 或有所辯論, 而未能判斷。要之, 一皆叢雜猥瑣, 未成文而不足觀也。不意爲兒輩傳出, 播於鄕里間, 已甚慚恐, 豈料更有此事乎?

郡守安瑺向善而有喜事之病, 訓導文命凱有文名而多病痛, 相與爲此事。二人皆滉素所知也, 今欲移書切責令毁之, 但慮自己所爲, 令自己毁之, 豈肯聽從? 四顧朋友間, 無可囑此事者, 適聞公以接使蓮幕, 當赴關西。竊料爲垂死病舊, 辦得此一著, 惟公爲可望也。故急作此書, 披瀝祈懇。伏望行到右郡, 撥置鞅掌, 卽索取其板, 監視燒火於庭而後乃去, 至祝至祝。不然, 若只囑郡守, 使之燒毁, 則其終無益, 必矣。更須毋忽。病中倩

---

118 未知……幸甚 : 樊本·上本의 중첩서간에 "取以呈。似有未中理, 幸加繩削見敎, 何如?"로 되어 있다.

119 丁卯年(1567, 明宗22, 67세) 2월 5일 禮安에서 쓴 편지이다. 〔資料考〕《兩先生往復書》에도 전문이 실려 있다.《兩先生往復書》에는 〈明彥拜白 奇舍人侍史〉로 되어 있다.

手, 僅得占此數字, 其他萬萬, 不能擧一。惟冀凡百珍勉, 以副時望。《謹拜。》[120]

KNL0572(書-奇大升-25)(癸卷17:33左)(樊卷23:43右)

答奇明彥[121]

《前月子中來, 奉領正月卄四日書, 繼因便風, 復領二月十九日書, 感荷逮眷, 出於尋常。仍審令弟憂中至於不淑, 驚怛何已何已? 伏惟友愛情深, 悲痛摧裂, 難可堪任, 然寬抑之祝, 遠誠尤劇。

關西之行, 雖在臺中, 在所當遞, 況聞近已遞出, 遠傳未的, 未知出作何官, 其爲西行則無疑。

毀板事, 專恃一快, 若非得公施手, 他人決不能如人意, 故懇懇如是耳。》

四七說合商量處, 早晚得蒙曉破, 幸甚幸甚。整菴書, 今人多中其毒。示喩欲著說, 指出其病處, 庶幾令人暗中得路, 亦所企見也。近來, 流聞諸人說話, 眞可憂懼, 且皆務勝, 不復求歸是處, 豈可與之爭辯以取人指目哉? 不如勸其毋多談, 俾無下莊子行計之患, 斯爲上策耳。

---

120 謹拜:《兩先生往復書》에는 "謹拜白。丁卯二月初五日, 滉草恐。"으로 되어 있다.
121 丁卯年(1567, 明宗22, 67세) 3月 18日 禮安에서 쓴 편지이다.〔資料考〕《兩先生往復書》에도 전문이 실려 있다.《兩先生往復書》에는 〈明彥拜復 奇掌令宅〉으로 되어 있다.

示諭所見和叔處鄙書云云, 拙者所遭虛名誤恩之際, 所處之道不得不如彼, 故其書粗陳素抱耳。今當使來, 初不被抄, 方荷寬恩, 不謂諸公必復拈出, 兼防避路, 使人無措身之地, 惶窘之極, 奈何奈何? 誤恩旣不敢當, 例召又欲乞辭, 誠有未安者, 而大病未蘇, 未卽奔赴, 調藥待差, 臨時隨衆, 此實目前苟免之計, 聊且云云。然旋復思之, 兩脚一入都中, 能復抽出爲難, 凡百酬應, 事事有極難處者, 悔吝訾謗, 與日俱積, 誠恐駭機之發, 未必不由於苟免計中, 似不若復守吾太玄之爲愈也。古雖云: "行止不可謀於人", 然以盛意所在, 度時量勢, 略指迷塗, 望望。可憂者甚多, 未易布陳。惟冀愍重望實, 用副遐禱。不宣。[122]

《去十二月卄九日, 公在蓮亭, 寄藥、筆兼貽問字, 不知何故藥、筆先傳而書不到? 滉於蓮亭答簡中, 略言不見書之意, 想簡到日, 公已去蓮亭矣。近在京親舊, 方寄致其書, 書意具悉, 荷感荷感。藥物有需, 許欲圖濟, 亦幸。但親知數人在都下, 曾續求送, 今又孫兒入京, 不至乏藥, 故不敢奉煩爾。》有人傳云: "左右近頗有愛酒之病", 未審然否? 果有之, 恐非所以進德衛生之道也。如何如何?

---

122 不宣: 《兩先生往復書》에는 뒤에 "謹拜。隆慶初元暮春十八日, 滉。"이 있다.

KNL0573(書-奇大升-26)(癸卷17:34左)(樊卷23:44左)

答奇明彦[123]

使幕匆匆中, 作書來報, 令嗣齋至, 蘭玉映人, 不覺幽鬱之去體也。頃者, 撥煩惠顧, 得共一夜話, 何止讀十年書邪? 深荷且幸。

第今書誨言, 猶有所未相委者, 捧讀再三, 惘然自失。以明彥忠懇久要之間, 尚未恕諒於爲拙者謀, 他人可望哉? 且旣蒙以贏甚軫慮, 何爲復欲禁使勿去, 畢竟成就得冒利忘慚, 生行死歸, 賭取人指笑唾罵耶?

所引師命事與山陵事, 固若有相類者, 但滉之爲物與孟子之爲人, 不啻如壤蟲之於黃鵠, 又安可援彼爲說? 此物百不如人, 萬病叢身, 旣以虛名欺先王, 又可以竊位欺嗣君乎? 如滉眞韓子所謂"偶然題作木居士"者, 時人反欲多加以所難之責。爲居士謀者, 又安忍勸其不急逃藏而偃然當之耶? 惟願曠度遠識, 垂恕改評, 庶爲孤拙, 少湔俗垢[124], 幸甚。[125]

　　滉以大官今來在此, 似無徑去之義。但以舊時蹤跡言之, 以愚病之故, 自爲小官時, 長乞退在遠, 其至大官, 皆積虛

---

123 丁卯年(1567, 明宗22, 67세) 7월 24일 서울에서 쓴 편지이다. 〔資料考〕《兩先生往復書》에도 전문이 실려 있다.《兩先生往復書》에는 〈明彥拜復 奇應敎行次〉로 되어 있다.

124 垢 :《兩先生往復書》에는 "詬"로 되어 있다.

125 幸甚 :《兩先生往復書》에는 뒤에 "謹拜復。丁卯七月卄四日, 滉新稻素饌仰感仰感。"이 있다.

假以致,今之因事而來,亦本爲事了當歸計,初不爲陳力
就列圖事立功意也。不幸遭變,猶得隨百僚之後,奔走初
喪,以至于今,至痛未訖,重病遽劇,因山尙遠,薄寒已中
人矣。二三十年以病爲去就之臣,今豈容無此義耶?少緩
則不及於事,況又有書中所云木居士逃責之義耶?此滉今
日之爻象,其不信於世俗,無怪,亦不爲高明所信,不能無
慨然耳。

詔使所詢,答語有謬誤云,其中答心學疇數語,實滉所草,
聞之縮慄,不知謬在何語?示破爲望。見錄先儒中如<u>李彥
迪</u>、<u>趙</u>光祖名下,亦滉所註,亦有何謬?<u>禹倬</u>下"其君有失
德"至"以比<u>唐介</u>"云,亦滉所添註,此本其實事,而其後<u>佔
畢先生</u>過其鄕,有詩云:"彤庭持斧如<u>唐介</u>,白屋窮經似<u>鄭
玄</u>。"故云"人以比<u>唐介</u>",雖非本傳語,<u>佔畢</u>之言,豈不足取
耶?可信則取,又何拘本傳有無語耶?

KNL0574(書-奇大升-27)(癸卷17:36左)(樊卷23:46左)

答<u>奇明彥</u>【丁卯九月二十一日】[126]

因山慘怛[127],厥衛載臨,百僚追攀,普展哀慟。[128] 病臣無路,來

---

126 丁卯年(1567, 明宗22, 67세) 9월 21일 禮安에서 쓴 편지이다.〔資料考〕《兩先生往復書》에도 전문이 실려 있다. 中本에는 〈答奇明彥〉으로 되어 있다.《兩先生往復書》에는 〈答明彥書 奇應敎宅好賢坊〉으로 되어 있다.

127 怛:中本·定草本·《兩先生往復書》에는 "淡"으로 되어 있다. 中本의 교정기에 "憯"으로 되어 있다.

依古寺, 適得來書, 責以古義, 羞死何言? 益知滉誠小人也誠
罪人也。第於此猶有所不能無怪者, 滉今玆之歸, 擧世嗤罵之,
或比於山禽, 或斥爲異端, 蓋無復齒數於人人之意。公獨無是
數言, 而尙復有云云者, 何耶? 豈憐其迷溺而欲施之誘回之術
也耶? 曉曉自言, 恐益致罪戾, 厚意難虛, 聊抒一二。
滉之爲人, 不亦異乎? 滉之處身, 其亦難矣。何也? 大愚也, 劇
病也, 虛名也, 誤恩也。四者叢于身, 而掣肘矛盾, 互相妨奪,
欲及於古之人, 則古人無似我大愚也, 欲同於今之人, 則今人
無似我劇病也, 欲逃虛名, 則虛名每相逐, 欲辭誤恩, 則誤恩
轉益加。以大愚而欲實虛名, 則爲妄作; 以劇病而欲承誤恩,
則爲無恥。夫挾無恥, 以行妄作, 於德不祥, 於人非吉, 於國有
害。滉之不樂仕常退身, 豈有他哉? 凡以爲四叢所困二患所迫
故耳。
顧滉自年四十三歲時, 已見得此意而圖退, 至今二十有五年矣。
行不孚, 誠不至, 尙不爲上下之所信許, 其於五進六退之間,
狼狽蹭蹬, 至去歲今年而極。蓋至是而又年近七十, 四叢添作
五叢, 誤恩加至六卿, 事益難矣。去歲之事, 姑不言, 今年以事
再召, 因去年五召之餘, 極難終執, 苟進而受前日牢辭之誤恩,
二患之中, 一已自犯, 猶有可諉者, 召之以一事, 事過, 有當退
之理爾。不意甫入而猝遇大喪, 奔走攀號, 得從群臣之後, 以
至於詔使之時。以劇疾而馳劇勞如此, 何怪乎氣敗神澌而奄奄
欲盡矣? 而春官之命, 適會此際, 嗣服新政, 獲被隆恩, 感激思

128 慟 : 上本에는 "痛"으로 되어 있다.

效,豈有窮哉?瀕死之疾而當大任,人知其決不可爲。是以,一不仕而五乞辭,蒙恩得解矣。是其在先朝而無狀如彼,當新命而負恩又如此,將何顏以自厠於群臣之列乎?

古之君子明於進退之分者,一事不放過,少失官守,則必奉身而亟去,彼其愛君之情,必有所大不忍者,然不以此而廢其去者,豈不以致身之地,義有所不行,則必退其身,然後可以徇其義,當此之時,雖有大不忍之情,不得不屈於義所掩也?

滉雖匪人,受先朝異恩,與天地無極,雖糜身碎首,亦所不辭,況爲山陵而留數月,有何憚乎?但以人臣之道,既已掃地,持空情以尸厥位,冒恥遷延於黯闇之中,危淺之命,虛怯之證,一朝俄頃,或促致溘然,易如燎毛,則其所辦命以成就者,不過爲婦寺之忠,而向來數十年忍窮苦心欲避二患之意,終安在哉?惟其所大懼者,特在於此。是以,歸計之決,不得而不急,而致仕一路,榛塞久矣,乞骸得請,近古闃然,百思無策,則因遞命之下後除未及之日,乃若身無官得自由之隙,乘此抽身以出來。滉意以爲諸公而盡職山陵,情與義[129]兼盡,固臣子之至願也;如滉而未竟山陵,屈情以徇義,臣子不幸者之所處,亦不得不如是也。

君親一體,事之如一,惟其所在,則致死焉。然父子天屬,左右就養無方;君臣義合,左右就養有方。無方者,恩常掩義,無可去之時;有方者,義或奪恩,有不得不去之處。養生與送死,其揆一也。苟爲不然,不問其義意,不度其可否,一概驅之以情

---

129 義:《兩先生往復書》에는 "意"로 되어 있다.

之一字, 愚恐事君有方之道, 不如是之鶻圇無分別也。

向使滉不計愚病, 不恥不職, 而長服官政者, 則於是而誠無可去之道矣。臣滉以至微極陋, 遭遇先大王曠度盛德, 謬加眷渥, 雖未快許其致事, 終始優容其辭退, 不惟不加之誅罰, 亦且示之以獎勵, 使迂病之蹤, 得遂十六七年間閑養之願, 則先大王之於小臣, 固嘗畜之以山野遠外之臣, 不責其必死於輦轂之下, 明矣。

今若不職辜恩, 病至阽危, 而忘慚不去, 至於辱節虧名而死, 則臣不知在天之靈其肯曰: "予有臣能不墜予眷者乎?" 抑或降謫于臣曰: "汝之無廉隅若是, 昔者何用苦死[130]不應予命而來仕?", 則臣何辭以對? 斯亦理勢之所宜有。執此論之, 滉雖欲徇情忘義, 自辱其身, 於去就死生之際, 有甚不可得而自輕者, 如之何其不去也?

雖然, 道同者, 不言而相符; 不同者, 千言而不諭。公之於滉, 謂之不同道則不可。凡滉之所爲, 或合於道處, 以公之見識意趣, 豈待區區之頰舌而後知哉? 今也不惟不符於未言, 曩嘗微開其端, 當下旣不入耳, 今玆書來, 僅有謂我在京, 事多不便, 勢難久淹, 必將有出脫之計。此數句似會人意, 其餘見攻愈急。其他如朴和叔、李仲久、鄭子中、李叔獻諸人, 率皆聞言而愈激, 旣去而愈疑, 他人何望哉? 嚴譴之至, 惕息恭俟。

抑嘗靜而思之, 諸君與諸相, 本皆責滉以士君子之常道, 欲納於無適莫之行義, 意亦甚厚。而滉也一生蹤跡, 常落在退身徇

130　死 : 《兩先生往復書》에는 "辭"로 되어 있다.

義之一邊, 凡諸君之所疑、諸相之所怒, 皆無以塞責, 甚可愧也。雖然, 嘗試學而爲可, 則可或至於苟且; 學而爲通, 則通必歸於流從。五叢二患, 魔障其間, 不如嘿然復守吾太玄, 故凡滉所以求合於古人之道者, 恒由於退身, 而輒乖於致身, 正如魯男子所謂"以吾之不可, 學柳下惠之可。"豈不然哉? 豈不信哉? 蓋義之所在, 隨人隨時, 變動不居。在諸公則進爲義, 欲使之爲我所爲, 不可也; 在我則退爲義, 欲使之爲諸公所爲, 亦不可也。

近聞南時甫謂滉爲爲我之學, 夫爲我之學, 滉固不爲也, 而其跡則一似於爲我。聞之, 令人汗出沾衣。然苟執跡而斷人, 古之非楊氏而似爲我者, 何限? 朱子嘗引佛者之言曰: "將此身心奉塵刹, 是則名爲報佛恩。"又引杜詩曰: "四鄰耒耟出, 何必吾家操?" 李延平曰: "當今之時, 只於僻寂處, 草衣木食, 勉修素業。"【不記全語, 大意如此。】 楊龜山詩曰: "莫把疎英輕鬪雪, 好藏淸豔月明中。"是亦皆爲爲我之學[131]云爾耶? 身居堂上, 方能辨堂下人曲直, 不知公意於此二者, 何是何非? 何取何舍? 毋惜有以辱敎之, 幸甚。[132]

　　朝廷禮制, 遐外微臣, 非所敢知, 曾忝厥職, 不免與同僚議及一二, 今以來詰, 茲敢略布當日之謬意。

---

131 學 :《兩先生往復書》에는 "學而"로 되어 있다.
132 幸甚 :《兩先生往復書》에는 뒤에 "隆慶丁卯九月二十一日, 病者李滉頓首。"가 있다.

無服之說, 諸侯典禮, 固無考據, 只見《儀禮經傳》〈君爲臣服圖〉及〈天子諸侯絶旁期服圖〉, 而推之諸侯, 雖絶兄弟期而不服, 若弟是繼體, 則必服期者, 據適孫、適曾孫、適玄孫皆服期而知之也。旣不以弟爲子, 而兄弟之名猶在, 則嫂叔之名, 亦不可沒。古禮嫂叔無服, 故用古而謂疑無服耳。今謂滉以士庶人一家之禮, 上擬而斷定, 恐非滉本意也。然若謂"雖嫂叔之間, 以繼體義重, 不可不服", 則恐當用《家禮》小功之服, 不必避《家禮》而創爲無據汰哉之說也。

稱謂, 只據程先生論濮王稱謂而定, 恐不至太誤也。朱子雖嘗有稱親稱伯皆未安之說, 然未見有改而當稱某號也, 則今只當從程子說, 揆諸義理, 亦無舛誤, 不知何爲詆斥至是耶? 皇字, 古士大夫通稱之, 亦如今人用王字稱祖父母也。《家禮》雖改用顯字, 自主上而用顯字, 下同士大夫, 亦恐未安, 只得依古與程子用皇字。

詔使詢答, 不知謬處何在? 後便批示何如? 其崔、薛、崔、安之類, 本曹當初只稱先儒, 而擧此等人, 滉不欲盡斥他擧而專用己意所定, 故仍存, 而於答語中, 說破二代文儒非心學云云, 謂如此可以無妨。今而思之, 悔不盡請而去之。其他如吉再、佔畢, 亦未免有疑。[133] 滉所擧中尹

---

133 疑:《兩先生往復書》에는 "議"로 되어 있다.

祥, 亦恐未免有可議耳。
兩使皆賢人, 惜其學之差如此, 則李貳相書, 正其敵兵, 豈遽豎降旛耶？貳相書, 於公意云何？必有定論, 亦望示誨。《適曛暮, 暗中亂草。》

BNL0575(書-奇大升-28)(樊卷24:8右)

與奇明彥[134]

數日阻對, 懸懸。滉病未已, 久稽出謝, 恐悶。
就中儒疏事, 不知當何以處之？似聞衆情有激而然, 今欲強止之, 非但不從, 慮或有不好事。恐須勿復呵禁, 任其所爲, 庶無他辱也。非面略此, 幸亦無洩。

BNL0576(書-奇大升-29)(樊卷24:6右)

答奇明彥[135]

示意謹悉。明日比今則稍可, 然更遲一二日亦無妨者, 以本曹優閑無急事故也。銓曹不思之云, 未必爲然, 但我以七十病昏人, 豈應此任？和叔自不當有此讓也。

134 戊辰年(1568, 宣祖1, 68세) 7월 23일 서울에서 쓴 편지로 추정된다.
135 戊辰年(1568, 宣祖1, 68세) 8월 6~10일 서울에서 쓴 편지로 추정된다.

茄子感感。但滉今可自得食物，頻此致餉，爲未安耳。[136]

BNL0577(書-奇大升-30)(樊卷24:6左)

答奇明彥[137]

承示問，荷感。拙疾如昨，似未易瘳，事甚多虞，有極難處者。昨試叩入侍日所聞之詳於朴和叔。和叔答以'別無未安之辭，且許以面告而未來，當俟面聞其曲折而後量處之'。

BNL0578(書-奇大升-31)(樊卷24:6左)

與奇明彥[138]

昨聞今日欲出謝，似爲太速爲未穩。今知停出，甚善甚善。雖云昔疾今愈，然太速豈得體乎？滉今日不謝，則須稱身病，每以病字自隨爲未安故也，而遭和叔令公以讓文衡相逼，惶迫而退，伏枕呻吟而已。

---

136 茄子……未安耳 : 拾遺에는 없다.
137 戊辰年(1568, 宣祖1, 68세) 8월 6~10일 서울에서 쓴 편지로 추정된다.
138 戊辰年(1568, 宣祖1, 68세) 8월 6~10일 서울에서 쓴 편지로 추정된다.

BNL0579(書-奇大升-32)(樊卷24:2左)

與奇明彥[139]

獲奉珍緘兼節饋糯飯，感且悚怍。聖恩寬厚，旣不加譴，又還濫職，俯仰慙惶，未覺釋負之爲喜也。

　小木匠，蒙許促送，仰荷。[140] 近多鬱陶，審是諱日，不敢他有洮陳。

SNL0580(書-奇大升-33)(續卷3:40右)(樊續卷3:42左)

與奇明彥[141]

滉蒙恩釋負，感幸無比。康陵迨未一往，惶愧至深。欲於來朔祭，差香使往還。但古云"日食廢祭"云，不知今亦然否？若依古廢祭，則慰安祭或先告事由等祭，亦可差否？示圖爲望。[142]

139 戊辰年(1568, 宣祖1, 68세) 8월 26일경 서울에서 쓴 편지로 추정된다.
140 小木匠……仰荷 : 拾遺에는 없다.
141 戊辰年(1568, 宣祖1, 68세) 8월 26~29일(그믐) 서울에서 쓴 편지로 추정된다. [資料考]《兩先生往復書》에도 전문이 실려 있다.《兩先生往復書》에〈明彥令前上白。奇參議宅。〉으로 되어 있다.
142 爲望 : 續草本에는 뒤에 別行의 부전지에 "不意如此之早爲薦薦。"라고 하였다. 《兩先生往復書》에는 뒤에 "謹白。滉。"이 있다.

BNL0581(書-奇大升-34)(樊卷24:5左)

答奇明彥[143]

枉問頻至, 感作之餘, 復見改鍊佳句, 深慰鬱抱。

　滉背寒如負冰, 他類此者亦不少, 不得已今上辭狀, 惶仄俟命耳。

　醬葅, 荷領。但審閫內有愆候, 煩以餉物, 尤爲未安。[144]

SNL0582(書-奇大升-35)(續卷3:37右)(樊續卷3:39左)

答奇明彥[145]

承審體候安適, 閫儀亦寧, 甚慰。昨蒙紆顧, 指諭考證疏漏處, 深以爲幸。伏念畢《小學》今已多日, 本館待考證了訖, 而後入啓稟開講, 諸公之意, 固已遲之矣。

今乃垂入啓而復修改, 當改寫正本, 則其懣然以爲遲更益甚[146]矣, 尤爲未安。故前夜老眼昏燈, 力疾添改, 朝來了訖, 未暇[147]呈稟可否, 而直送于館, 得其答簡而來, 乃今得接別紙之諭,

---

143 戊辰年(1568, 宣祖1, 68세) 8월 서울에서 쓴 편지로 추정된다.

144 醬葅……未安 : 拾遺에는 없다.

145 戊辰年(宣祖1, 1568년, 68세) 11월 5~7일 서울에서 쓴 편지로 추정된다.〔資料考〕《兩先生往復書》에도 전문이 실려 있다.《兩先生往復書》에〈令前拜復。右副承旨宅。〉으로 되어 있다.

146 甚 : 上本에 "深"으로 되어 있다.

147 暇 :《兩先生往復書》에 "敢"으로 되어 있다.

勢難又請來而添補也。深恨深恨。其條對，在別紙。[148]

SNL0582A(書-奇大升-35-1)(續卷3:37左)(樊續卷3:40右)
別紙[149]

"乾坤"二字，如示[150]釋之則善矣。不及爲恨。
　　"塞帥"，本註雖略，而大意已具，復欲[151]詳之，則恐爲剩語。
　　"悖德"二字，曾已引《孝經》語矣。
　　潁封人語[152]，《左傳》文多刪節如此，欲見大意，若更加刪，則恐爲沒實。
　　"性者，萬物之一源"，用橫渠語[153]，未及思之，恨恨。[154]
"無所逃"，用《莊子》語[155]，未及思之，恨恨。[156]
　　申生事，恐止此無妨。[157]
　　"完廩浚井"，先儒以爲不能必其有無，然以此證不弛勞，恐

---

148 在別紙：《兩先生往復書》에는 뒤에 "且此奉謝。滉頓。"이 있다.
149 《兩先生往復書》에는 별도 제목 없이 앞글〈答奇明彦〉(SNL0582)에 별행으로 이어진다.
150 示：樊本・上本에는 "是"로 되어 있다.
151 欲：《兩先生往復書》에는 없다.
152 語：中本 및《兩先生往復書》에는 "事"로 되어 있다.
153 性者……橫渠語：中本・拾遺에는 "性者，萬物之一源【用橫渠語】"로 되어 있다.
154 未及思之恨恨：拾遺・樊本・上本에는 없다.
155 無所……莊子語：中本・拾遺에는 "無所逃【用莊子語】"로 되어 있다.
156 未及思之恨恨：拾遺에는 없다
157 申生事……無妨：中本・拾遺에는 없다.

亦無妨。

"言不盡, 理有餘", 滉意朱子之言, 正謂'龜山引此語, 言雖不盡, 理則有餘.' 故吾今因其意而發明其理如右也。且《考證》作"意雖有餘", 非理字, 也恐無妨。[158]

"無所逃而待烹, 申生其恭"下, "無所逃於天地之間, 語出《莊子》", 右十二字, 當入恭字下晉獻公上。[159]

後論"稱物平施"下, "意雖有餘", "有餘"二字, 改作"不失"。[160]

SNL0582B(書-奇大升-35-㉗)(續卷3:38左)(樊續卷3:41右)

附奇明彥別紙[161]

"乾坤"二字, 出《周易》, 本伏羲所畫[162]八卦之名, 以象天地陰陽云云。

"塞帥"二字, 元[163]註, 大略倂錄"其爲氣也至大至剛"及"氣,

---

158 無妨 : 拾遺에는 없고, 부전지에 "恐下有'無妨'二字."라고 하였다.
159 無所逃而待烹……晉獻公上 : 樊本에는 없다.
160 無所逃而待烹……不失 : 中本·拾遺에는 없다.
161 戊辰年(1568, 宣祖1, 68세) 11월 1~5일 이전에 奇大升이 보내온 別紙를 附記한 것이다. 〔資料考〕《兩先生往復書》에도 전문이 실려 있다. 退溪의 앞의 편지는 이 편지에 대한 답서이다. 이 편지는 退溪의 《西銘考證》의 내용에 대한 問目 혹은 교정의견으로 추정된다. 《兩先生往復書》에는 〈先生前上狀. 判府事宅.〉로 되어 있다.
162 畫 : 上本에는 "畵"로 되어 있다.
163 元 : 《兩先生往復書》에는 상란의 校訂記에 "无"로 되어 있다.

體之充"等語, 則體字亦有來歷。

"悖德", 出《孝經》, 不記已錄與否。

穎封人事, 記繁, 刪潤, 如何?

"性者, 萬物之一源", 本橫渠語。更下註脚數語, 如何?

"無所逃", 疑用《莊子》"無所逃於天地之間"語, 引之則意更分明。

申生事, 考〈檀弓〉, 稍益分明, 如何?

"完廩浚井", 不可知其有無, 而引之以證勞苦, 似未安。

"言不盡而理有餘", 謂'言不該盡而理有餘蘊'也。如曰"理有未究, 理有所遺"云爾, 以龜山之書爲有未盡也。但謂之理有餘, 語極含蓄, 有不斥前賢之意也。更詳之, 如何如何?

SNL0583(書-奇大升-36)(續卷3:39左)(樊續卷3:42右)

答奇明彥[164]

昨夕, 復承示諭, 幸幸。"不弛勞", 觀其語意, 非指竭力耕田等舜自服勞苦之事, 乃指瞽瞍使舜勞苦之事。而欲[165]完廩浚井, 雖有先儒之疑, 孟子不辨其有無。於此引證, 恐無妨也。"無所逃於天地之間", 欲追入其說。"意雖有餘", 今欲改作"意雖不

---

164 戊辰年(1568, 宣祖1, 68세) 11월 5~7일 서울에서 쓴 편지로 추정된다. 〔資料考〕《兩先生往復書》에도 전문이 실려 있다. 《兩先生往復書》에〈令前在復。承旨宅。〉으로 되어 있다.

165 欲:《兩先生往復書》"言"으로 되어 있다. 續草本의 추기에 "'欲, 一作'言'。【漱】"라고 하였다.

失", 如何? 別紙覽後, 如無不可, 送于玉堂。¹⁶⁶¹⁶⁷

BNL0584(書-奇大升-37)(樊卷24:5左)
答奇明彥¹⁶⁸

承軫念簡示, 感荷感荷。亡兄久乃雪冤, 恩及遺孤, 而嫠嫂遽復不幸。哀門之痛, 不可言。兩姪皆不及見, 尤不忍云。

BNL0585(書-奇大升-38)(樊卷24:2右)
與奇明彥¹⁶⁹

聞令公亦感寒, 不審今已快適否? 似聞李珥上疏留政院, 未知終不入還之其人耶? 入則發落如何?〈西銘〉, 今已進講否? 并示下爲望。

---

166 玉堂 :《兩先生往復書》에는 뒤에 "湜"이 있다.
167 別紙……玉堂 : 拾遺에는 없다.
168 戊辰年(1568, 宣祖1, 68세) 11월 11~29일(그믐) 서울에서 쓴 편지로 추정된다.
169 戊辰年(1568, 宣祖1, 68세) 11월 11~29일(그믐) 서울에서 쓴 편지로 추정된다.

BNL0586(書-奇大升-39)(樊卷24:5左)

與奇明彥[170]

伏問所患今如何？近阻戀戀。<u>寡悔公</u>，卽刻聞父喪，顚遽奔出，往送里門，揮淚而返。人事之不可恃至此耶？

BNL0587(書-奇大升-40)(樊卷24:4左)

與奇明彥[171]

昨日終昬繼夜，勞動之餘，舊疾重發，加以憂恐，心熱亦作，耳聵重聽。此乃冬深强仕之故。慮悶伏枕，公雖來，難以奉晤，如前日也，自今愼勿頻來，亦罷屢伻以安愚病，幸甚。

KNL0588(書-奇大升-41)(癸卷18:1右)(樊卷24:1右)

與奇明彥【戊辰】[172]

昨有來言夜對令啓大概，不勝駭汗失措，終夜不寐。令公何其不思之甚也？<u>滉</u>所以狼狽至此，窘束百端，思脫不得，日夕憂

---

170 戊辰年(1568, 宣祖1, 68세) 11월 서울에서 쓴 편지로 추정된다.
171 戊辰年(1568, 宣祖1, 68세) 11~12월 서울에서 쓴 편지로 추정된다.
172 戊辰年(1568, 宣祖1, 68세) 12월 6일 서울에서 쓴 편지로 추정된다. 中本 및 上本에〈與奇明彥〉로 되어 있다.《兩先生往復書》에는〈令前上白。右副侍史。〉로 되어 있다. 〔資料考〕《兩先生往復書》에도 전문이 실려 있다.

惶者, 專爲虛名二字。假有他人有過情之啓, 令公猶當力爲裁
損, 庶幾得免欺天之罪。今反大作襃揚, 使天聽愈眩, 臣罪盆
重, 群情更惑, 衆怒增激, 終使滉何所逃而得免耶? 平日相許
以相知之意, 又安在耶? 且吾兩間, 憧憧往來相從, 已自取怪
於人, 又從而作此擧措, 孰肯以令言爲公而信取乎?

　　滉近欲出試一二日, 不堪則還縮。今因此事, 憖不得擧顔
向人, 心病陡加, 牢關伏枕, 以俟譴罰之下。自今遣人相問, 乞
幷罷休, 冀得少安鄙情, 不勝幸甚。[173]

BNL0589(書-奇大升-42)(樊卷24:7右)

答奇明彦[174]

所謂曲折, 人豈知之? 許欲見過, 無益於事, 只增人指目, 不
須枉顧。[175]

173　幸甚 : 《兩先生往復書》에는 뒤에 "謹拜。滉。"이 있다.
174　戊辰年(1568, 宣祖1, 68세) 12월 9일 서울에서 쓴 편지로 추정된다.《兩先生往
復書》에는 〈答上〉으로 되어 있다. 〔資料考〕《兩先生往復書》에도 전문이 실려 있다.
175　枉顧 : 《兩先生往復書》에는 뒤에 "謹復。滉。"이 있다.

退溪先生文集

卷十八

BNL0590(書-奇大升-43)(樊卷24:12右)

與奇明彥[1]

"祖喪內父卒, 其子以不死其父之義, 不敢爲繼重成服", 出何典記?[2] 幸須考示, 或後日見臨曉破。今送《十圖》, 如有謬誤處, 指破回示, 何如?[3]

  姑勿掛人眼。

BNL0591(書-奇大升-44)(樊卷24:2右)

與奇明彥[4]

伏承令諭, 仰感且幸。二字不圈[5], 必是筆誤。伏望加圈[6]以入,

---

1 戊辰年(1568, 宣祖1, 68세) 12월 15일경 서울에서 쓴 편지로 추정된다. 〔編輯考〕 본문의 후반부 "今送……人眼"이 中本에는 〈與奇明彥書【姑勿掛人眼】〉이라는 제목 아래에 별도의 서간으로 처리되어 있고, 부진지에 "'與奇明彥書'五字恐當削。", "下五字當在書末。", "去之何如。"라고 하였다. 한편 《兩先生往復書》에는 "上白參議宅"이라는 제목 아래에 이 부분만 실려 있고 "姑勿掛人眼"은 小註로 처리하였다. 〔資料考〕《兩先生往復書》에도 전문이 실려 있다. 《兩先生往復書》에 〈上白參議宅〉으로 되어 있다.
2 祖喪內……成服 : 拾遺의 부전지에 "父卒, 其子繼重。"라고 하였다.
3 何如 : 《兩先生往復書》에는 뒤에 "滉"이 있다.
4 戊辰年(1568, 宣祖1, 68세) 12월 15일경 서울에서 쓴 편지로 추정된다. 〔資料考〕《兩先生往復書》에도 전문이 실려 있다. 拾遺에는 〈答奇明彥〉으로 되어 있고, 《兩先生往復書》에는 〈令前拜謝。右令公侍史〉로 되어 있다.
5 圈 : 底本에는 "倦"으로 되어 있다. 文脈에 根據하여 修正하였다.
6 圈 : 底本에는 "倦"으로 되어 있다. 文脈에 根據하여 修正하였다.

尤幸尤幸。其他可疑處, 必多有之。前此更欲稟正, 但如此葛
藤, 恐無了期, 故徑以送呈。若蒙允下所請, 則諸經筵官評訂[7]
時, 令公須更子細以寫正本, 是望是望。[8]

BNL0592(書-奇大升-45)(樊卷24:3右)

答奇明彦[9]

爲垂存問, 感荷感荷。近因雪虐風饕, 逐日病發, 調攝艱甚, 如
臨淵谷耳。諭及圖下, 亦於朝報內見悉, 但其中疏漏處必多。
玉堂指出, 可保無欠, 然亦望僉鑑照檢得出, 不勝幸甚。[10]

BNL0593(書-奇大升-46)(樊卷24:2左)

答奇明彦[11]

承知已被出仕之請, 想雖有撓悶, 難可辭[12]也。滉在告四十日

---

7 訂 :《兩先生往復書》에는 "證"으로 되어 있다.

8 是望 :《兩先生往復書》에는 뒤에 "滉"이 있다.

9 戊辰年(1568, 宣祖1, 68세) 12월 17~18일 서울에서 쓴 편지로 추정된다.〔資料考〕《兩先生往復書》에도 전문이 실려 있다.《兩先生往復書》에〈令前拜復。右承旨侍史〉로 되어 있다.

10 幸甚 :《兩先生往復書》에는 뒤에 "謹拜復。滉。"이 있다.

11 戊辰年(1568, 宣祖1, 68세)에 12월 25일경 서울에서 쓴 편지로 추정된다.〔資料考〕《兩先生往復書》에도 전문이 실려 있다.《兩先生往復書》에〈令前拜復。奇承旨宅〉으로 되어 있다.

將近, 不得恩替, 惶恐窘甚, 歲之將改, 加有退伏, 未安事非一二。明間欲試出拜乞辭伏計。但若辭又不得, 仕又不得, 其間處之又極難耳。

　　而精所白, 果有之, 但亦未知可代以何字。其他難斷曲折, 亦多有之, 奈何？要之, 非面不可。[13]

BNL0594(書-奇大升-47)(樊卷24:3左)(樊遺外卷2:9)
與奇明彥[14]

謹問令候何如？似聞李應仁求換松羅, 事不成而當換幽谷, 幽谷距慶州四五日程。二相夫人, 上言求換之意, 頓失矣。銓曹亦難於不換幽谷, 則換幽谷後, 又與省峴相換, 何如？未知省峴昨政已出否？何人爲之？聞令公爲兵房, 猶可通議於政廳, 故偶及之。勢難則亦休矣。

12　辭 : 拾遺에 "解"로 되어 있다.
13　不可 :《兩先生往復書》에는 뒤에 "姑拜復。滉。"이 있다.
14　戊辰年(1568, 宣祖1, 68세) 12월 서울에서 쓴 편지로 추정된다.〔編輯考〕樊本에서 內集과 遺集外篇에 중복하여 수록되어 있다.

BNL0595(書-奇大升-48)(樊卷24:3左)

答奇明彥[15]

昨因史局有賜酒, 薄暮乃退, 承見來簡, 所苦尙爾未快, 懸系無已。金亨彥辭退, 公繼其退, 似爲未安。若非不得已, 必不至三呈期遞矣。幸須審量處之。

《易註》祕書, 久留惶恐, 今以奉還, 卽宜送納。多有稟裁, 阻闊至此, 能不依依？【《易註》有欲傳看處, 當取所借太輝家本謄書爲料。】

BNL0596(書-奇大升-49)(樊卷24:7左)

答奇明彥[16]

承示昨日之事, 感荷逮意之厚。滉今以不得已故, 冒寒仕史局。餘俟奉面。

BNL0597(書-奇大升-50)(樊卷24:1左)

答奇明彥[17]

承諭力疾在直, 鄙意未安。示詩改句, 有味而律協。古所謂詩

---

15 戊辰年(1568, 宣祖1, 68세) 10~12월 서울에서 쓴 편지로 추정된다.
16 戊辰年(1568, 宣祖1, 68세) 10~12월 서울에서 쓴 편지로 추정된다.

不厭改者，以此故也。

BNL0598(書-奇大升-51)(樊卷24:1左)
答奇明彥[18]

承示，知少有愆攝，而仍在僝直，馳想覺倍。滉日寒如此，保此病喘，如涉春冰，懍惕度日。見而精，聞令意於我不無相怪之意。然滉之未安，亦勢所必至。非面難悉，姑此奉謝。[19]

BNL0599(書-奇大升-52)(樊卷24:4右)
與奇明彥[20]

今聞遭服而出，深爲怛然。僕背後足心俱寒，更覺難攝。未易晤懷，無任依依。

---

17 戊辰年(1568, 宣祖1, 68세) 7~12월 서울에서 쓴 편지로 추정된다.
18 戊辰年(1568, 宣祖1, 68세) 7~12월 서울에서 쓴 편지로 추정된다.
〔資料考〕《兩先生往復書》에도 전문이 실려 있다.《兩先生往復書》에 〈答上白。右副令前〉으로 되어 있다.
19 奉謝 :《兩先生往復書》에는 뒤에 "滉頓"이 있다.
20 戊辰年(1568, 宣祖1, 68세) 7~12월 서울에서 쓴 편지로 추정된다.

BNL0600(書-奇大升-53)(樊卷24:4右)

答奇明彦[21]

朝已伻致小柬，旋蒙示意，知尙未達功慘之聞[22]，爲深怛然。餘具前簡，只此奉報。

BNL0601(書-奇大升-54)(樊卷24:4左)

答奇明彦[23]

承聞和勝，喜仰。拙疾依前，可悶。出直之日，或幸諭及，何如？

BNL0602(書-奇大升-55)(樊卷24:5右)

與奇明彦[24]

煩恐以成均校書權知寫字被選常仕槐院者，必參肄習殿最否？族友居外方者欲知之，故敢禀。示下爲望。

---

21 戊辰年(1568, 宣祖1, 68세) 7~12월 서울에서 쓴 편지로 추정된다.
22 聞 : 拾遺에도 "間"으로 되어 있다.
23 戊辰年(1568, 宣祖1, 68세) 7~12월 서울에서 쓴 편지로 추정된다.
24 戊辰年(1568, 宣祖1, 68세) 7~12월 서울에서 쓴 편지로 추정된다.

BNL0603(書-奇大升-56)(樊卷24:5右)

答奇明彦[25]

承諭謹悉。朝因而精聞閫內有愆候，今示亦云，豈當他[26]有出入耶？滉亦孫乳兒得病，悶慮耳。

BNL0604(書-奇大升-57)(樊卷24:5右)

答奇明彦[27]

承辱報，具悉新寓行奠，多有闕事。蒙惠蒡醬佳品，感荷爲深。

BNL0605(書-奇大升-58)(樊卷24:7右)

答奇明彦[28]

承問爲感。示喩云云，其言良是。所疑者，所陞之稱與常得其稱之稱，有所嫌礙，反恐不可謂守止而尙質也。況此亦非有憑據之典，何可謂必以此爲得體乎？ 此中無書冊，公須博考前典，以幸大事之定，爲佳。

---

25 戊辰年(1568, 宣祖1, 68세) 7~12월 서울에서 쓴 편지로 추정된다.
26 他 : 拾遺에는 없다.
27 戊辰年(1568, 宣祖1, 68세) 7~12월 서울에서 쓴 편시로 추정된다.
28 戊辰年(1568, 宣祖1, 68세) 7~12월 서울에서 쓴 편지로 추정된다.

BNL0606(書-奇大升-59)(樊卷24:7左)

答奇明彦[29]

兒子直司未還, 故代修謝。惠送鴨卵、薑叢, 甚佳領荷。想令候今且和勝。滉腹[30]中常不穩, 諸苦更迭, 僵臥度日耳。

BNL0607(書-奇大升-60)(樊卷24:7左)

與奇明彦[31]

兩日阻晤, 承書洒然。惠及鹿脚, 感荷。餘俟面。謹謝。

BNL0608(書-奇大升-61)(樊卷24:8右)

答奇明彦[32]

曛暮伻書感荷。滉忽有留命, 不得已停候, 入對後看如何乃去。不知當在何日, 悶鬱而已。

---

29 戊辰年(1568, 宣祖1, 68세) 7~12월 서울에서 쓴 편지로 추정된다.

30 腹 : 底本에는 "復"으로 되어 있다. 文脈에 根據하여 修政하였다. 또한 中本·拾遺·樊本·上本에도 "腹"으로 되어 있다.

31 戊辰年(1568, 宣祖1, 68세) 7~12월 서울에서 쓴 편지로 추정된다.

32 戊辰年(1568, 宣祖1, 68세) 7~12월 서울에서 쓴 편지로 추정된다.
〔編輯考〕中本에는 이 글 뒤에 다음과 같은 내용의 別紙가 붙어 있다. "黨分已形, 邪正混淆, 向使天心少有變動, 山移河決之勢, 誰能禦之? 又聞復職削勳等事, 終年不停, 以必得爲期, 亦恐聖賢處此, 必不至此, 深可憂懼, 奈何奈何?" 또한 이에 대해 부전지에 "此別紙存否", "■■收收之恐是。", "{此別}紙當入庚{午正}月書下。", "此條依

SNL0609(書-奇大升-62)(續卷3:39左)(樊續卷3:42右)

答奇明彦[33]

《承示，具悉而精誤認之意。》昨有人見示以靜庵立朝言論一冊，其中極有鑑戒可警動者。君臣之際，自古所難，豈不然哉[34]？

KNL0610(書-奇大升-63)(癸卷18:1左)(樊卷24:8右)

答奇明彦【己巳】[35]

奉示謹悉。皇兄、皇叔、皇親、皇子等皇字，雖爲皇帝之皇字，若〈曲禮〉所云歷代人家所用皇字，則固是美大之義，故今宗廟亦得用之。如其皇帝之皇，宗廟亦豈得用耶？

　　元朝雖有一時之令其許用顯字，今不得用於此稱。況禮云："天子稱同姓諸侯之尊者，皆爲伯父。"今若去皇，而只稱伯父，無乃與泛稱同而益疎之耶？ 前賢猶有別立殊稱之言，而今反苦爭此一字於人家例用之外，如何如何？

印本移入'曾見邸報'下."라고 하였다. 원래 이 자리에 있던 이 別紙를 庚本 편집 과정에서〈答奇明彦〉(KNL0628) 뒤로 옮겨 편성한 사정을 알 수 있다.

33 戊辰年(1568, 宣祖1, 68세) 7~12월 서울에서 쓴 편지로 추정된다.〔資料考〕《兩先生往復書》에도 전문이 실려 있다.《兩先生往復書》에는〈再復。右副侍史〉로 되어 있다.

34 豈不然哉 :《兩先生往復書》에는 뒤에 "謹復。滉。"이 있다.

35 己巳年(1569, 宣祖2, 69세) 1월 28일 서울에서 쓴 편지로 추정된다.〔資料考〕《兩先生往復書》에도 전문이 실려 있다. 上本에는〈答奇明彦〉으로 되어 있다.《兩先生往復書》에는〈拜復奇承旨前〉으로 되어 있다.

且此非以書於神主也，只於主上次³⁶有屬稱之定，獨不得隨人家所用而加此一字耶？如必以爲不可，或以大字代之，亦何³⁷？謹姑稟。³⁸

KNL0610A(書-奇大升-63-1)(癸卷18:2右)(樊卷24:9右)
別紙³⁹

文昭殿，世祖當祧，而仁宗、明宗同昭穆祔入，固已定矣。雖同昭穆，不可同入一室，故後寢當增立一室，亦無可疑。惟前殿合祭，太祖南向，昭穆分東西，僅容五位，更無餘地可設一位，故頃日議請奉審，將欲改作廣殿，令可容六位之設。然反復思之，拆改廟殿，事極非輕，又許大許長梁木⁴⁰，得之不易，工役甚鉅，祔廟前，恐未及成也。

滉謂殿制南北短而隘，東西長而闊。當日世宗大王所以北

---

36 次：두주에 "'次', 一本作'須'."라고 하였고, 甲本·樊本·上本에도 동일한 두주가 있다. 中本의 부전지에 "'次'字更考."라고 하였고, 定草本의 추기에 "'次', 一本作'須'."라고 하였다. 《兩先生往復書》에는 "須"로 되어 있고, 擬校에 "{'次'}本作'須'"라고 하였다.

37 何：柳校에 "大山曰：'「何」下恐脫「如」字.'"라고 하였다.

38 謹姑稟：《兩先生往復書》에는 뒤에 "滉"이 있다.

39 〔編輯考〕《退溪先生文集》편성에서는 이 편지를 〈答奇明彦【己巳】〉(KNL 0610)의 別紙로 편성해 두었다. 하지만 《往復書》에는 이 편지를 그것과는 별개의 편지로 편성하고 있다. 같은 날 연이어 두 통의 편지를 보낸 것이라 추정할 수 있다. 〔資料考〕《兩先生往復書》에도 전문이 실려 있다. 《兩先生往復書》에는 〈令前拜問〉으로 되어 있다.

40 木：上本에는 "之"로 되어 있다.

南設位之意, 雖未可知, 伏見前古祫享位次, 皆太祖東向, 昭北穆南, 自西向東。朱子〈周祫宋祫圖說〉, 明白可據。與其改作殿屋之未安, 無寧仍舊殿而從古禮改座向之爲得禮乎？近見左相白此意, 已蒙肯諒, 當共商議以處, 不知盛意以爲如何？

　德興君追奉事, 不先議定典禮, 而徑作家廟, 旣爲未安。又滉徒執降私親不得祭之說, 欲勿官供, 亦勿差獻官, 只令[41]家具而主祀者祭之, 已略草定其說。然心有未甚信得及者, 而遽値前日之議, 相位僉意又不欲, 議者廣說義理, 見滉二三段說, 皆以爲不得[42]如此, 遂緘默而退, 心甚慊焉。

　三公議所謂"考諸國典"者, 意指《大典》內王后考妣忌祭等官給祭需, 欲倣其例而給之, 愚意亦以爲疑。數日來, 因檢出《宋史》濮、秀二王園廟儀制, 記其節目頗詳悉, 見其官供物差獻官等事, 始知前見不能無偏, 却賴前日三公不取妄議之爲深幸也。

　蓋古雖有降私不祭[43]之文, 然人情極處, 終是遏不得。若一切使不得少伸, 恐或有激成大發之弊, 不如依三公意官給爲當。但今設家廟, 與二王廟在園寢者事體大不同。家廟則子孫以昭穆入廟, 差官行祭, 多有所礙, 如何如何？

　若主祀初獻, 弟姪族人中擇可者, 爲亞終獻, 元常差定, 俾

41 令 : 上本에는 "家"로 되어 있다.
42 得 : 두주에 "'得', 一本作'須'."라고 하였고, 甲本·樊本·上本에도 동일한 두주가 있다. 定草本의 추기에 "'不得'之'得'字, 本作'須'."라고 하였다. 擬校에 "{'得}, 本作'須'."라고 하였고, 《兩先生往復書》에는 "須"로 되어 있다.
43 祭 : 拾遺에는 "察"로 되어 있다.

自行之, 其人或有故, 稱故改差。如此, 則雖於家廟, 亦可無礙, 行之亦何如[44]?《宋史》事出卷送上, 幷照, 詳商度示破, 企仰。客至未悉。謹拜稟。[45]

KNL0611(書-奇大升-64)(癸卷18:4右)(樊卷24:10左)
與奇明彦[46]

《寒縮, 徒費馳懸。前來四書回納, 但《論語》篇目,〈里仁〉闕而追書〈鄕黨〉, 排行偏仄, 老昏殊愧。》趙靜庵陳啓, 抄送去, 閑中試詳披閱。滉自見此文字來, 如醉如醒, 半月十日, 猶不能瘳也。竊料斯人也非不知爲難, 知難而誤有所恃, 亦非獨誤[47]恃之故, 良由求退無路而致之, 可知"長使英雄淚滿巾[48]"者不獨死諸葛一人也。且觀當時事勢, 雖不有靖國奪功事, 亦不免一敗。然所以激衆奸而促發駭機, 正由此一事, 是乃諸賢臨危不戒直前太銳之故, 此又不可不知者也。

　　鄭子中《遊山錄》一冊亦呈。其詩近日稍進, 可喜, 但許多

---

44 何如:《兩先生往復書》에는 "如何"로 되어 있다.
45 謹拜稟:《兩先生往復書》에는 뒤에 "己巳正月晦前數日, 滉。"이 있다.
46 己巳年(1569, 宣祖2, 69세) 1~2월 서울에서 쓴 편지로 추정된다. 〔資料考〕《兩先生往復書》에도 전문이 실려 있다. 《兩先生往復書》에〈令前拜問.奇承旨宅〉으로 되어 있다.
47 誤:《兩先生往復書》에는 "論"으로 되어 있다.
48 巾: 養校에 "'巾', 杜詩'襟'。"이라고 하였다. 〔今按〕 현재 통행하는 杜甫 詩에 "襟"으로 되어 있다.

篇章, 無一語及此邊意思, 斯爲欠處耳。⁴⁹

《和叔之朴, 貫系何郡? 不得已有欲知處, 示及。》

BNL0612(書-奇大升-65)(樊卷24:11左)
答奇明彦⁵⁰

仟書承諭⁵¹意。奉見不得盡懷, 正如所示, 明間雖得對敍, 亦恐如前也。動止之際, 遲速便否, 極難善處。然均是難中, 不如當無官而速決差爲得計, 如何如何?

　　昨日近臣所啓, 雖有開退路之意, 其不便於謬拙者亦多, 可恨。其他所謂爻象之說, 皆不得聞。姑俟面。不具。⁵²

KNL0613(書-奇大升-66)(癸卷18:4左)(樊卷24:12右)
再答奇明彦⁵³

再承垂誨, 感服至意。拘於有官無官, 雖不足云, 竊恐有官之

---

49 欠處耳 :《兩先生往復書》에는 뒤에 "滉"이 있다.
50 己巳年(1569, 宣祖2, 69세) 1~2월 서울에서 쓴 편지로 추정된다. 〔資料考〕《兩先生往復書》에도 전문이 실려 있다.《兩先生往復書》에〈令前拜復。大司成宅〉로 되어 있다.
51 諭 :《兩先生往復書》에는 "謝"로 되어 있다.
52 不具 :《兩先生往復書》에는 뒤에 "滉"이 있다.

後, 無許退之命, 則其去也乃擅棄官守而去。何似乘無官而出國門, 一邊上章, 陳乞賜骸之命, 則得請固好, 或不得請, 亦有可去之路? 以是爲三十六策中之第一, 不知令公終以爲不可乎? 遁去非所欲, 且出門待命而去, 又豈遁去之謂也? 顧恐還被邀留, 則此二字亦不得不用耳。[54]

BNL0614(書-奇大升-67)(樊卷24:12左)
與奇明彥[55]

往者嘗問作〈夙夜箴〉陳茂卿是何代何如人, 而未蒙誨答, 今來欲再叩而每面輒忘爲恨。常思此人見趣力學如此, 必是聞人, 而《宋史》及諸小說, 未有其名跡。或云其名柏, 亦未敢必, 而其他事實, 皆未考得。如有考據, 悉以寫示。謹叩。

---

53 己巳年(1569, 宣祖2, 69세) 2월 서울에서 쓴 편지로 추정된다. 〔資料考〕《兩先生往復書》에도 전문이 실려 있다. 《兩先生往復書》에는 "令前再復。大司成宅。"으로 되어 있다.
54 不得不用耳 : 《兩先生往復書》에는 뒤에 "謹拜謝。滉。"이 있다.
55 己巳年(1569, 宣祖2, 69세) 2월 서울에서 쓴 편지로 추정된다.

BNL0615(書-奇大升-68)(樊卷24:12左)

答奇明彥[56]

二篇瓊章, 雙束藤牋, 淸晨入手, 眼明神爽, 珍佩感服。謬圖因被指點, 頗有修改, 後日當更受針藥。謹謝。

KNL0616(書-奇大升-69)(癸卷18:5右)(樊卷24:13右;樊遺外卷2:21左)

答奇明彥[57]

東湖船欸, 發於夢寐, 追宿奉恩, 意尤不淺。各困杯勺, 相視無言, 遂成千里之別。手翰來投[58], 副以詩牋, 宛若復接顔範。慰幸之至, 難以形說。

　滉自過驪江, 顚風苦雨, 舟行良艱, 出陸於忠州, 踏雪踰嶺, 猶得免生他病, 逮入故山, 則春事方殷, 如相待然, 亦自可意, 而瞻前顧後, 受恩無報, 懃懼益深矣。

　且向來諸公席上云云, 殆以爲戲言, 不謂其至發於劾章。聞之, 不勝寒心。若果如所謂, 則不肖之身, 終死於尸竊之中,

---

56 己巳年(1569, 宣祖2, 69세) 2월 서울에서 쓴 편지로 추정된다.
57 己巳年(1569, 宣祖2, 69세) 4월 2일 禮安에서 쓴 편지이다. 〔編輯考〕 이 편지의 "向所留梅花八絕" 이하는 樊本 및 上本의 遺集外篇에는 〈答奇明彥【己巳】〉라는 제목의 독립된 서간으로 수록되어 있다.《兩先生往復書》에 이 편지의 추신으로 처리되어 있는 것에 근거해서 여기에서는 합편하였다.〔資料考〕《兩先生往復書》卷3에도 전문이 실려 있다.《兩先生往復書》에 〈明彥令前拜復。奇大司成宅。〉로 되어 있다.
58 投 :《兩先生往復書》에는 "授"로 되어 있다.

聖世寧有是而可乎?

　自今奉晤, 邈無指期, 惟冀益勵大業, 務爲崇深, 以副時望。惠詩珍荷。有少報章, 錄在別紙。[59]

KNL0617(書-奇大升-70)(癸卷18:5左)(樊卷24:13左)
與奇明彥[60]

別思惘惘, 久而未瘳, 頃蒙惠問, 何慰如之? 不審信後體[61]履何似? 蓓盤未厭, 轉入薇垣, 時事世道之責, 有甚於前, 不知何以處之?

　如滉在朝無狀, 在野何預? 而曾所未了, 不能恝然於有聞, 可謂妄矣。而不敢有隱於左右, 錄在小幅, 幸勿煩播。餘懷千萬, 都付[62]默會。惟珍毖崇深, 以副時望。[63]

　德興議事, 本欲寫呈草本, 以相稟質。更思之, 事事干預,

---

59 錄在別紙:《兩先生往復書》에는 뒤에 "謹復。己巳淸和二日, 滉頓。"이 있고, 별행 低二字로 "向所留梅花八絶, 雖各有寓感, 皆近戲笑。不意辱垂賡和, 千里寄示, 相思之意, 可見其中, 佩荷良深。頃日還山見梅又有二絶, 不欲有隱於左右, 復以浼呈, 兼發一。"이 있다.

60 己巳年(1569, 宣祖2, 69세) 4월 21일 禮安에서 쓴 편지이다.〔資料考〕《兩先生往復書》에도 전문이 실려 있다.《兩先生往復書》에〈令前上白。奇大諫宅〉으로 되어 있다.

61 體 : 上本에는 "棣"로 되어 있다.

62 付 : 中本·定草本·《兩先生往復書》에는 "附"로 되어 있다.

63 時望 :《兩先生往復書》에는 뒤에 "謹拜白。己巳四月卄一日, 滉頓。"이 있다.

實非退者之宜。惟以曾預未了之事呈稟, 亦甚悚仄。

殿議終如何歸結? 不柝毁殿屋, 爲幸多矣, 而傳聞一室分兩之議, 亦似歸於不用云。然則以何爲善而用之耶? 續聞後出之論, 以爲當仍奉仁宗於延恩, 而不入文昭, 不知信否? 若信[64]有此說, 於令意以爲何如? 以滉愚見, 許多議中, 此說尤深害義理。自聞此來, 日夕憂鬱, 不知身之在遠外也。竊觀前古議臣所以處此事者, 一則曰: "嘗[65]爲君臣, 便同父子, 當各爲一世", 一則曰: "兄弟不相爲後, 當同昭穆共一位", 兩說角爭, 後說常勝者, 以上遷高祖, 或遷至於曾與祖, 以是爲難故也。是以, 今之宗廟, 亦旣用後說矣。其在原廟, 其難亦然。故當初妄獻愚計時, 亦欲增一室而改位向者, 爲此也。

然至今思之, 諫院欲堅守毋過五室之制, 亦甚有理, 何者? 於不當設而苟設者, 雖莫敢請廢, 固不當請增以啓無窮之失也。幸而聖智首出, 深燭此理, 旣命罷柝殿, 而又停增室, 可謂甚[66]善而至當也。顧其上遷之難則猶在, 故大臣之意[67], 欲以一室分爲兩位。昔晉明帝將祔, 溫嶠欲就見廟中, 直增坎室, 以安過七之一位, 正與此議同, 斯亦似出於不得已也。若廟堂之於他議, 皆不能善推而用之, 則無寧且用此說之爲彼善於此乎?

---

64 信 : 樊本·上本에는 "儘"으로 되어 있다.

65 嘗 : 拾遺에는 "常"으로 되어 있다.

66 甚 : 《兩先生往復書》에는 "深"으로 되어 있다.

67 意 : 中本·拾遺에는 "議"로 되어 있다.

至於欲不祔仁宗之說, 古亦有如此之類, 皆無謂者也。蓋兄弟繼立, 嘗臣事而受傳統, 如天經地義, 萬古不可易。故《春秋》之旨、程·朱之論, 皆處以各爲一世, 今雖以上遷之難, 不能用其說也, 若因此而遂欲忘傳統之重, 忽事君[68]之義, 擯替先君, 仍置別處, 而徑以明宗升祔, 上繼中宗, 則其違經旨背正論, 得罪於大倫, 爲如何哉?

自盤庚不序陽甲之說一出, 而後來議臣援比爲邪說者, 不勝其多。姑擧其一, 如唐之陳貞節、蘇獻欲別處中宗而以睿宗上繼高宗, 其時忠義之士河南孫平子上封事, 抗爭甚力, 而獻從孫頲爲宰相, 乃阿私右獻, 謫平子而用獻說, 彼固不足責也。堂堂聖朝, 彝憲大明, 而萬一不幸或出於踵彼之失, 吾人適在諫院, 亦或放過而不救正。其如[69]四方後世之責, 何以哉?

夫不遷四親與毋過五室, 極知並行之爲難矣。[70] 故一室分兩, 不得已而姑欲爲目前之計云云。 然以賀循廟室象常居未有二帝共處之義之說觀之, 亦殊未安。滉頃在都中, 嘗爲吾人言, 欲上遷高祖一位, 奉安延恩云云, 不知此事何如? 愚意如是而與德宗同處, 以過五室而當遷, 非降替也。以在四親而留奉, 非祧出也。上可以應上遷之禮, 而其實非遷; 下可以免越祔之嫌, 而偕祔無嫌。

---

68 事君 : 《兩先生往復書》에는 "君事"로 되어 있다.

69 如 : 拾遺에는 "於"로 되어 있다.

70 矣 : 《兩先生往復書》에는 없다.

大抵原廟事體, 與宗廟大異, 在宗廟則此論不可行, 如原廟則不循古而意設。[71] 所當變而從變, 寧有不可者乎? 伏惟深思遠猷, 勿循勿疎, 毋爲得罪於平子, 幸甚。[72][73]

KNL0618(書-奇大升-71)(癸卷18:9右)(樊卷24:16左;樊遺外卷2:21左)

與奇明彥[74]

四月十七二十·八書, 具示殿議始末, 不以遠外無所預, 而辱與之諄諄如此, 感荷者深矣。但當時盛意, 以謂已無他議, 不意其後又有一番騷擾, 殊駭聽聞。幸而旋復稍定, 豈非諸人力爭之故而聖上睿斷之美也耶? 抑其中有所未諭者, 兩大王同一唐家, 果爲未安。若以三位之設與三唐家之制對言之, 下設之三分, 卽上制之三截, 何故上作三唐家, 則下三位設卓爲難, 上作長唐家, 則下三位設卓不難乎? 幸略示破何如?

卓面器皿饌品損過事, 不知終遂施行否? 此間, 本有火澤之象, 而頃爭祔議, 諸爲忠憤所激者, 往往言或有過當處。竊

---

71 設 : 定草本에 "說"로 되어 있다.
72 幸甚 : 《兩先生往復書》에는 뒤에 "隆慶己巳四月日, 滉拜。"가 있다.
73 德興議事……平子幸甚 : 拾遺에는 〈別紙〉라는 제목下에 〈與奇明彥〉(SNL0580) 뒤에 붙어 있다.
74 己巳年(1569, 宣祖2, 69세) 6월 7일 禮安에서 쓴 편지이다. 〔編輯考〕 이 편지의 "竊聞左右"부터 "寧可得耶"까지는 樊本 및 上本의 遺集外篇에는 〈與奇明彥〉이라는 제목의 독립된 서간으로 수록되어 있다. 그러나 《兩先生往復書》에는 이 편지 중간에 삽입되어 있으므로, 그에 根據하여 合編하였다. 〔資料考〕《兩先生往復書》에도 전문이 실려 있다. 《兩先生往復書》에는 제목 없이 〈令前上狀 奇承旨宅〉의 뒤에 붙어 있다.

恐嫌怨益增, 藉口尤甚, 而駭機之發, 不能保其必無也。愚意當此時, 孚號有厲, 夕惕無咎, 乃爲第一義, 不知諸公能念及此耶?

《竊睍左右, 固不易得, 然其逞英氣, 騁雄辨[75], 折人太過, 至於反己飭躬懲窒遷改等細密工夫, 全似疎濶。以此行世, 何恨[76]機穽? 以此希聖, 何望門墻? 身居諫職, 固當盡言, 然以明道告神宗之言觀之, 不多時間, 許多人擧劾, 亦恐在所斟酌也。金憲事, 處之甚善。此皆往事, 所以區區言之, 覬有少裨於來者耳。如謬書上遷之說, 固知難行, 亦非盡善之道。但以爲與其任私見而欲下瞽當祔之主, 寧不得已而上遷臨祧之主, 猶爲彼善於此云爾。然而若用此說, 其後段事未言者尙多, 而今不當云云。今旣爭大事, 得請矣, 更望餘事一一中節, 寧可得耶?》

諸示詩合十五絶及靜存詩八絶, 俱甚見寵借, 感愧之深, 言所難形。以其皆出於辱和鄙句, 不敢更瀆扳[77]和, 似若[78]爭多然也。獨和頻夢一絶, 幷謝扇一絶, 錄在別紙, 幸發一笑。[79]

無極之說、物格之說, 並俟後日奉報。[80]

---

75 辨 : 《兩先生往復書》에는 뒤에 "凌"이 있다.
76 恨 : 《兩先生往復書》에는 "限"으로 되어 있다.
77 扳 : 上本에는 "板"으로 되어 있다.
78 若 : 庚本·擬本에는 "苦"로 되어 있다.
79 一笑 : 《兩先生往復書》에는 뒤에 "己巳六月初七日, 滉頓首."가 있다.
80 無極之說……後日奉報 : 《兩先生往復書》에는 〈與奇明彦〉(KNL0619)의 끝에 붙어 있다.

KNL0619(書-奇大升-72)(癸卷18:10右)(樊卷24:17左)

與奇明彥[81]

前月中，連承四月十七日二十八日兩書，及見寄和錄諸詩，細讀深玩，佩幸無已。惟是每因便遽，修報不時，愧歉多矣。今謹略抒鄙意，報在別紙，庶冀復承惠誨也。

　就中滉輒有卑悃，仰冒哀控。滉先府君以先兄故，追贈嘉善，當時雖已立石墓前，石有瑕泐，圖欲改立，而中遭家禍，惶惑遷延，久而不果。續因滉故，累蒙加贈，其在滉身，叨濫不敢當之意，固已極矣。然旣辭不得，而受此贈典，則墓道之表，不可不從今贈而改刻也。故已買他石，秋來攻造是計。而前所刻，只依文公《家禮》，略記鄉系之類，而無有銘文。竊伏深惟先人齎志不試，名不登於史牒，若只如此陻沒，是尤人子之心所隱愴於無窮也。故茲因改石也，願得當世大君子一言之惠，庶有發於潛閟之蹟，以示來裔，謹將所次行狀一道同封，拜稽上呈。顧緣滉險釁不吊，生未周晬而孤，及諸孤省事以來，則又寢遠於先人之世，舊人凋謝，無從叩問。[82] 是以，凡有言行事實，率多遺闕而未述，匪茹之痛，於是爲至。若其祖先事蹟及子孫娶某生某等項，則又太似詳悉，徒以凡狀之體不厭煩多，以待作者之裁酌去取焉耳，非欲其以是盡入於文字也。

---

81 己巳年(1569, 宣祖2, 69세) 6월 9일 禮安에서 쓴 편지이다. 〔資料考〕《兩先生往復書》에도 전문이 실려 있다. 《兩先生往復書》에 〈令前上狀. 奇承旨宅。〉으로 되어 있다.

82 問 : 上本에는 "門"으로 되어 있다.

且西掖近密之地, 極知干冒之爲難, 情事懇迫, 不能停俟後日。又計文字入石, 當在九十月間。其間, 豈無退直休閑之日? 若欲臨其時而始求之, 則有不及事之慮, 敢此煩瀆。伏乞曲賜矜察, 俯遂罔極之望, 不勝懇祈切祝之至。《謹拜上狀。》[83]

KNL0620(書-奇大升-73)(癸卷18:11右)(樊卷24:19右)

答奇明彦[84]

李伯春使憲到界, 傳致辱答書緘兼別紙數幅和詩一絶, 不啻諄復。曾緣微懇所迫, 敢將先壟文字, 奉有煩請, 方深兢仄。未經多時, 伏蒙緖次已定之諭, 出於始望之先。其爲喜感, 銘篆在心, 無以仰喩, 日有翹竚而已。

滉山居溪邐, 幸免他患, 第苦於恒雨, 保攝羸骸, 倍艱他時, 用是自覺昏憊益甚。往往流聞, 風色如彼, 無任"靜對簞瓢獨喟然"之嘆。中歲以來, 遊於羿之彀中, 迄際景運, 以爲今後不復有此憂矣, 何乃忽此紛紛? 世常說山林可樂, 若如此不已, 山林容可晏然而已乎? 前所以奉告云云者, 近於舍其田而芸人田也。 只緣人多以前所奉白者歸咎於左右者, 不敢有聞而不以告也。更望深留盛意則幸甚。餘具別紙。不宣。[85]

83 謹拜上狀 : 《兩先生往復書》에는 뒤에 "隆慶三年六月初九日, 判中樞府事李滉。無極之說、物格之說, 並俟後日奉報。"가 있다.

84 己巳年(1569, 宣祖2, 69세) 윤6월 27일 禮安에서 쓴 편지이다. 〔資料考〕《兩先生往復書》에도 전문이 실려 있다. 《兩先生往復書》에 "明彦令前拜復。奇承旨侍史。"로 되어 있다.

KNL0620A(書-奇大升-73-1)(癸卷18:12右)(樊卷24:20右)

別紙[86]

恐悚。《十圖》聞已畢刊, 若印頒有命, 則庶或循例進御否乎? 若令公在銀臺日而進入, 則其所追改處, 細瑣不緊者, 不必煩達, 如〈心性情〉中下圖改處之類, 不可不具陳所以然之故。伏望精慮周旋, 俾無疏欠, 何如?

其圖皆是前哲用意深處, 愚臣芹曝獻誠, 亦盡在其中矣。似聞訾毀之言, 已多流布, 亦已有搖惑於黈纊之下者。竊恐緝熙之地, 未及研精沃悅, 神會心融, 而先有厭薄之意, 則終無以見補袞之益也。然此則無如之何矣。惟於所可爲者, 不可不盡底蘊, 故敢白。

此圖, 初謂字不欲微細, 其長廣皆要寬占, 以致圖本樣子太大, 其於作帖玩閱, 殊有不便適者, 未及改謀, 而刊刻已了, 今何得冒譏訕而欲改作乎? 爲可恨耳。

理氣合而爲心, 自然有虛靈知覺之妙。靜而具衆理, 性也; 而盛貯該載此性者, 心也; 動而應萬事, 情也, 而敷施發用此

---

85 不宣:《兩先生往復書》에는 뒤에 "謹拜復狀。隆慶己巳閏六月二十七日, 滉艸艸。"가 있다.

86 〔編輯考〕《兩先生往復書》에도 실려 있으나 거의 대부분의 내용이 순서를 달리하여 실려 있다. 中本에는 "恐悚……奉聞耳"의 내용이 별도의 제목 없이 앞 편지에 別行으로 이어져 있고, "文昭殿" 앞에서 "別紙"라고 제목이 달려 있다. 《兩先生往復書》에는 "文昭殿……不勝禱祝"의 내용이 제목 없이 행을 달리하여 앞 편지에 이어져 있고, 그 뒤에 '恐悚……奉聞耳'의 내용이 이어진다. '謝扇拙句……寄此情'은 찾아볼 수 없다.

情者, 亦心也。故曰心統性情。

　　心統性情, 前者伏聞頻賜下問, 至滉賜退日, 亦蒙下問[87], 而所對未恰。若對說如此, 則庶幾近之, 如何如何? 向聞令公亦以所對未恰爲恨, 故聊以奉聞耳。

文昭殿兩唐家三唐家皆有礙, 不得已通作長唐家曲折, 今始曉然矣。不變位向, 不作他方便, 只就見成之制、見行之禮而處之。舍此, 他無有善策出於此外者。宜乎至於此而衆論止矣。但觀其制, 後來遞遷時, 又不免復有更張之勢, 恐或別有邪議生於其間而不能爲萬世通行之定制耳。(【似聞"今雖如此, 後番遞遷時, 仁廟當徑先祧遷[88]"之論有之, 信乎?】)

《金也如許, 甚可怪, 終亦不足怪也。今日吾輩, 自以非命世之才, 學未成而名已播, 難以經濟自任。覆車在前, 尤不得不以爲大戒。實無有一人妄自謂逢時得君, 更張國事, 變亂政法, 將欲迫逐舊人隮已植黨之爲者, 其視向來人匡國濟世自任者, 何啻萬萬不相似? 而彼乃强此之無, 擬彼爲罪, 援昔所誣, 斥今爲證, 必欲納諸[89]罟擭蹈[90]穽之中而後已。 彼之無故而忽生此計, 已爲可怪。況彼若懷此不善意於胸腑, 何故前日惠然

87　下問 : 擬校에 "兩'下問', 似不可連書。"라고 하였다.
88　遷 : 《兩先生往復書》에는 "出"로 되어 있다.
89　諸 : 《兩先生往復書》에는 "之"로 되어 있다.
90　蹈 : 中本·樊本·上本·《兩先生往復書》에는 "陷"으로 되어 있다.

來見滉, 坐談終夕, 披襟掉舌, 苦勸滉毋[91]退? 不知此何意耶? 故云: "甚可怪."

雖然, 若此等輩, 匪今斯今, 自古在昔, 今不必駭訝於此人, 故終亦不足怪也。然吾輩學未窺古人之藩墻, 而喫人罵逼已如此, 不知何以處此而後可無愧於古人耶?

所云陳辭過當者, 雖不敢問其何辭[92], 聞來亦爲之怵然。蓋身雖屛處稍幸, 諸公所處之得失, 似不得不與疎逖之蹤相關涉。是以, 無時而不懸情也。

沈之所以退, 不獨緣此。想他亦有所秉而然, 甚善甚善。公之上繼引退, 勢似太露而爲難。然觀勢審幾, 善爲之所, 幸甚。素相期者不得力, 亦古今常事, 最宜愼於交際也。大抵勿太向前, 常須退步, 勿相鬪敵, 勿被撓奪, 益懋內修, 職思其憂, 乃今第一義也。所云"殀壽不貳", 苟有所得, 甚善甚善。然此事與"修身以俟"相待以成。若於修身事, 有不滿人意處, 所自謂"殀壽不貳"者, 亦恐有疎脫處也。所欲言甚多, 猥冗不具。[93]【金之前後啓辭, 皆得見, 仰荷仰荷。】》

聖明, 眞不世出之主, 實宗社無疆之福, 太平萬世之慶。至如近日事, 彼無緣入于左腹, 是曷使之然哉? 伏聞有緝熙日進之益, 畎畝眷眷[94], 不勝禱祝。

---

91 毋 : 底本에는 "每"로 되어 있다. 文脈에 根據하여 修正하였다. 中本의 추기에 "當作毋."라고 하였고, 樊本·上本의 두주에 "每當作毋."라고 하였다.
92 辭 : 樊本·上本에는 "事"로 되어 있다.
93 不具 : 《兩先生往復書》에는 "不具。滉頓首"로 되어 있다.
94 眷眷 : 《兩先生往復書》에는 "拳拳"으로 되어 있다.

《謝扇拙句, 獲垂瓊報, 感荷感荷。"樂自生", 以孟子語看, 自"好雲常靄", 知用停雲意, 亦自顯然。然意不必下一常字, 只曰"停雲靄", 則尤顯然而好。且'積下'二字, 無乃有病乎? 恐亦只下得尋常閑言語, 令意思渾成通暢乃好。如無限二字, 代積下, 何如? 或曰: "一札緘封寄此情"》

KNL0621(書-奇大升-74)(癸卷18:13左)(樊卷24:23左)

答奇明彥[95]

七月二十一日辱惠書, 兒輩以銘文之故, 不敢輕付便人, 至九月初, 始得拜承, 知辭出銀臺在閑。頃睹除目, 又審復長成均。官次屢易, 爲況何如? 體中安否復何如? 慕用瞻仰, 非虛語也。

示喩諸般, 一一奉悉。已將各件, 別紙回報, 其有不中理者, 尙蘄[96]復賜明諭。

所云浩洶之端, 近更如何? 彼自作區分, 當止不止, 必欲生事而後已者, 誠不可曉。然當日數公所以攻彼, 亦似太露, 因而激成時勢如此, 恐不可徒咎彼而不自反也。

聖明在上, 固朝野所共仰賴。自紛紛以來, 迄今兩安者, 正賴於此。然而獨不見前車之覆乎? 其不以恃太過、處太疏、

---

95 己巳年(1569, 宣祖2, 69세) 9월 30일(그믐) 禮安에서 쓴 편지이다. 〔資料考〕《兩先生往復書》에도 전문이 실려 있다. 《兩先生往復書》에〈令前拜復狀 奇大司成宅〉으로 되어 있다.

96 尙蘄 : 中本의 부전지에 "'尙勒'更考."라고 하였다.

攻太急之所致乎？請於此更加深思焉。先墓碣文，率爾扳乞，方懷悚仄，乃蒙不鄙，極意研詞，用闡我先人幽翳之志。拜受以還，反覆[97]莊誦，不勝感涕篆刻之至。人家子孫求此等文字於人，誠懇非不至，或終身而不得，累世而無成者多矣。今滉乃獲遂微願於往復數月之間，何其爲幸之多至此也？顧其中有滉所未敢當者數段，幷他懇一二，別紙披白。伏覬商照，得賜俯循，區區千萬之望。餘祝爲道爲時，珍毖加衛。不宣。[98]

流聞區別之人，於令公最甚憎疾，至或揚言曰：“彼何不自請方面以去，乃冒衆怒而在朝乎？”不知亦曾聞之否？其爲此言者，未知其爲何等人？系是炎炎者耶？或是悠悠者耶？此則姑不問，聖主於令公，未有疎斥之意，而先欲引去，似未安也。而愚則別有所憂，昔孝宗於朱子，知賞非偶然，然每進必求退者，以其輒有間之者故也。方南軒遇知於孝宗，極相歡倚，朱子猶以虞相未有信用之實，勸南軒以一事決去就。今人旣以此學之名，指目令公，而欲去之如彼，令公反不以朱、張所處處其身，無乃終有大悔吝而不可收拾也？如何如何？
胡康侯謂“去就非人所能謀。”有所疑，故聊獻愚耳。[99]

---

97 覆 ：《兩先生往復書》에는 "復"으로 되어 있다.

98 不宣 ：《兩先生往復書》에는 뒤에 "謹拜復狀。隆慶二年己巳九月晦，滉拜。"가 있다.

99 流聞區別之人……故聊獻愚耳 ：《兩先生往復書》에는 〈碣文稟目〉(KNL0621D) 뒤에 제목 없이 행으로 이어져 있다.《兩先生往復書》의 순서는 다음과 같다. (1) 편지 본문(74) (2) 碣文稟目(74-4) (3) 流聞區別之人……故聊獻愚耳(74) (4) 別紙(74-1)

KNL0621A(書-奇大升-74-1)(癸卷18:15左)(樊卷24:25右)

別紙[100]

徑遷之說,雖非目前之事,實是久遠切害事,不知何故如此悖理傷道之端發於正人君子之慮乎?《春秋》只譏躋僖公,而不譏不徑遷閔公。其說之無稽而不正,得罪聖典無疑矣。

尊奉典禮,今何定耶? 追崇故事,尋問之意,果在於[101]何耶? 恐其出於偶然,不至欲踵作無理之事而然也。況經席所陳,庶蒙沃納矣。其間,雖或不幸有邪議,聖明當能深燭遠見,不陷於其中也,審矣。滉前日議家廟時,以爲"當先定尊奉典禮,使事體得定,然後始可爲[102]家廟。"略爲之草定,其辭未訖,而廟議已徑定矣。不久,滉又乞身而歸,見作田舍民,則難以復與此等事,故竟未究成其文。況纔出國門,而操戈者猝起,雖幸去之,餘論未已,皆若意在於賤蹤。何可更以此等文字入都下以惹起人指目乎? 茲不敢如命,望賜原照。

---

(5) 別紙(74-2) (6) 別紙(74-3)

100 〔資料考〕《兩先生往復書》에는 표제 없이 전문이 실려 있다.
101 於:《兩先生往復書》에는 없다.
102 爲:《兩先生往復書》에는 "議"로 되어 있다.

BNL0621B(書-奇大升-74-2)(樊卷24:26右)

別紙[103]

《十圖》, 示喩曲折, 感佩至意。其圖樣雖大, 不甚有妨於玩閱, 所示固然。然終覺其廣太濶, 其於置案挿架, 往往有不便者, 故欲稍約縮其樣而密塡其字, 減得四五行所占之廣, 則適中矣。然今若已印入則無及矣。

伏聞聖明垂念, 欲御講究, 儻或有裨於涓埃, 死塡溝壑無恨。但此時左右不在銀臺, 爲可嘆耳。

就中今而細觀〈大學圖〉, 有一二未盡善處, 別紙寫貼以呈, 於公意以爲何如？妄謂必如此改定, 始爲無欠。但已印入, 則啓改勢難, 甚恨。當時欠於參訂, 以至此耳。此改貼處, 亦以示朴和叔, 與之商訂, 何如？

KNL0621C(書-奇大升-74-3)(癸卷18:16左)(樊卷24:26左)

別紙[104]

《世祖旣遷之後昭穆神位圖》[105]

---

103 〔資料考〕《兩先生往復書》에는 표제 없이 전문이 실려 있다.
104 〔資料考〕《兩先生往復書》에는 표제 없이 전문이 실려 있다.
105 世祖……位圖：《兩先生往復書》에는 없다.

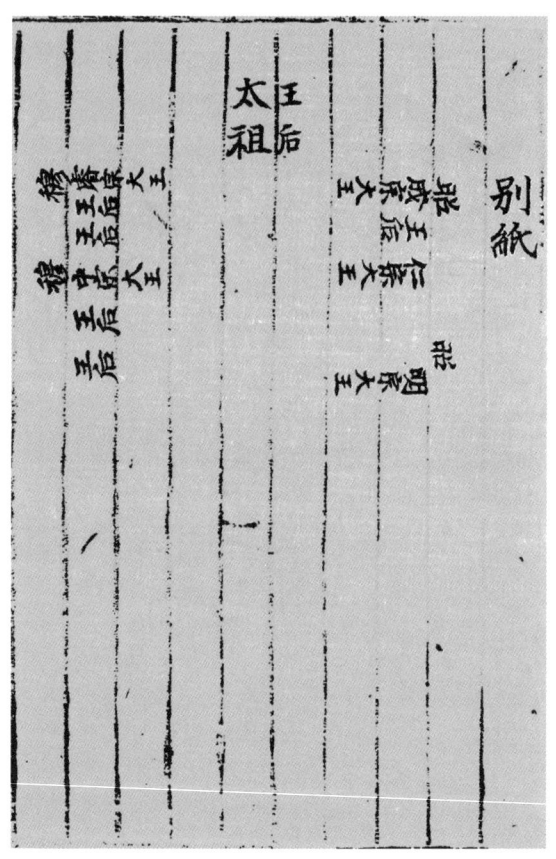

文昭前殿二唐家三唐家皆不可, 必作長唐家乃可, 則旣聞命矣。但又有所未喩者, 世祖旣遷之後, 遙想昭穆神位, 似當如右圖, 然則一唐家三神位, 皆在穆位, 曾所已定之事也。今所議昭位, 則無一唐家三神座之位, 何故前示有三卓難排等說耶？已過之事, 不當更有言議, 但於往復商訂之末, 事理有未透曉者, 不欲遽自休罷, 故敢再稟。

KNL0621D(書-奇大升-74-4)(癸卷18:17右)(樊卷24:27左)
碣文稟目[106]

一, 凡稱呼, 公與先生字, 不知其初孰爲輕重, 然以今時所稱觀之, 先生字似尤重也。銘中說及滉處, 用此二字, 與稱先公處, 間出爲文, 在滉極爲惶窘。滉嘗見卞春亭作河崙父碑銘, 其始未及父事而稱崙處, 雖曰左政丞晉山浩亭先生, 其下旣入父事後, 則凡九稱崙, 皆未嘗稱先生, 皆稱爲政丞公而已。伏乞略倣此例, 只稱滉官職, 而終始去此二字不用, 以安微悃, 幸甚。

一, 銘中稱道滉處, 太近張皇, 旣難示人, 又難以取信來世。伏乞有以量裁, 務得著實, 懇仰。

一, 碣石, 例不如碑石之大。以嘗所見言之, 雖得其中樣者, 若過千一二百字, 則已難容刻。今惠銘文千七百二十餘字, 一碣勢難容刻。欲細書塡刻, 則醴泉石品頗矗厲, 細刻尤難, 玆實他無善處之道。伏睹序文中取滉書中全語處多, 以致字多如此。今如蒙留意, 欲望去全語而取其意, 約節點化爲文, 則可省得四五百字[107], 庶幾得免於排字之礙, 無仟祈幸之至。蓋此文字, 詞意圓贍, 議論逸發, 而理致渾成。若非容刻之難, 本豈有此增減之請？故元寄來手寫一本, 謹奉留爲貽厥之寶, 今將謄寫別本, 謹封呈納。伏望俯諒所懇曲折, 依副裁處, 以終大惠, 不勝幸甚。

---

106 中本·定草本·《兩先生往復書》에는 〈別紙。碣文稟目〉으로 되어 있다.
107 四五百字 :《兩先生往復書》에는 "四五百字或三四百字"로 되어 있다.

一, 行狀外數件事, 得蒙念改[108], 添入發揮, 深荷盛義之厚。
一, 四十餘年, 只當云三十六年。或如所示擧成數, 亦無不可。

BNL0621E(書-奇大升-74-5)(樊卷24:29右)

別紙

前獲佳句, 使停雲事而不下停字及其末端情字處, 竊有所疑, 敢獻愚見。今示以看雲起思之處, 情境宛然在目, 益知念逮之非偶然也, 覺得意味勝於前見。然終是未免爲斧痕帶累, 不似唐人句法, 如如何何? 幸再點檢爲佳。兩絶, 效顰寫呈, 蘄發一笑。

BNL0622(書-奇大升-75)(樊卷24:29右)

答奇明彦[109]

月初, 兒子下來, 獲奉前月卄三日手簡, 承審有小愆攝, 在告調養。今冬寒甚, 未知卽日體履安否何似? 昕夕不任馳仰之懷。
　　滉深藏密護, 猶不免寒砭, 痰氣作患, 醫藥難得如意, 恐遂

---

108 改 :《兩先生往復書》에는 "記"로 되어 있다.
109 己巳年(1569, 宣祖2, 69세) 11월 16일 禮安에서 쓴 편지이다. 〔資料考〕《兩先生往復書》에도 전문이 실려 있다.《兩先生往復書》에〈令前拜復. 奇大司成侍史〉로 되어 있다.

成痼, 爲慮不淺。

　　碣銘得蒙垂意, 卽遂懇願, 感篆已極。復緣刻石圖便, 更煩裁幸, 兢仄尤深。伏承賜答, 不以爲罪, 許惠依願, 感服又不可勝陳。明春, 當擬入石, 謹伏俟命至之日。

　　就中時事, 專不得聞, 只以別紙所喩言之, 雖賴聖明鎭靜之力, 姑此牽補度日, 恐無終安之勢, 每於蓬蓽之中, 不能不爲諸公憂之。適有採薪之憂, 不能一一。伏惟恕諒。[110]

BYL0623(書-奇大升-76)(樊遺內卷4:9左)
答奇明彦別紙[111]

　　無極之釋, 謹聞命矣。滉亦非不諭極【丶】無【乎代】之說, 便釋而使人易曉, 但以謂尋常單釋無極二字, 則必皆曰無【ッㇷ゚】極【丶ㇾ】矣。獨於此釋曰極【丶ㇾ】云, 似不顧文法而隨意作說, 又與太【ッㇷ゚】極之釋異辭, 爲未穩故也。今蒙提諭, 敢執一說而不承乎?

　　惟物格之說, 乃是高明之見大誤, 而全不回頭, 虛心平氣, 濯舊來新, 以求得乎正當知見, 乃欲旁搜僻拾, 苟得一二相似而不近者, 假作證據, 支辭蔓說, 强辯力執, 期於必勝, 他人之說, 則不問可否, 一向揮斥。不知如此作伎倆, 是何等學問? 如此做心術, 是何門旨訣? 滉於此一說, 雖未透得關鍵, 其竭

---

110 恕諒:《兩先生往復書》에는 뒤에 "謹拜復狀。己巳十一月十六日, 滉頓。" 이 있다.
111 己巳年(1569, 宣祖2, 69세) 윤6~12월 禮安에서 쓴 편지로 추정된다.

心疲精, 用功於其間, 許多年歲矣。於高明所執之說, 旣已明知其不可, 何敢冒昧而徇從乎?

BYL0624(書-奇大升-77)(樊遺內卷4:10左)
別紙[112]

本心門'心之神靈'一條, 若未得他穩當之語, 則仍存此條, 而其上添下語曰:"朱子釋知性知天之知曰:'知者, 心之神明所以妙衆理而宰萬物者也。'"本語作神明, 今撮要作神靈亦誤。

"天下無不可說底道理, 如爲人謀而忠, 朋友交而信, 傳而習, 亦都是眼前事, 皆可說。只有一個熟處, 說不得, 除了熟之外, 無不可說者。未熟時, 頓放這裏又不穩帖, 拈放那邊又不是。然終不成住了, 也須從這裏更着力, 始得。到那熟處, 頓放這邊也是, 頓放那邊也是, 七顚八倒無不是, 所謂'居之安則資之深, 資之深則左右逢其原'。譬如梨柹, 生時酸澁喫不得, 到熟後, 自是一般甘味,[113] 相去太遠。只在熟與不熟之間。"【徐㝢錄語】

李堯卿問:"事來, 斷制不得當, 何以處之?"曰:"便斷制不得, 也着斷制, 不成掉了。"又問:"莫須且隨力量做去?"曰:"也只得隨力量做去。"又問:"事有至理, 理有至當十分處。今

---

112 己巳年(1569, 宣祖2, 69세) 윤6~12월 禮安에서 쓴 편지로 추정된다.
113 味:上本의 두주에 "'味',《語類》'美'。"라고 하였다.〔今按〕현재 통행본《朱子語類》권117에는 "美"로 되어 있다.

已看得七八分, 待窮來窮去, 熟後自解到那分數足處。"曰:"雖未能從容, 只是熟後便自會。只是熟, 只是熟。"

　去"周先生只說"及"敬莫把做一件事"兩條, 以右兩條補入, 則穩當。

KNL0625(書-奇大升-78)(癸卷18:18左)(樊卷24:30右)

答奇明彦【庚午】[114]

曾見邸報, 知已撤皋比, 續得孫兒及金而精書, 皆言動履神相, 新祉益茂, 欣賀無涯。又皆謂"先碣文, 許於望間可訖, 擬當受出送來"云, 非久, 可拜承寵賜, 感篆之至, 翹渴以俟。

　書中又云:"晦間南歸已定。"苟如是, 儘莊周所謂"於魚得計"者, 善哉勉哉!然拙者所以發此語, 非爲公作悻悻之謀。自古安有風色如此中, 已乃爲時相[115]最所憎疾, 至顯攻於君前, 而可遲疑不去之理乎?曩日書云:"爲朋友所牽掣", 此說實疎。蓋朋來之復, 豈可望於爻象若此之時乎? 僻居, 雖未聞時事, 大概近日更甚, 似因濮議而然。此等事, 自古每至於如此, 亦何足深作怪恨? 惟有去耳。

　滉去年歸後, 僅一辭不得, 極以煩瀆爲恐, 側身緘口, 拖至

---

114 庚午年(1570, 宣祖3, 70세) 1월 24일 禮安에서 쓴 편지이다.〔資料考〕《兩先生往復書》에도 전문이 실려 있다. 中本에는〈答奇明彦〉으로, 定草本에는〈答奇明彦【庚午正月】〉로, 樊本에는〈答奇明彦〉으로,《兩先生往復書》에는〈令前拜狀。奇僉知侍史〉로 되어 있다.

115 相 :《兩先生往復書》에는 "相人"으로 되어 있다.

今年, 適當引年之限, 乃敢上箋陳乞, 理宜無不得者, 萬一不得, 續續拜章, 以得遂爲期。名正言順, 煩瀆之嫌, 有不當計也。此願得遂, 意謂山當益深, 水當益遠, 書當益有味, 貧當益可樂也。但與高明相去益遠, 魚鴈亦難屢通, 昔賢所謂"有疑誰講[116], 過誰箴"者, 於今見之, 殊可歎也。然第彼此各能日從事於此事, 亦無異同席聯床而處矣。至於禍福之說, 蒼蒼在上, 豈容預作遑遑與匆匆哉? 願"努力崇明德, 皓首以爲期"謹拜書代別。[117] 《隆慶庚午孟春廿四日, 滉頓。【此書, 且遣入都, 令崔德秀傳上, 若遂南去後, 亦不過如此令崔傳送。但未知左右下人, 在都下有能傳書者否? 示及爲幸。】[118]》

《十二月初六日書, 迄未修報。其前辱示無極等辨[119]論, 亦未有回謝, 遹慢甚矣。只爲專心望承於銘文之賜, 未欲他及閑說話故耳。凍鮮、膏鸛, 領惠感怍。》

KNL0626(書-奇大升-79)(癸卷18:20右)(樊卷24:31左)
答奇明彥[120]

滉近拜一書, 附鄕儒赴試者, 託崔德秀傳致几前, 其書在途,

---

116 講 : 養校에 "'講'下疑脫'有'字。"라고 하였다.
117 謹拜書代別 : 庚本・擬本에는 뒤에 〈別紙〉(KNL0628A)가 이어져 있다.
118 此書……示及爲幸 : 《兩先生往復書》에는 본문으로 처리되어 있다.
119 辨 : 《兩先生往復書》에는 "持"로 되어 있다.

而柳太浩參判來, 獲奉手札, 且承寄來改減過銘文一本, 得諒所祈, 鍊省四百餘字, 可免不容刻之患。感篆衷曲, 不以言喩。前日扳請, 亦不過如此, 若太損沒沒, 豈是情願？稱呼, 謹悉諭意, 然猶恐或有用不得處, 徐更商量。稱道處所減四字, 甚幸。其他亦有過當之說, 而未蒙裁[121], 幽明之間, 惶仄實深, 奈何奈何？

傳聞歸意已決, 猶未的然, 今示云云, 始審歸袖翩然, 不遠伊邇, 甚善甚善, 固當固當。湖、嶺阻修, 悵難通信, 然迻都下轉轉[122], 猶可望也。窮通有命, 彼於我如彼, 是亦命耳。但撞著此等事, 亦不可不自反而痛加循省。今人皆云："左右傲物陵人, 短於謹言, 疎於撿身", 果有之, 所當痛改, 無之, 亦宜更勵。又聞"近日不復剛制于酒, 非久恐生大病", 不知左右何故得此於梁、楚之間哉？今去, 切祝斷置百雜, 杜門掃地, 溫理舊業, 大覃思而極操約, 如忠信篤敬參前倚衡等凡聖賢至訓, 皆不以空言視之, 必期於吾身親見而實驗之, 庶不負重責所歸也。世人爭言滉不知人而失薦對[123], 滉尙未有失薦之悔者, 以其所望於左右, 有非人人所與知也。若使終身爲英氣所使, 蕩習所累,

---

120　庚午年(1570, 宣祖3, 70세) 1월 30일(그믐) 禮安에서 쓴 편지이다.〔資料考〕《兩先生往復書》에도 전문이 실려 있다.《兩先生往復書》에〈令前拜謝復狀。奇大司成宅。〉으로 되어 있다.

121　裁 : 庚本·擬本·《兩先生往復書》에는 뒤에 "去"가 있다.

122　轉轉 : 두주에 "下'轉'字似'傳'之誤。"라고 하였고, 甲本·樊本·上本에도 동일한 두주가 있다. 中本의 부전지에 "'轉轉'更考。"라고 하였고, 定草本의 추기에 "傳"로 되어 있다. 擬校에 "下'轉'字似當作'傳'。【愚伏校】"라고 하였다.

123　對 : 中本의 부전지에 "'對'字更考。"라고 하였다.

困於麴蘖, 溺於嬉放, 卒與聖賢門墻相去百千萬里之遠, 則是
世人之攻左右者, 誠爲知人。滉雖欲不悔於失薦, 何可得也?
孔子告仲弓以敬恕之效曰: "在邦無怨, 在家無怨。"朱子
喜汪端明得暇, 勸其益勉於講學正心。願左右深思而力反之,
不勝幸甚。餘惟衛嗇珍重。不宣。《謹拜謝。隆慶四年正月晦
日, 滉頓首。》

《而精送芎夏湯, 與左右同求劑云, 感感。》

《今聞和叔得辭銓長, 於其身甚幸, 而時事可知。又未知文
衡何以處之? 自和叔言之, 須幷此辭去, 方爲究竟法, 其
果能然乎? 朝廷盡逐此等人, 可惜可痛。》

KNL_0627(書-奇大升-80)(癸卷18:21左)(樊卷24:33左)
答奇明彦[124]

正月卄六[125], 柳參判太浩來, 傳令書幷改定先碣銘。當時有南
行之日, 撥煩修寫, 以副所望, 感篆無以仰喩。已而金而精人
來, 其書云"已發南行", 且具道送行日共宿筬城亭, 兼寄所和

---

124 庚午年(1570, 宣祖3, 70세) 3월 21일 禮安에서 쓴 편지이다. 〔資料考〕《兩先生往復書》에도 전문이 실려 있다.《兩先生往復書》에는 "明彦令前拜復。奇大司成宅光州。"로 되어 있다.
125 六 : 上本에는 뒤에 "日"이 있다.

流字韻等兩絶句。吟讀悵想, 黯然之懷, 倍於去年東湖之別也。已拜一書, 附寄于而精, 令其轉致于湖南矣。昨李淸之令公子咸亨寄信來, 得金而精所寄令書, 乃行到稷山日所遣也。不知其後歸去故里興致如何？揆之以古人心事, 爲樂復如何？熟看來書云云, 似不免介介于中者, 至發於酒而見於色, 何耶？古人豈盡無上辭[126]下違之歎？然其有並行不悖之樂, 實浩然而泰然。若如今所爲, 則歸後亦似難安於蓬蓽之處, 未甘於簞瓢之味, 鬱鬱乎悲愁, 蕩蕩乎放曠, 業不進而過已積, 豈不爲向來排擯者所大嗤謷[127]耶？則吾所謂志道樹脚者, 果安在耶？願吾明彦三復深思之。

滉二月上箋乞致仕, 反有召旨之下, 惶恐難奔赴, 旋已具狀, 辭召命矣。近復上休致箋, 方兢惕俟命而已。傳聞時事, 似難保無事, 當此時而爲此擧措, 極知非宜。然平生罪過, 不乘此機而圖免, 終無可免之期, 故不計萬事, 而期於得請耳。

就中碣石臨畢, 銘文適至, 欣幸無比。不意其石磨礱垂訖, 而隱泐方露出, 欲更磨去, 則其泐愈甚, 不得不爲之停書刻, 擬待秋冬, 別求他石而用之。當大事而不爲天所佑如此, 慨恨不可勝云。

銘文稱道滉過當處, 雖蒙略改, 尙難以示人。然每請改亦難, 憫極。眼昏雖甚, 初欲自寫, 以其難示人之文, 自寫刻以示人, 必益招人笑罵, 欲倩他筆, 而無可倩, 尤以爲憫。

別紙所白, 則非請改關重文字之比, 伏望[128]照量, 辱回可

---

126 上辭 : 中本의 부전지에 "'上辭'未詳, 更考."라고 하였다.

127 謷 : 《兩先生往復書》에는 뒤에 "者"가 있다.

否。遣入漢城, 付崔德秀或金而精, 則可無浮沈也。李咸亨妻家在順天, 因其奴還, 附此書, 令咸亨傳上。然答書所以欲遣入都來者, 若附咸亨, 則此人性執, 有爲人太過處, 恐或專人遠送來故也。所懷萬端, 泓穎不能盡人意, 惟祈乘此閑暇, 益潛心大業, 懋崇明德, 以副時望, 以爲千古家計。自古安有理欲並用敬肆雙行之道? 今豈有内程、朱外嵇、阮之君子乎? 謹拜奉復。隆慶庚午三月二十一日, 滉頓首。》

BNL0627A(書-奇大升-80-1)(樊卷24:35左)

別紙[129]

《中庸》要寫冊子來, 已領悉。但眼昏體倦, 手腕乏力, 尤難作細字, 此等要索, 漸不能應副, 恐至終負所戒也。

　　金季珍, 時相見否? 舊遊甚疑。今有一書, 若咸亨伻人, 自致於彼則已, 若到公所, 煩爲致之。

---

128 望 : 樊本・上本에는 "惟"로 되어 있다.
129 庚午年(1570, 宣祖3, 70세) 3월 21일 禮安에서 쓴 편지이다. 〔資料考〕《兩先生往復書》에도 전문이 실려 있다. 《兩先生往復書》에는 제목이 없이 다음 〈別紙〉(KNL 0627B) 뒤에 별행으로 연결되어 있다.

KNL0627B(書-奇大升-80-2)(癸卷18:23左)(樊卷24:35左;樊遺外卷2:22左)

別紙[130]

碣銘改本、無復餘蘊。其間、尙復以滉私義有所未安處、敢自指出拜稟。

一。敍中凡稱滉處、其錄滉書中語、則代以我字、公自爲說則稱先生、此爲未安之意。前書已請改之、答書不以爲可而仍用之。滉反復思之、終是未當。蓋君前臣名、父前子名、禮也。今雖不欲直稱滉名、當依卞春亭作河浩亭考碑銘例、其初不免並擧其官爵亭號而稱先生、其後則更不擧先生字、惟稱政丞公而已。竊謂此實可法、故今欲於初稱滉處、並[131]用官號曰判中樞府事某先生、其後每遇錄滉自言處、直依本文下滉字、公稱滉處、皆曰判樞公、則稱滉凡三、稱判樞公凡六。須如此、方爲穩當。計於入石之際、不得不依此寫入、先此再煩稟白、惶恐惶恐。

《一。初擧滉語處、"旣辭之不得、而又乃受此贈典云云"、又乃二字、去之如何?》

《一。同上語處、"尤人了隱痛無窮"于卜隱上、下一所字、何如?》

《一。敍祖先處、緣滉請[132]節減字數之故、初本[133]事實、或有減

---

130 庚午年(1570, 宣祖3, 70세) 3월 21일 禮安에서 쓴 편지이다.
〔編輯考〕이 別紙의 "先妣生於成化庚寅……幸被慈敎之實事爲然"까지의 2 조목은 樊本 및 上本 遺集外篇에 〈答奇明彦【庚午】〉라는 제목으로 수록되어 있는데, 그 제목 아래 小註와 《兩先生往復書》의 내용을 근거로 여기에 합편하였다. 〔資料考〕《兩先生往復書》에도 전문이 실려 있다.

131 並 : 《兩先生往復書》에는 앞에 "雖"가 있다.

去, 勢使然也, 但其間"祖諱某慷慨有大志"下, 欲添"世宗朝設寧邊鎭築藥山城公爲判官能董治底績"二十字, 不審可否何如?》

一。先府君事實內"爲文, 又不屑舉子程式。以故, 每擧輒屈", 此乃滉書本語有未瑩, 而致失其實事。先府君實[134]每擧於鄉, 或冠多士, 而輒屈於禮部。今欲添改之曰:"累擧或魁而久屈", 何如?

一。"後之人慕判樞公之道", 道字不可輕下於此, 豈不被人之譏誚? 今欲改爲義字, 或如風字之類, 如何?

《一。先妣生於成化庚寅, 歿[135]於嘉靖丁酉, 享年六十八。先府君棄諸孤時, 先妣年三十三, 實計寡居三十五年。前者, 舉成數言, 故云四十年。然則四十下, 不當下餘字。或只云三十五年, 爲當。》

《一。"資給遠邇"之邇, 實是邇字, 蓋不計遠近, 皆務資給, 乃不肖諸孤, 幸被慈教之實事爲然。》

《一。"推其所自來則", 其下文又有"初非偶然而已也則", 兩則字相近而相爲累。上則字去之, 如何?》

---

132 請 : 上本에는 "淸"으로 되어 있다.

133 本 :《兩先生往復書》에는 뒤에 "所錄"이 있다.

134 實 :《兩先生往復書》에는 없다.

135 歿 :《兩先生往復書》에는 "沒"로 되어 있다.

KNL0628(書-奇大升-81)(癸卷18:24左)(樊卷24:37左)

答奇明彦[136]

夏間, 連得兩書。其一, 四月十七日, 其一, 五月初九日, 節次所遣也。承悉處閑得意, 動靜佳裕, 慰想之懷, 千里難禁。第事多緯繣, 久缺修復。

卽日火流警節, 體韻復何如? 成均之除, 固知未可出矣。但比又聞有朝天之命, 此則似與他泛常差除不同, 其欲不出, 似若有辭難之嫌, 未審當何以處之? 旣被當路所逐, 遽以他事復入, 極爲非便。使銓曹少知爲人存去就進退之路, 必不有此等注擬矣。今旣如此, 所處之宜, 殊無端的去處, 馳系倍常。往者鄙書所以爲左右謀者, 多出於愚者過慮之餘, 來敎不以爲罪, 乃歷擧而辱報, 無非是勵志揆道之言。苟能自此而加之意, 久久不渝, 則古人所謂"及此閑暇時, 講所未至爲深喜"者, 眞今日事也, 敢賀敢賀。

滉旣退, 適會七十之年, 請老一事, 可謂天幸。若非諸公屈曲拈掇, 微臣之獲遂至願, 久矣。每一箋狀之[137]入, 輒以銀臺所啓, 適惹降㕦之端, 無有了期。至前月中得一旨, 有調來之命。於是, 未免假此以爲苟偸時月之計, 遂姑停上箋陳乞事, 曾謂旣入淸閑境界中, 猶有此左牽右掣之撓也。

---

136 庚午年(1570, 宣祖3, 70세) 7월 12일 禮安에서 쓴 편지이다. 〔資料考〕《兩先生往復書》에도 전문이 실려 있다.《兩先生往復書》에 "明彦令前拜復。奇大司成宅光州。"로 되어 있다.

137 之:《兩先生往復書》에는 없다.

知新築書室, 得地高曠, 以寓藏修之樂, 又以之揭號, 甚適且好。恨不得命駕一造, 爲數日之款, 得與聞其中所樂之如何也。惟望所存所益有契於玩索, 或發於賦詠者, 毋惜因[138]風寄示, 以洗老人昏滯也。

先人碣銘, 得蒙垂示曲折, 或改或仍, 謹悉依諭。先人幽翳之志、小子悲慕之悃, 至是無復有餘憾。當俟農畢, 求取他石於醴泉, 而鐫樹是計。眷惠深厚, 罔攸報塞, 篆鏤心髓, 與天無極。

貴眷久留都下, 窘束可知, 加以疫患, 不知今何如也? 聞之, 心每未安。滉孫兒安道男息在京, 因疫夭折, 憐悼不可言。洛中爻象, 變易不定, 又發大論, 事有不可知者, 殊憫人也。奈何奈何? 所欲言甚多, 遠書且苦眼疾, 不能究陳, 惟爲道加愛萬萬。《謹拜復謝狀。庚午七月十二日, 滉拜。》

KNL0628A(書-奇大升-81-1)(癸卷18:20右)(樊卷24:31左;樊遺外卷2:22左)
別紙[139]

《〈感春賦〉, 正如垂喩。大抵其所感者深, 故所發者暢達而雋

---

138 因 : 擬本에는 "固"로 되어 있고, 擬校에 "'固', '因'字之誤。"라고 하였다. 〔今按〕 통행 擬本에는 "因"으로 수정한 흔적이 있는 것도 있다.

139 庚午年(1570, 宣祖3, 70세) 7월 12일 禮安에서 쓴 편지이다. 〔編輯考〕 癸本에는 〈答奇明彦〉(KNL0628) 뒤에 별지가 없으며 《答奇明彦【庚午】》(KNL0625)의 뒤에 〈別紙〉라는 제목으로 수록되어 있다. 다만 "感春賦……示人也"는 산절하고 "黨分已形……奈何"만 수록하였다. 刪節된 부분은 나중에 樊本 및 上本의 遺集外篇에 "答

永, 至憂之中, 至樂存焉。每於閑時, 擊節而諷咏之, 至夫"何千載之遙遙, 乃獨有會於予心"等處, 未嘗不三復而慨歎。今示云云, 可謂先得我心之所感者矣。然難與人人而言之, 幸勿以此紙示人也。》

黨分已形, 邪正混淆, 向使天心, 少有變動, 山移河決之勢, 誰能禦之？ 又聞復職削勳等事, 終年不停, 以必得爲期, 亦恐聖賢處此, 必不至此, 深可憂懼。奈何奈何？

KNL0629(書-奇大升-82)(癸卷18:29左)(樊卷24:42右)

答奇明彦[140]

秋間, 拜一書送都中, 令其轉寄, 未知能不浮沈耶？ 湖、嶺阻迥, 魚鴈杳邈, 不審閑頤味況何似？ 不任馳想之懷。自上[141]數疏以來, 駭人聽聞, 不但偶然而已。此等事, 於古或有之。令公以爲今之時猶古之時耶？ 何其露稜角之至是耶？ 由是, 積忿之中, 更激愈甚, 其勢似不靖休, 雖不足深以爲虞, 然愚意不欲

奇明彦"이라는 제목으로 수록되었다. 한편 "黨分已形……奈何"는 中本에는〈答奇明彦〉(BNL0608) 뒤에 수록되어 있다.《兩先生往復書》에는 "黨分已形 ……奈何"는〈答奇明彦〉(KNL0628) 뒤에 별도의 제목 없이 붙어 있으며, "感春賦……示人也"는 다음 편지인〈答奇明彦〉(KNL0629) 뒤에 붙어 있다.

140 庚午年(1570, 宣祖3, 70세) 10월 15일 禮安에서 쓴 편지이다.〔資料考〕《兩先生往復書》에도 전문이 실려 있다.《兩先生往復書》에 "明彦令前拜白。奇承旨宅。"으로 되어 있다.

141 上 :《兩先生往復書》에는 "抗"으로 되어 있다.

由己激發事端也故云耳。

　　滉近復上箋狀，未知恩許何如。老憊非常，此事未結末，日夕鬱鬱。中間而精錄示所教示理到、無極等語，方覺昨非。所得數語，錄在別紙，令照幸甚。

　　鄕舊爲務安，其子弟將之其縣，過辭，問知距高居不甚遠，可以傳書。立談間，草草奉報。《謹白。庚午陽月十五日，滉頓。》

　　朝爭如許，惟公與(滉)獨無言，以此取怪於人不少，不知令意以爲如何？

BNL0629A(書-奇大升-82-1)(癸卷18:30右)(樊卷24:43右)

別紙[142]

物格與物理之極處無不到之說，謹聞命矣。前此滉所以堅執誤說者，只知守朱子理無情意、無計度、無造作之說，以爲我可以窮到物理之極處，理豈能自至於極處，故硬把物格之格、無不到之到，皆作已格、已到看，往在都中，雖蒙提諭理到之說，亦嘗反復紬[143]思，猶未解惑。近金而精傳示左右所考出朱先生語及理到處三四條，然後乃始恐怕己見之差誤。於是，盡底裏濯去舊見，虛心細意，先尋個理[144]所以能自到者如何。蓋先生

---

142 庚午年(1570, 宣祖3, 70세) 10월 15일 禮安에서 쓴 편지이다.《兩先生往復書》에는 제목이 없다. 〔資料考〕《兩先生往復書》에도 전문이 실려 있다.
143 紬 : 上本에는 "細"로 되어 있다.
144 理 : 上本에는 "裏"로 되어 있다.

說見於〈補亡章〉、《或問》中者, 闡發此義, 如日星之明, 顧滉雖常有味其言而不能會通於此耳。其說曰:"人之所以爲學, 心與理而已。心雖主乎一身, 而其體之虛靈, 足以管乎天下之理;理雖散在萬物, 而其用之微妙, 實不外一人之心, 初不可以內外精粗而論也。"其小註:"或問'用之微妙, 是心之用否?' 朱子曰:'理必有用, 何必又說是心之用乎? 心之體, 具乎是理。理則無所不該, 而無一物之不在, 然其用實不外乎人心。蓋理雖在物, 而用實在心也。'"

其曰:"理在萬物, 而其用實不外一人之心", 則疑若理不能自用, 必有待於人心, 似不可以自到爲言。然而又曰:"理必有用, 何必又說是心之用乎?", 則其用雖不外乎人心, 而其所以爲用之妙, 實是理之發見者, 隨人心所至, 而無所不到, 無所不盡, 但恐吾之格物有未至, 不患理不能自到也。

然則方其言格物[145]也, 則固是言我窮至物理之極處, 及其言物格[146]也, 則豈不可謂"物理之極處, 隨吾所窮而無不到"乎? 是知無情意造作者, 此理本然之體也; 其隨寓發見而無不到者, 此理至神之用也。向也但有見於本體之無爲, 而不知妙用之能顯行, 殆若認理爲死物。其去道不亦遠甚矣乎? 今賴高明提諭[147]之勤, 得去妄見, 而得新意, 長新格, 深以爲幸。

"無極而太極", 此一段釋語, 近亦方知愚見之誤。蓋前來, 不屑徧考諸儒說, 只循己見, 以極字直作理字看, 妄謂"當其說

---

145 格物:《兩先生往復書》에는 "物格"으로 되어 있다.
146 物格: 上本에는 "格物"로 되어 있고,《兩先生往復書》에는 없다.
147 諭:《兩先生往復書》에는 "誨"로 되어 있다.

無極時, 但謂無是形耳。豈無是理之謂乎？"故一向以諸君之釋爲非, 曾得寫寄吳草廬說, 亦不甚虛心細看, 其後累蒙左右及他朋友警發之敎, 乃始歷檢諸先儒說。其中如黃勉齋說, 最爲詳盡, 而其曰："後之讀者, 不知極字但爲取譬, 而遽以理言。故不惟理不可無, 而於周子無極之語, 有所難通。"其言似若先知滉有今日之惑而提耳敎之也。

都中有李上舍養中, 曾見之否？頃以一書見寄, 發明此義, 亦甚精密。後生中有如此等人, 甚可喜也, 而滉從前讀書疎謬之病, 益自警懼, 思有以少改之, 不知未死之前可遂此意否[148]也。

BIL0630(書-奇大升-83)(樊遺外卷2:23右)

答奇明彥[149]

疏中不諱, 如林栗、王淮等所爲, 皆不諱。觀之, 此未爲過。但自今世無此等事, 言之, 誠似太露, 爲彼所不能容, 迎附之徒, 至有碎首相報之言。自是洶洶[150]益甚, 其終似不爲但已, 亦是時運如此, 不足爲深怪歎也。然在左右, 緣此一擧, 可遂久閑靜學之願, 如滉[151]素不以抗直自立, 取怒於世, 至今旣老而猶

---

148 否 : 定草本・庚本에는 없고, 定草本에는 校訂記로 "否"가 있다.
149 庚午年(1570, 宣祖3, 70세) 10월 禮安에서 쓴 편지로 추정된다.《兩先生往復書》에는 제목이 없다.〔資料考〕《兩先生往復書》에도 전문이 실려 있는데, 다만 KNL0632(書-奇大升-85)의 중간에 삽입되어 있다.
150 洶洶 :《兩先生往復書》에는 "洶"으로 되어 있다.
151 滉 :《兩先生往復書》에는 뒤에 "者"가 있다.

靡於世, 前月又上箋狀, 又不得遂願, 不知終何有了期耶? 恒自懷慨而已.

KNL0631(書-奇大升-84)(癸卷18:26左)(樊卷24:39右)
答奇明彥論改〈心統性情圖〉[152]

示諭〈心統性情圖〉, 依河圖、洛書之位, 圖與觀者皆以向南爲順, 此固滾舊圖之位向也. 但如此則禮以發見之粲然, 而居圖上不用之地; 智以斂藏之密如, 而處圖下向[153]用之次. 斯爲兩失其當矣. 若欲避此而上下兩易, 則禮本次南前, 而今居北後, 智本次北後, 而今反南前, 亦爲兩失其所也.

　　蓋嘗思之, 河、洛 方位之所以如彼, 凡陰陽之消長, 自下以[154]生, 漸長於東左, 而最盛於南上, 自上而息, 漸消於西右, 而極衰於北下, 故圖書方位, 惟以象此而已. 其於北後之下, 更無所係之事與際接之當否, 則與此圖有不同矣. 如〈太極

---

152 庚午年(1570, 宣祖3, 70세) 11월 6일 禮安에서 쓴 편지이다.
〔編輯考〕1570년 11월 6일자〈答金而精〉에서는 "奇明彥處論報性情圖一紙送去, 傳致爲佳."라는 말이 나온다. 여기서 "奇明彥處論報性情圖"가 바로 이 편지이다. 곧 이 편지는 1570년 11월 6일에 보낸 것이 분명하다. 따라서 癸本에서 이 편지를〈答奇明彥〉(KNL0628)과〈答奇明彥〉(KNL0629) 사이에 편집한 것은 오류로 판단된다. 또한《年譜》와〈履歷草記〉(《春塘先生文集》권4)에서 이 편지를 1570년 10월에 써서 보낸 것으로 기록해 둔 것도 오류로 판단된다.〔資料考〕《兩先生往復書》에도 전문이 실려 있다.《兩先生往復書》에는〈答奇明彥論改心統性情圖書〉로 되어 있다.
153 向:《兩先生往復書》에는 "嚮"으로 되어 있다.
154 以: 中本·樊本·上本·《兩先生往復書》에는 "而"로 되어 있다.

圖〉,則又但有左陽、右陰之分,而無南前、北後之位,故五行以下,雖係圈下,而亦無際接難處之義。

今是圖也,舊倣 河、洛者,他無有不可,獨禮智二者之難處,如上所云。是以,不得已而改作今圖,易置方位,而有圖北人南之說。竊以爲惟如此然後禮智二者皆得其所,而情係其下,際接所當,洽得其次,恐不至如來諭之所慮也。來諭謂"名言之實、體驗之功,皆有所大乖",愚意圖在南則人向南而觀,圖在北則人向北而觀,人之向背,隨圖所在而有異耳,豈有名言之大乖乎?圖本以明心統性情之名理如此而已,初不及於人做工夫處,安有所謂體驗之功可指擬而論當否乎?

至於主賓人己之辯[155],則滉於改圖小說中有此語。今思之,誠若有太分彼此處,如"圖爲主,觀者爲賓"及"將圖作別人心"等語,固當修削。若來諭以此爲語病,而令去之則可矣,至引朱子"心而自操"之說,以圖爲不知反求吾身而有畔援之病,恐賢者於此,未免有不能盡乎人言而一向揮斥之疵也。何者?圖之作,本不及於做工夫處。今遽以此見攻,豈所謂盡人言意之道哉?而況苟如來說,雖使向南而坐,作己心看,圖展於彼而已坐於此,以己心而觀圖心,其病何以異於朱子譏"佛者觀心,以口齕口,以目視目"之云乎?其實有不然者,請言其故,而明者裁之也。

夫人之生也,同得天地之氣以爲體,同得天地之理以爲性,理氣之合則爲心。故一人之心,卽天地之心;一己之心,卽千

---

155 辯:《兩先生往復書》에는 "辨"으로 되어 있고, 養校에 "辯辨通。"이라고 하였다.

萬人之心, 初無內外彼此之有異。故自昔聖賢之論心學, 不必皆引而附之於己, 作己心說, 率多通指人心, 而論其名理之如何、體用之如何、操舍之如何。所見旣徹, 爲說旣明, 以是自爲, 則吾心之理已如此, 以是敎人, 則人心之理亦如此, 如群飮於河, 各充其量而無不得矣。豈規規然有分於人己之間, 必據己爲說, 而惟恐一涉於他人之心乎? 若必以作人心說爲不可, 則是孔子言"惟心之謂歟!" 此心字上, 必加吾字, 然後爲可乎? 孟子言"人皆有不忍人之心"與"仁人心義人路", 此等人字, 皆當改作吾字而後可乎? 朱子〈仁說圖〉"人之所得以爲心", 此人字, 亦當改作吾字而可乎? 歷選古來言心處, 如此類甚多, 必皆改作己心說, 然後乃合於心而[156]自操之義而無畔援之患乎? 其無此理也, 亦明矣。如是則欲於改說中, 去其病語, 而用今圖, 無乃不至於大乖乎?

又有一說焉, 若得高明就舊圖中能處置得禮智二字穩當, 則仍用舊圖, 亦滉所深願也。惟高明虛心諒採, 熟細商量, 而幸敎之。滉頓首拜懇。

KNL0632(書-奇大升-85)(癸卷18:32左)(樊卷24:45左)

答奇明彦[157]

使至, 百舍重繭, 惠書珍悉, 兼別紙誨諭, 具審比來頤閑味道,

---

156 而: 養校에는 "上'而'字可疑, 當考。"라고 하였다.
157 庚午年(1570, 宣祖3, 70세) 11월 17일 禮安에서 쓴 편지이다. 〔資料考〕《兩先

神相福履。甚慰馳溯之懷。

　　滉憂患相仍，瘴天之痛，往矣難追，篤妻患乳核數年，自今秋，其證[158]轉移腫痛，近數日間，勢甚危苦，不知終何如，煎迫罔措。身又今年，特甚衰憊，遠近後生輩，不諒人意，多更來從，百端謝去，繼者又至，其間有不得強絕者，未免隨分應接。坐是益致憊倦，或因看書寄[159]字之餘，昏眩發作，殆不辨[160]四到。其於日用工夫，妨礙可知。近又胸痰暴起，徧體妨痛，加挾以他證，正此呻伏，書誨之至，未能極意修報，愧不可勝。

　　但其〈心統性情圖〉不宜改作一事，向因金而精錄示盛諭，已有少[161]論辨，曾寫一紙寄而精，想不至浮沈，未久當達左右也。鄙意已具於彼，今不須更[162]陳。大抵禮智二字，位置有不便，故欲改之耳。若處置得此二字穩當，則仍舊圖，固所願也。如無他道理可處得穩當，則改陳恐亦在所留意領悉，自度其弊病不至如盛意所慮也。而精方作小樣圖，欲俟論定，然後畢寫，只答寄而精，可速來此矣。[163]

　　滉[164]前月又上一[165]箋狀，又不得遂願，不知終何有了期耶？

生往復書》에도 전문이 실려 있다. 定草本에는〈答奇明彦【庚午十一月十七日】〉로,《兩先生往復書》에는〈拜答上狀. 奇承旨宅〉으로 되어 있다.

158　證 : 上本에는 "症"으로 되어 있다.
159　寄 :《兩先生往復書》에는 "寫"로 되어 있고, 養校에는 "'寄'恐'寫'."라고 하였다.
160　辨 : 甲本에는 "辯"으로 되어 있고, 養校에는 "'辯'卽'辨'."이라고 하였다.
161　少 : 上本에는 "所"로 되어 있다.
162　更 : 上本에는 "更"로 되어 있다.
163　可速來此矣 :《兩先生往復書》에는 뒤에 BNL0630(書-奇大升-83)이 삽입되어 있다.
164　滉 :《兩先生往復書》에는 없다.

恒自懍慨而已。

《向來物格說》、無極而太極說, 鄙見皆誤, 亦已改說, 寄[166]于而精, 恐或失傳, 故今呈一紙, 照[167]諒。《憂擾[168]草草。》惟冀以時益自珍衛, 進學不倦, 以副時望。《謹拜復。》[169]

---

165 一 : 《兩先生往復書》에는 없다.
166 寄 : 中本·樊本·上本에는 "寫奇"로 되어 있고, 《兩先生往復書》에는 "寫寄"로 되어 있다.
167 照 : 中本·樊本·上本·《兩先生往復書》에는 앞에 "幷"이 있다.
168 擾 : 中本 및 《兩先生往復書》에는 "撓"로 되어 있다.
169 謹拜復 : 《兩先生往復書》에는 뒤에 "庚午十一月十七日, 滉頓。"이 있다.

校勘標點 退溪全書 5

2025년 7월 15일 초판 1쇄 펴냄

지은이 이황
펴낸이 김흥국
펴낸곳 보고사

등록 1990년 12월 13일 제6-0429호
주소 경기도 파주시 회동길 337-15
전화 031-955-9797
팩스 02-922-6990
메일 bogosabooks@naver.com
http://www.bogosabooks.co.kr

ISBN 979-11-6587-882-5 94150
      979-11-6587-751-4 (세트)

정가 33,000원
사전 동의 없는 무단 전재 및 복제를 금합니다.
잘못 만들어진 책은 바꾸어 드립니다.